Les truands du patronat

Service de vente : 24, rue Racine, 75006 Paris.
I.S.B.N. : 2-209-05234-3/3364-3-77-3600.

Les truands du patronat

Marcel Caille

avec la collaboration
de Dominique Decèze

préface de
Georges Séguy

Editions sociales 1977

REMERCIEMENTS

Que soient chaleureusement remerciés ici, tous ceux qui, de près ou de loin, ont collaboré à cet ouvrage :

Jean Gaubert et le secteur « Libertés » de la C.G.T. dont les conseils efficaces et l'aide constante nous ont été d'un précieux secours; Albert Rivat, ancien secrétaire général du syndicat C.G.T. des usines Berliet, sans qui rien n'eût été possible; tous les militants et toutes les organisations de la C.G.T. qui ont fourni les documents et témoignages nécessaires à l'élaboration de ce livre; les journalistes qui nous ont apporté gracieusement leur concours; les centres de documentation et, plus particulièrement, ceux de la C.G.T., de *l'Humanité* et du *Canard enchaîné*, et de l'Organisation internationale du travail à Genève qui nous ont ouvert leurs archives.

Tous ceux, enfin, qui ont accepté de nous faire part de leurs réflexions dans l'élaboration de ce travail.

PRÉFACE

Le droit syndical ou, en d'autres termes, la liberté pour les travailleurs de s'organiser pour défendre leurs intérêts de salariés, a une longue et riche histoire.

De tout temps, ceux qui ne possèdent rien que leur force de travail pour vivre se sont sentis solidaires les uns des autres et ont recherché les meilleurs moyens de se grouper pour se défendre collectivement, aussi efficacement que possible.

Parallèlement, de tout temps, ceux qui vivent de l'exploitation du travail ont opposé une résistance farouche à cette organisation. Le précepte réactionnaire « diviser pour régner » a toujours été, pour les possesseurs des moyens de production et d'échange, le résumé de leur philosophie envers la démocratie.

Que de combats et d'épreuves, parfois sanglantes, la classe ouvrière a-t-elle connus avant d'imposer la reconnaissance légale des syndicats, en 1884, *treize ans après l'extermination de la Commune !*

Que de luttes âpres, que de victimes a-t-il fallu avant que le droit de grève fût admis constitutionnellement en 1946 !

Que d'affrontements les syndicats durent-ils soutenir pour obtenir le libre exercice de leur activité dans les entreprises en 1968 !

Jamais ce ne fut la bonne volonté patronale ou l'esprit démocratique des politiciens de la bourgeoisie qui fit évoluer le droit syndical, mais toujours les luttes des travailleurs marquées par de grandes étapes, et notamment celles du Front populaire, de la Libération, de la grève de mai 1968.

Ainsi, l'Histoire a prouvé que l'extension des libertés syndicales correspond toujours aux périodes où un rapport des forces favorable aux travailleurs leur permet de conquérir tout à la fois de substantiels succès revendicatifs, des réformes économiques et sociales et de nouvelles libertés.

Ceci pour dire qu'en matière de libertés syndicales, les travailleurs ne doivent strictement rien au système capitaliste. Tous leurs droits syndicaux résultent de leur propre lutte; ils n'en sont redevables à personne.

Ce livre ne traite pas spécialement de cet aspect de l'histoire du mouvement syndical. Il expose, avec une abondante documentation par certains côtés révélatrice de procédés par trop insoupçonnés, le fait que rien n'est jamais acquis une fois pour toutes, que les travailleurs doivent sans cesse lutter pour conquérir de nouveaux droits mais, aussi, pour préserver ceux qu'ils ont arrachés.

Il prouve que, si depuis Zola bien des choses ont changé dans la vie sociale, la mentalité du patronat quant au fond n'a guère évolué.

Certes, les cas de répression violente contre le mouvement ouvrier ne sont pas aussi fréquents qu'à l'époque décrite par Germinal *— encore que « Charonne » ne soit pas si loin de nous —, mais le patronat n'en persiste pas moins à refuser de s'incliner devant les nouvelles législations élargissant les droits des travailleurs. Faute d'avoir la possibilité de sévir avec la brutalité de naguère il a perfectionné les méthodes d'atteinte aux libertés, de violation du droit syndical.*

Cet ouvrage, qui a valeur de réquisitoire contre l'esprit conservateur et rétrograde caractérisant le comportement de certains milieux patronaux — et non des moindres —, met en lumière avec quel raffinement ces milieux s'acharnent à interdire aux salariés l'usage de la législation en vigueur sur le droit syndical.

Répression, corruption, délation, provocation, intimidation, calomnie; bref tout l'arsenal des procédés les plus ignobles est ici passé en revue, non pas sous forme de simple dénonciation globale, mais avec une multitude de faits concrets, de témoignages précis, voire anecdotiques, éloquents.

Je présume que nombre de lecteurs seront doublement scandalisés par la découverte des méthodes odieuses auxquelles certains employeurs ont recours contre les travailleurs et leurs syndicats et par le fait que les pouvoirs publics, parfaitement au courant de ce qui se passe, les tolèrent, quand tel ou tel ministre n'est pas ouvertement complice de ces pratiques dégradantes.

Ce complot permanent ourdi contre le mouvement syndical indépendant et démocratique, et donc spécialement contre la C.G.T., devait être porté à la connaissance de l'opinion publique sous tous ses aspects, dans toute son étendue et sa malfaisance.

Ce livre répond on ne peut mieux à cette nécessité. Il le fait, dans une large mesure, au travers de la dénonciation de la C.F.T., cette prétendue organisation syndicale, bonne à tout faire des exploiteurs les plus réactionnaires mais, comme chacun le comprendra, ce n'est pas elle notre cible principale; elle est dénoncée en tant qu'instrument de répression et de viles besognes en tout genre, conçu et mis au point par un patronat arriéré, uniquement motivé par l'avidité de profits et de domination.

Pour l'écrire, il a fallu réunir une somme considérable de matériaux de toute origine, recueillir d'innombrables témoignages, notamment de la part des victimes de ces méthodes rétrogrades : c'est ce qui fait la richesse, et même l'originalité de son contenu.

C'est le mérite de Marcel Caille d'être parvenu, avec le concours de Dominique Decèze, à traiter de ce problème grave dans une forme simple, directe, favorable à une lecture facile et par certains côtés captivante, notamment lorsqu'il s'agit de la narration de faits précis mettant nommément en cause divers personnages de tous rangs impliqués dans ce complot.

Bien entendu ce livre doit être considéré comme une vaste enquête sur un sujet concret, celui des méthodes utilisées à notre époque pour violer le droit syndical. De ce point de vue, il participe à la lutte pour défendre la liberté en France et faire triompher les réformes démocratiques indispensables à une vie économique, sociale et politique équilibrée.

Mais, volontairement, pour bien cerner ce sujet, il ne traite pas de l'autre volet du problème relatif à l'efficacité de la lutte que mènent les travailleurs pour imposer à leurs employeurs le respect, l'extension et la conquête de nouvelles libertés syndicales — il faudrait pour cela un autre volume — tel par exemple le droit de tenir des réunions syndicales pendant les heures de travail, ce qui tend à se généraliser et anticipe donc sur ce que pourra être à cet égard la législation, puisque l'expérience prouve qu'en France, en règle générale, le fait précède le droit.

Une telle étude montrerait qu'en dernière analyse, qu'il s'agisse des revendications, du droit syndical ou d'objectifs plus vastes, tout dépend de la cohésion des travailleurs et, par conséquent de la puissance de leurs organisations syndicales. C'est là qu'ils puisent leur force de dissuasion face à l'agressivité du patronat et de son pouvoir politique. C'est ce qui leur donne la capacité d'entreprendre des actions offensives pour faire triompher de nouvelles revendications, de nouveaux droits, pour contribuer à rapprocher l'heure des changements dont le pays a un besoin urgent.

Le livre paraît dans des circonstances dominées par la volonté populaire de promouvoir au plus tôt les transformations économiques et sociales à partir desquelles la vie changera dans le sens du progrès social et de la démocratie.

Le Programme commun de la Gauche répond à cette aspiration; il suffit de lire le chapitre qui traite des droits et des pouvoirs syndicaux pour comprendre que la prochaine grande étape en matière d'extension des libertés syndicales coïncide avec l'arrivée de la Gauche au Pouvoir.

Alors les conditions seront réunies pour que la dignité des travailleurs soit respectée, pour qu'ils puissent être considérés comme des êtres humains responsables, aptes à avoir droit au chapitre pour tout ce qui concerne leur vie et leur travail.

A la différence des contraintes, des aliénations, des mutilations que leur réserve « la société libérale avancée » chère aux dignitaires du régime capitaliste décadent, ils pourront affirmer leurs responsabilités, participer à la gestion de l'économie et à l'organisation de la vie sociale.

Puisse ce livre contribuer à élever la conscience de toutes celles et de tous ceux dont le rassemblement largement majoritaire permettra d'engager la France sur le chemin d'une démocratie progressiste dans une perspective socialiste.

Georges Séguy,
Secrétaire général de la C.G.T.
Paris, le 2 novembre 1976.

Introduction

Albert Rivat, secrétaire général du syndicat C.G.T. Berliet « monte » à Paris. Rendez-vous est pris, ce vendredi après-midi, au siège de la Confédération. La Saône est grise au long de la voie ferrée. Sur la banquette, Albert a posé son pardessus, des journaux, sa serviette. Il vérifie, encore une fois : tout est là. Albert Rivat est anxieux. De toute une vie de militant chez Berliet, il tient maintenant, dans ses mains, les clés de bien des intrigues. Le hasard ?

Pas le hasard seul. Il a rencontré, il y a quelque temps, dans les couloirs de Berliet, Mme Michaut. Il la salue par déférence, par habitude aussi. Mme Michaut, c'est un peu Berliet. Elle a connu Paul, le directeur, tout gosse. Elle pourrait presque le tutoyer. Et Mme Michaut pleure dans les bras d'Albert Rivat. « Ils vont me tuer les petits ! » Les « petits » ce sont le fils de Mme Michaut, Marcel, et sa femme.

Marcel Michaut est en effet suivi, pas à pas. Il est persuadé qu'il est menacé de mort. Il n'a pas tout à fait tort. Il connaît bien les deux hommes qui le filent, et leur réputation. Dars et Hourdeaux ne sont pas des enfants de chœur. Ils ont fait leurs classes à l'O.A.S. et au S.A.C. Sous le tunnel de Fourvières, ils ont même essayé de l'arrêter en voiture, de le « coincer ». Il a réussi à se dégager. La petite librairie tenue par sa femme est souillée d'inscriptions. Plus un instant, il ne se sent en sécurité. Il a préféré quitter Lyon pour Valence. Rien n'y fait. Son véhicule est barbouillé. Il reçoit même la visite de Paul Bregeon, directeur des relations du travail aux usines Berliet. Bregeon insiste pour que Michaut reste silencieux et lui restitue des documents compromettants pour la firme. Marcel Michaut refuse.

Le 18 décembre 1973, il a quitté Berliet, son poste de secrétaire du Syndicat national de l'automobile et ses responsabilités à l'Union régionale C.F.T. du Rhône. Avec armes et bagages.

Albert Rivat a tout cela dans sa serviette.

Que dire ? Je viens d'écouter avec soin et étonnement, les confidences enregistrées de Marcel Michaut. Je réfléchis, malgré l'assurance d'Albert Rivat et son expérience, avant de prendre une décision. Ce que j'apprends est stupéfiant. La Confédération française du travail passe lentement sous mes yeux aux rayons X. Elle n'est plus qu'un squelette avec ses félures, ses cassures, ses malformations. Et si Michaut était un provocateur ? Il a été membre de la C.F.T. qu'il a quittée « dégoûté ». Mais il apporte des documents en offre de preuve...

Des documents qui, eux, sont irréfutables... des originaux.

Ceux du fichier C.F.T. sur les militants ouvriers du Rhône; un plan d'attaque par des commandos para-militaires de l'usine Peugeot de Saint-Etienne en grève; une lettre édifiante d'un responsable des Renseignements généraux, révélant la mise en place d'un dispositif de filature des militants ouvriers au ministère de l'Intérieur; un compte rendu de discussion entre Blanc, secrétaire national de la C.F.T. et Paul Berliet, pour installer la C.F.T. dans l'entreprise; une lettre de René Caille, député U.D.R. du Rhône, vice-président de la commission des Affaires sociales à l'Assemblée nationale, à Marcel Michaut pour le remercier de l'efficace soutien qui lui fut apporté pendant une campagne électorale; des documents qui expliquent la candidature de R. Houssard, membre du Bureau confédéral de la C.F.T., contre Edgar Faure, en 1973, à Pontarlier... etc. Il ne faut pas hésiter.

Le bureau confédéral de la C.G.T. décide d'organiser, le 15 mars 1974, une conférence de presse. En son nom, je présente et commente les déclarations de Michaut, évoque l'existence de documents. Les journalistes, visiblement, ne s'attendaient pas à ce qui allait arriver. C'est une véritable bombe qui éclate, mettant en évidence l'existence d'un *complot* contre les travailleurs : tel est le mot que nous avons utilisé, à l'époque, et nous estimions qu'il n'était nullement exagéré. La suite des événements devait confirmer la justesse de ce choix. Raymond Gelly, de *l'Humanité,* devait parfaitement résumer mon propos : « A la source : Paul Berliet; avec eux : l'U.D.R.; pour collaborateurs : les R.G.; pour argument : la matraque... » Telle apparaît, en effet, au lendemain des premières révélations, la C.F.T.

Le 16 mars, les travailleurs de Berliet-Vénissieux, réunis par milliers, entendent de la bouche de Rivat, la révélation des agissements condamnables de leur direction. L'indignation éclate.

Des hommes de main qui se trouvent brusquement démasqués, prennent le large. On ne les reverra plus.

M. Bregeon, mis en cause, a refusé de répondre à Jean-François Kahn sur *Europe n° 1 :* « Je n'ai rien à dire. » La direction Berliet se garde de tout commentaire. La préfecture du Rhône dément que « soit ses propres services, soit le commissariat central de Lyon, soit le service départemental des Renseignements généraux, aient transmis à la C.F.T. des informations sur les tendances syndicales ou politiques des travailleurs de chez Berliet »... M. Bergeret, directeur du Cabinet du directeur général des Renseignements généraux au ministère de l'Intérieur, déclare n'avoir jamais, lui non plus, renseigné la C.F.T. Constantin Simakis, secrétaire général de cette organisation, ne discute, ni ne dément le contenu des pièces présentées par la C.G.T., mais affirme que « rien de ce qui est mentionné n'a été accompli, de près ou de loin, sous notre patronage ». Il dément formellement avoir eu des entretiens avec Paul Berliet. Il dément aussi catégoriquement que la C.F.T. ait pu aider le député U.D.R. de la 1re circonscription du Rhône, dans sa campagne. Il récuse la participation de la C.F.T. aux opérations d'occupation violente des usines Peugeot de Saint-Etienne, dans la nuit du 12 au 13 avril 1973, qui ont fait plusieurs victimes parmi les travailleurs. Il décide, en haussant le ton, de porter plainte contre Michaut : une plainte dont on n'entendra jamais plus parler.

Tout est dit et fait pour présenter Michaut sous un jour des plus malveillants et pour lui faire endosser la responsabilité, non seulement de la découverte des faits, mais des faits eux-mêmes. Paul Feuga, président Rhône-Alpes des Républicains indépendants, déclare que Michaut aurait été exclu de la C.F.T. pour avoir commis certaines « indélicatesses ». Charles Bossis, responsable général F.O. pour tous les établissements de la société Berliet, émet de grandes réserves sur la « moralité » de Marcel Michaut.

Mais, le 23 mars 1974, nouveau rebondissement : Gérard Lemoine, secrétaire général de l'Union départementale C.F.T. du Rhône, donne sa démission, et fait à son tour, des révélations.

Le 28 mars, Marcel Michaut, plus menacé encore — Albert Rivat fait l'objet lui aussi de filatures répétées —, donne une conférence de presse à Paris, à la Maison des Métallurgistes, rue Jean-Pierre Timbaud. Il accentue ses révélations. Son public est plus clairsemé. Ceux qui réclamaient treize jours plus tôt sa présence pour gage de vérité, se sont abstenus. Discrètes mais efficaces, les pressions commencent à faire effet. A croire que les milieux gouvernementaux et patronaux agissent pour jeter un voile sur l'affaire.

Plus le complot se fait jour et plus le silence s'installe. M. Albert-Jean Gaillard, P.-D.G. d'une société mise en cause, la S.I.T.E.R., ne cache pas qu'il « fait personnellement rechercher Michaut ». Michaut redescend à Valence. Il est « attendu » à son hôtel. Comme dans les films. Pendant six mois, les militants de la C.G.T. vont alors s'efforcer de le soustraire aux menaces permanentes. Il aura le temps de trier deux énormes caisses de documents.

Le mot « cantine » serait plus exact. Il y a là plusieurs centaines de papiers à étudier, analyser, classer. Toutes les archives que Marcel Michaut a gardées de son poste à la C.F.T. : Talons de chèques, récépissés de location de voitures, billets d'avion, lettres avec et sans en-tête, notes multiples prises après une rencontre, un repas, une conversation. Des centaines de pièces à conviction qui ne dépareilleraient pas le bureau d'un juge d'instruction.

De son côté, la C.G.T. reçoit, un jour, par courrier, les photos de courtes pages manuscrites, des pages de carnet. Ce carnet appartient à un dénommé Alain Cypriano. Je saurai plus tard que Cypriano a travaillé pour Peugeot, avant de devenir l'adjoint de Gaillard. J'aurai la confirmation, le 6 janvier 1975, au cours d'une audience de la Cinquième Chambre du Tribunal de Grande Instance de Lyon, qu'il a rencontré, dans le courant du mois de juin 1973, à l'aéroport de Bron, Paul Bregeon et lui a proposé un « plan de surveillance des travailleurs de l'entreprise Berliet », tel celui qui avait été décrit dans la conférence de presse faite par Michaut...; le tribunal établira que, selon ses assertions, Bregeon aurait refusé l'adoption de ce plan, mais a, malgré ce refus, poursuivi des relations avec Cypriano qui lui fit part de nouvelles suggestions d'implantation dans l'entreprise d'un dispositif « plus ou moins policier »; « que, sans accepter cette solution, Bregeon n'en continua pas moins de traiter avec la S.I.T.E.R. qui lui adressait directement les factures de rémunération du personnel mis à la disposition de l'usine de Vénissieux ». Un an et demi plus tard, le 9 juillet 1976, le même tribunal devait constater, dans ses attendus que : « il résulte encore, des indications relevées sur un carnet ayant appartenu à Cypriano, qu'un certain nombre de personnes, parmi le personnel intérimaire envoyé aux Etablissements Berliet par la S.I.T.E.R., aurait pu être affecté à des emplois de surveillance des ouvriers de l'usine de Vénissieux, au moyen d'écoutes téléphoniques, de filatures et de fouilles de locaux affectés à l'usage des syndicats... ».

Le 5 juin 1974, au restaurant « Le Dreher », place du Châtelet, je présente à la presse trente-deux documents, dont le fameux carnet d'Alain Cypriano. Il m'est encore plus facile de démontrer une nouvelle fois, pièces à l'appui, que l'argent patronal fait vivre la C.F.T.-Berliet, comme la C.F.T. au plan national. Que les travailleurs sont fichés et mis à la merci de commandos et de polices parallèles. Que des hommes politiques de droite, parfois même des ministres, n'ont pas hésité à prendre part à ce qu'il convient vraiment d'appeler désormais le complot. Le 11 juin, Constantin Simakis, « essayant de reprendre point par point les accusations formulées contre son organisation par la C.G.T. », conteste ces affirmations et les qualifie de « calomnieuses ». Il ne peut contester les documents.

Il ne conteste pas que Bernard Lafay, président du Conseil municipal de Paris, ait promis que la C.F.T. serait reconnue par le Gouvernement comme centrale syndicale « représentative ». Il ne conteste pas la sympathie qu'éprouve Alain Griotteray, ancien député Républicain indépendant, pour la C.F.T. Il ne conteste rien. Il attaque Marcel Michaut bassement, calomnieusement, s'en tenant à une démarche qui lui est désormais habituelle. Il affirme à son tour que Michaut dépensait l'argent sans compter. Il porte plainte pour diffamation contre la C.G.T., en son nom. Le procès n'aura pas lieu, comme tant d'autres intentés par la C.F.T. contre la C.G.T. qui tourneront court pour « vice de procédure ». Procédés curieux, mais efficaces. Les innombrables « vices de procédure » qui saupoudrent les actions en justice menées par la C.F.T., ne doivent sans doute pas être dus au hasard...

Parlement, ministres, Premier ministre, Président cèdent d'abord au vertige du silence. En juin 1975, je renouvellerai, devant tous les participants au Congrès de la C.G.T., mes accusations à l'égard du Gouvernement. Je rappellerai que les présidents des Assemblées, les parlementaires, Jean Lecanuet, Garde des Sceaux à l'époque, ont reçu le dossier des révélations de juin 1975, comme Michel Durafour, ministre du Travail, comme Michel Poniatowski, ministre de l'Intérieur, comme Jacques Chirac, alors Premier ministre. Je rappellerai qu'ils ont trouvé, sur leur table, le premier dossier envoyé par la C.G.T. à leurs prédécesseurs, Jean Taittinger, Georges Gorse et Pierre Messmer et que Jacques Chirac, passant du ministère de l'Intérieur à l'Hôtel Matignon, devrait l'avoir mis dans sa serviette. Or, qu'ont-ils fait ?

Michel Durafour a autorisé Alain Cypriano à ouvrir une nouvelle société de travail temporaire, la « Société française de Transaction et de courtage », malgré l'avis défavorable de l'inspecteur du travail, qui aurait remis un rapport détaillé sur le peu recommandable personnage. Michel Poniatowski a prétendu faire reconnaître, devant le Conseil d'Etat, le droit à la C.F.T. de siéger dans les Comités économiques et sociaux régionaux parce qu'elle « bénéficie d'une représentativité incontestable et en tout point comparable, en particulier, à celle de la C.F.T.C., dont la présence dans les Comités économiques et sociaux n'est nullement mise en cause », parallèle compromettant que la C.F.T.C. appréciera sans doute. Jean Lecanuet entérinera les résultats des élections professionnelles chez Simca et Citroën où la C.F.T. remporte, avec l'aide de la direction et par le moyen de fraudes démontrées, un évident « succès ».

Le Président Giscard d'Estaing, quant à lui, a gardé un silence prudent. Son meeting de mai 1974 à Montceau-Les-Mines, qui a vu, selon *Le Monde,* « un service d'ordre (...) toujours aussi nombreux, aussi agressif, aussi musclé », a fait neuf blessés dont un photographe. Certains « amis » de Giscard ont, en effet, été recrutés par M. Gaillard... et par Yvon Cohen, secrétaire de la C.F.T. A la Porte de Versailles, ils assureront quelques jours plus tard, la « présence ouvrière » indispensable à la future équipe présidentielle.

***

Nos révélations sont déformées, falsifiées, puis étouffées.

Et, tous les jours, la liste d'attaques contre les libertés syndicales et démocratiques s'allonge. Elles sont multiformes. Jamais depuis trente ans, elles n'ont été aussi importantes. Tous les jours, des militants sont menacés de renvoi, puis licenciés.

Les milices patronales se développent chez Chrysler, chez Citroën, chez Peugeot, Roussel-Uclaf, Ford, Fiat, etc. Michel Poniatowski nie leur existence. Pourtant, les preuves ne manquent pas. Et il faut l'action massive des travailleurs et de la C.G.T. pour parvenir à leur disparition. Des projets de loi anti-syndicaux et anti-démocratiques sont déposés par les groupes de la majorité parlementaire à l'Assemblée nationale. Oui, décidément, le dossier s'alourdit.

Dans toute la France, la quête de la vigilance ouvrière donne des résultats étonnants. L'observation plus attentive et plus critique des méthodes et des buts des « syndicats indépendants », des directions de grandes entreprises révèle des faits et des coïncidences troublants. Les responsables de la C.F.T. dissimulent le plus souvent sous une carrure d'athlète, des palmarès de miliciens. Ses hommes de main sont truands véreux, flics soudoyés, militaires dévoyés, baroudeurs de guerres perdues. Ses finances font appel aux « collaborations extérieures » plus qu'à l'argent de ses adhérents. Et les postes fictifs dans l'organigramme de Citroën, de Simca ou de Rhône-Poulenc offrent un abri douillet et lucratif à ses « permanents ».

Ce syndicat bien singulier qui prétend « rendre à l'homme sa dignité, assurer la primauté sur l'économie et la technique hors de tout système doctrinaire et dogmatique » emploie des méthodes qui sont celles du feu d'artifice et du lavage de cerveau. Il démissionne son ancien secrétaire général (Simakis) pour construire une « Confédération libre et démocratique », avant de faire ouvrir contre lui une information judiciaire pour détournements de fonds... Il le fait licencier de l'entreprise qui, malgré ses responsabilités, continuait à le payer et Constantin Simakis, amer, ajoute :

« L'on m'a demandé pratiquement de vous abandonner et de vous trahir, c'est-à-dire de quitter une Confédération que j'ai créée de toutes pièces, il y a seize ans (...) J'ai voulu savoir jusqu'où irait leur volonté de mainmise sur la Confédération (...) C'est simple : l'on m'a proposé 5 000 F par mois en qualité de salarié du Syndicat national automobile Chrysler... »

Les querelles internes vidées, le programme peut se résumer en un mot : la paix, la paix sociale de la petite à la grande entreprise dans la collaboration de classes et, pour avoir la paix, c'est bien connu, il faut trop souvent faire la guerre. Le somnifère C.F.T. devient, à haute dose, dangereux.

Il mène, pour celui qui s'y refuse, au licenciement, au chômage technique, aux mutations. Il conduit aux brimades, aux chantages, puis à la dépression nerveuse. Et puis, il y a l'autre étape, celle que résume la journaliste Monique Grima :

« Un tel système est au point. Mais, il ne suffit pas encore puisque la C.F.T. est obligée de recourir, systématiquement, à la violence physique. Les agressions, les « tabassages » de distributeurs de tracts, les sabotages commis contre les voitures des militants les plus remuants ne se comptent plus. » Attentats au Creusot, à Aulnay, à Montbéliard. Agressions à Saint-Denis et à Clichy. Perquisitions à Sochaux et à Vesoul. Elle ajoute : « Le commando n'est en fait que l'apogée du système. Il en démontre ainsi la faillite. Il est la preuve que l'on ne peut endoctriner facilement les travailleurs et que, seules, la violence et la terreur peuvent les empêcher d'agir. Le fascisme n'a pas commencé autrement... »

⁂

En ces temps de « mode rétro », le mot *fascisme* est trop souvent employé. Il faut en mesurer les limites historiques pour établir des comparaisons redoutables. Mais, quand on juge, au-delà de l'action, le programme et les hommes, les symptômes de la peste brune sont évidents, bien que remis au goût du jour.

La lutte, dès lors, n'intéresse pas que les syndicats. Tous les démocrates sont concernés.

Le dossier qu'Albert Rivat est venu nous apporter, un jour de février 1974, était déjà bien lourd. Depuis, les preuves se sont accumulées, et la bataille doit prendre une nouvelle ampleur. Elle intéresse maintenant toutes les formations démocratiques, tous les hommes épris de justice et de liberté. Il faut donc bien mettre les points sur les I. Etre clair. De la recherche entreprise après les premières révélations, devait naître un nouveau dossier.

Le voici.

Chapitre premier

LES FICHIERS

Fiches, fichiers, fichage... Des mots un peu obscurs, des notions parfois vagues. Et cependant... Dans la guerre antisyndicale, dont nous essayerons de démonter certains rouages, ces mots, ces réalités jouent un rôle déterminant. Pour l'ennemi du mouvement ouvrier, le *renseignement* est aussi important qu'il l'est dans la stratégie d'une armée en campagne. S'il établit des fiches, c'est pour cataloguer ses adversaires. S'il constitue un *fichier,* c'est pour en tenir le compte le plus exact possible. C'est aussi — et peut-être surtout — pour organiser son propre dispositif, ses commandos et sa police patronale. Et c'est bien ce qui donne à cet aspect de l'entreprise antisyndicale, son caractère de *complot* permanent, et aux hommes qui en sont les agents, la marque du *comploteur* patenté. Et de là aussi les complicités que supposent, dans les organismes les plus élevés de l'Etat — l'armée, la police en priorité — cette sorte d'appareil subversif qui apparaît dans l'ombre dès que l'on cherche à découvrir les ressorts secrets de l'action patronale.

Georges Prampart, secrétaire général de l'Union départementale C.G.T. de la Loire-Atlantique, allait nous en donner, ce 19 mai 1976, les meilleures preuves. Profitant de sa venue à Paris pour participer aux travaux du Comité confédéral national de la C.G.T., il me remettait un dossier sur les conditions d'embauche aux Chantiers de l'Atlantique à Saint-Nazaire. Le fonctionnement du service du personnel des « Chantiers » y apparaît à cœur ouvert. Quelqu'un souhaite-t-il être embauché, ce service, qui emploie beaucoup de monde. demande systématiquement des renseignements sur lui auprès de la gendarmerie et des Renseignements généraux.

Il ne s'agit pas là de l'initiative particulière d'un quelconque employé qui pourrait « jouer » de ses relations personnelles.

C'est M. Pierre Lagarde, chef adjoint du personnel aux « Chantiers » qui commet l'imprudence de signer les documents par lesquels il demande des renseignements, et qui en tient sur de grands tableaux l'inventaire exact. Mais M. Lagarde n'est qu'un intermédiaire. Il transmet ensuite les réponses à M. Brutinot, chef du personnel, avec la mention « pour infor... ». Par exemple : « Source R.G., Ch... G... a été, en 1975, un agitateur virulent du conflit Sotrimec. »

La Sotrimec est une entreprise de Saint-Nazaire où les travailleurs ont dû mener une longue bataille pour conserver leur emploi. Mais finalement, la Sotrimec a fermé : il a fallu chercher du travail et c'est tout naturellement que les licenciés se sont adressés aux « Chantiers de l'Atlantique », le plus gros employeur du pays. M. Lagarde a commencé à demander des renseignements à la police et à la gendarmerie. Puis, pour aller plus vite et récuser systématiquement les demandeurs, il s'est fait dresser la liste de tous les licenciés Sotrimec et il l'a adressée à M. Emile Baume, directeur des affaires sociales des « Chantiers ». Le 12 juin 1975, M. Baume a trouvé cette note sur son bureau :

« Liste complémentaire des ouvriers de Sotrimec qui n'ont pas été identifiés le jour de la manifestation contre les syndics, mais qui ont été remarqués par leur virulence dans les différents rassemblements :

Malnoe, Antoine, né le 16-10-1950;
Malnoe, Michel, né le 16-10-1950;
Chauvel, Guy, né le 22-08-1950;
Jarlegant, Alain, né le 16-03-1950;
Le Cougouec, Denis, né le 13-09-1953;
etc. Les deux frères Malnoe (jumeaux) ont été particulièrement violents. »

Il y a au total dix-neuf noms.

Ainsi, les travailleurs qui défendent leur emploi et leur entreprise sont surveillés comme de vulgaires malfaiteurs. Car, si l'on peut comprendre la pratique du fichage pour la répression du banditisme, son utilisation contre les militants ouvriers est inquiétante, dangereuse.

M. Lagarde ne s'arrête pourtant pas en si bon chemin. Il interdit l'entrée des « Chantiers » à tous ceux qui ont apporté leur soutien aux ouvriers de la Sotrimec, dès qu'il a en sa possession les renseignements fournis par ses alliés : quelques policiers ou gendarmes. Parmi les fiches qu'il a établies, on trouve pêle-mêle :

« Trehin, Roger, né le 5-11-1926 à Montoire, délégué du personnel C.G.T. en 1957 aux Etablissements Sitilette à Trignac, embauché à S.E.M.M. en 1970.

« Bonnet, Jean-Pierre, né le 20-7-1942. En juin 1969, militant communiste, participe à la campagne en faveur de Jacques Duclos (affiches). En 1972, fait partie de la cellule de Saint-Nazaire - Centre.

« Babillard, Jean-Claude, né le 7-8-1938 à Guérande. En 1969-1970, élu délégué suppléant du personnel C.F.D.T. au C.E. de la S.E.M.M.

« Potiron, Jean-Claude, né le 15-3-1941 à Lavan, élu conseiller municipal à Lavan, le 14-3-1975 (Parti modéré).

« C... D..., né le 8... à Saint-Nazaire, condamné le 17-9-1969 par le T.G.I. de Saint-Nazaire à 1 000 F d'amende pour vol... »

Ainsi viennent pêle-mêle les militants ouvriers et les condamnés de droit commun, car la liste est longue. Mais il convient alors de faire une distinction lourde de sens. Nous avons parlé tout à l'heure des renseignements communiqués par les R.G. à M. Lagarde, concernant un certain Ch... G... Celui-ci fut embauché le 17 juin 1975, malgré son attitude virulente lors du conflit Sotrimec. Serait-ce parce que les R.G. précisent :

« Condamné le 4-4-1973 par la cour d'assises du Finistère à quatre ans de prison (dont deux avec sursis) pour viol en réunion, tentative et complicité. Les faits ci-dessus s'étaient déroulés à Douarnenez dans la nuit du 8 au 9 juillet 1972. Cinq jeunes gens de la C... étaient inculpés. »

En tout cas, le chef du personnel et le directeur des Affaires sociales des « Chantiers » firent preuve d'une grande mansuétude. Mais ils avaient oublié, en engageant un ancien droit commun, que tous les responsables syndicaux de la Sotrimec avaient eux aussi subi des condamnations, il est vrai, pour des raisons tout à fait autres. On les avait accusés de « séquestration volontaire », alors qu'ils avaient recherché simplement la négociation. Et ce jugement péremptoire n'était qu'un des nouveaux moyens patronaux pour combattre les travailleurs.

Il y aurait beaucoup à dire sur Saint-Nazaire et nous y reviendrons tout à l'heure. S'agit-il d'un exemple isolé ou d'initiatives personnelles et locales de services placés sous la tutelle du ministère de l'Intérieur et du ministère des Armées ? Le simple fait qu'ils agissent de concert au bénéfice d'une grande entreprise réduit singulièrement cette hypothèse. Il y a trop d'organismes et trop d'hommes impliqués pour qu'il n'y ait pas concertation, décision et action organisées entre le patronat local et les services gouvernementaux mis en cause.

Il est connu que les travailleurs nazairiens sont très combatifs et c'est tout à leur honneur. Les directions des entreprises de la région ont choisi des moyens préventifs pour porter des coups aux organisations syndicales en obligeant, par exemple, leurs responsables à « émigrer » faute de travail. Mais force est de constater que des moyens identiques sont mis, pour un but semblable, à la disposition des patrons d'autres entreprises dans d'autres régions.

Bel exemple que cette lettre adressée au directeur d'une entreprise de Dunkerque, le 1er septembre 1973, par le commissaire de police, chef des Renseignements généraux de cette ville :

« Monsieur le Directeur,

« Quelques conflits survenus ces temps derniers ont montré l'impérative nécessité pour mon service, de pouvoir identifier et localiser dans les délais les plus brefs l'entreprise concernée.

« En effet, il est arrivé qu'un directeur soit séquestré dans son bureau depuis près d'une journée sans qu'il nous soit possible de savoir avec précision s'il fallait intervenir, quelle était l'ampleur du conflit et si des mesures de sécurité s'imposaient.

« *Dans l'intérêt de tous,* je vous serais donc reconnaissant de bien vouloir compléter le questionnaire ci-joint et de nous le retourner dès que possible afin de nous permettre une remise à jour de notre " fichier entreprise ".

« Voudriez-vous d'autre part être assez aimable de nous tenir informés de tout conflit ou mouvement de grève survenant dans votre établissement afin qu'il nous soit possible de faire la part des choses *avant que la narration des faits ne soit déformée par la presse, les syndicats ou les partis.*

« C'est avec le plus grand plaisir que je vous recevrai ou vous déléguerai un inspecteur afin de pouvoir, *dans le cadre des préoccupations qui nous sont communes, établir des contacts profitables à tous.* (Les passages en italique sont soulignés dans le texte.)

« Avec mes remerciements anticipés, etc. »

En juillet 1975, Claude Angeli rappelait, dans le *Canard Enchaîné*, que la première section des Renseignements généraux à Paris enquêtait « également sur la vie professionnelle et sur la vie privée des principaux responsables et militants de ces Partis » (P.C., P.S., P.S.U.) et que les archives des Renseignements généraux parisiens disposaient ainsi « d'une liste régulièrement tenue à jour des principaux militants de gauche dans chaque arrondissement, avec mention de l'entreprise où ils travaillent, des heures de réunions, de leurs habitudes, de leurs relations privées, etc. »

Nous voilà éloignés des initiatives isolées ! Mais les services de l'Etat opèrent-ils seuls ? Non pas. Les auxiliaires privés ne manquent pas, ils prolifèrent même, car il y a là un marché intéressant : Le profit n'a pas d'odeur.

Début novembre 1974, Jean Hernot, administrateur de l'Union fraternelle des métallurgistes, 94, rue Jean-Pierre-Timbaud à Paris-XIe, recevait une lettre d'une agence de détectives du dixième arrondissement, barrée de la mention « personnelle » inscrite au cachet. La « Société mondiale de publicité » diffusait systématiquement, au nom de cette agence, à toutes les entreprises parisiennes, un texte ainsi conçu :

« Vous avez certainement déjà reçu des documentations ou circulaires exposant notre activité dans les domaines industriel et commercial.

« Comme vous l'avez constaté, quoiqu'il s'agisse uniquement d'un cabinet d'enquêtes, respectant les prescriptions de notre code de déontologie et n'ayant, de ce fait, aucune activité marginale telle que le gardiennage ou l'agence d'affaires, ne recourant aux services que de professionnels responsables de leurs actes, nos prix sont très compétitifs.

« En outre, notre activité, quoique sévèrement réglementée, est multiple.

« Elle va de l'enquête avant embauche, concrétisée par un rapport et non des réponses à un vague questionnaire, aux filatures, notamment de livreurs afin de vérifier leur honnêteté, en passant par le contrôle d'une seconde activité d'un salarié lié par un contrat d'exclusivité, la concurrence déloyale, etc.

« A la demande de nos clients, nous nous spécialisons, de plus en plus, dans la détection des vols dans les entreprises pouvant fournir, non des indicateurs, mais des enquêteurs qui, engagés dans les établissements, sont à même de découvrir les éventuels appareils d'écoute clandestins.

« Tous nos rapports sont écrits et signés et nous permettons qu'ils soient présentés, le cas échéant, à la juridiction compétente.

« Notre appartenance à la Société française des détectives, seul organisme ne groupant que des professionnels exerçant uniquement la profession et répondant à des critères moraux très sévères, est une garantie supplémentaire.

« Enfin, selon le principe même des professions libérales réglementées, nous travaillons sans contrat, tout client pouvant nous quitter sans préavis.

« Nous tenant à votre entière disposition pour vous fournir toutes précisions complémentaires et vous présenter nos références de vingt-cinq années d'expérience, nous vous prions d'agréer, etc. »

Il y était joint un « tarif confidentiel réservé aux entreprises industrielles et commerciales » :

« Enquête embauche simple ouvrier. Paris et banlieue proche jusqu'à 10 kilomètres de Notre-Dame. Domicile et dernier employeur : 70,00 F hors taxe.

« Enquête embauche cadre, suivant le cas (déplacements, anciens employeurs, etc.) : 140,00 F à 250,00 F (environ) (...)

« Embauche d'un inspecteur pour enquête sur vols, fuites, etc., dans une entreprise, l'inspecteur étant payé pour son travail salarié, par journée de huit heures : 160,00 F.

« Inspecteur non payé par le client (passant pour intérimaire, stagiaire, etc.) pour huit heures : 240,00 F.

« Autres missions :

« Sur la base de la journée à pied, soit : 350,00 F.

« Le tarif est majoré de 25 % de 21 heures à 6 heures, ainsi que les dimanches et jours fériés.

« A la suite d'une récente décision du ministère des Finances, la T.V.A. au taux normal de 20 % est appliquée à ces tarifs. Elle est, bien entendu, récupérable. »

Imaginons que Jean Hernot ait répondu favorablement. Il veut engager une secrétaire. Il fait appel au service de l'agence.

Celle-ci commence une enquête. Elle envoie, comme on lui demande une recherche approfondie, un inspecteur. Celui-ci a été formé par les soins de l'agence et bénéficie bien souvent d'une expérience personnelle. Il peut être retraité de la Police nationale ou de la Gendarmerie. A titre d'exemple, voici les recommandations données par une autre société de ce genre, l'Union continentale de renseignements et de recouvrements, à ses employés :

« **La présentation.**

« Il est essentiel de se présenter (de bien se présenter) ou selon le cas, de ne pas se présenter. Il est important de comprendre pourquoi l'on se présente ou l'on ne se présente pas de telle ou telle façon.

« Selon cette présentation, le déroulement de l'entretien au téléphone se fera dans des conditions très différentes. Les questions que nous poserons, si elles restent à peu près les mêmes, ne seront pas amenées de la même façon.

« Imaginez-vous être questionné par l'Administration des Impôts, par votre Banque, par votre Compagnie d'assurances ou par une de vos relations : le ton de l'entretien et vos réponses aux mêmes questions ne sont certainement pas les mêmes.

« Il faut donc faire très attention à la façon dont nous nous présentons en fonction de l'interlocuteur que nous demandons au téléphone et il est indispensable de mettre en accord notre façon de questionner avec la présentation que nous avons adoptée.

« Un exemple : deux employés de la Sécurité sociale qui ont des relations fréquentes entre elles (*sic*), ne commencent pas à s'annoncer : « ici la S.S., etc. », mais ne se présentent pas et demandent d'entrée les renseignements dont elles ont besoin en employant leur langage bien particulier. Le cas échéant, ils (*resic*) ne manqueront pas de se questionner sur leurs dernières vacances, etc.

« Par contre, un employé de banque qui demande à une autre banque un renseignement financier sur un compte, prendra des formes s'il veut obtenir son renseignement, car cela ne lui est pas dû, même s'il existe entre banques des accords d'échanges de renseignements.

« D'une façon générale pourtant, il y aura très souvent avantage à prêcher le faux pour connaître le vrai.

« Vous trouverez ci-dessous un certain nombre d'exemples montrant des façons de se présenter efficaces en fonction de différents interlocuteurs :

« **Huissier.**

Se présenter comme une banque.

« **La recherche P.S.A.**

« 1° LA MISE EN COURRIER.

— Rechercher sur l'annuaire qui peut nous renseigner (cf. sources à consulter).

— Utiliser les lettres type, en adapter d'autres aux cas particuliers, joindre l'enveloppe réponse timbrée (attention aux délais de réponse, quinze jours).

« 2° LES SOURCES DE RENSEIGNEMENTS.

a) *L'employeur :* Si on l'a, c'est la source la plus rapide. On peut se présenter, entre autres, comme la Sécurité sociale ou les Contributions directes (ne pas oublier de demander le numéro Sécurité sociale du demandé).

b) *La Banque, C.C.P. :* On peut se présenter comme le service contentieux d'une autre banque.

c) *La mairie :* Il y a différents services intéressants : le cadastre, le logement, la voirie. Ne pas oublier que cote mobilière, patente, sont des impôts locaux.

d) *Les Contributions directes :* On peut se présenter comme Office d'H.L.M., Assistance publique, I.N.S.E.E.

e) *La Sécurité sociale :* Source intéressante, mais attention de ne pas en abuser (surtout à Paris). Se présenter comme un autre centre de la Sécurité sociale (la Sécurité sociale ne répond qu'à la Sécurité sociale).

f) *Les allocations familiales :* Il faut savoir le numéro d'allocations familiales; se présenter là aussi comme un autre centre.

g) *La perception* (*I.F.A.C.*) *:* Se présenter comme organisme officiel.

h) *Commissariat, Gendarmerie :* Par exemple, se présenter comme l'économe de l'hôpital du lieu, ou tout autre organisme public.

i) *Les voisins, cafés, confrères.*

j) *Les concierges, syndics.*

k) *La Société des Eaux* qui a des renseignements détaillés si le demandé est propriétaire ou locataire d'une maison individuelle ou d'un ensemble.

l) *Ecoles et inspections académiques.*

« 3° LA VÉRIFICATION DES RENSEIGNEMENTS RECUEILLIS.

Elle est absolument indispensable.

Innombrables sont les cas où l'on s'aperçoit que l'on a reçu des renseignements erronés. Innombrables malheureusement (et cela ne peut durer) les réclamations des clients sur des renseignements que nous leur fournissons et qui paraissent erronés. Attention au cas d'homonymie (vérifier absolument la date de naissance).

Entre autres sources de vérification, notons :

— les voisins;

— les confrères;

— les écoles ou inspections académiques si l'on a les renseignements concernant les enfants du demandé... »

Ils sont des centaines en France à se livrer à ce genre d'activité, sous le couvert d'une dénomination bien commode : « détective privé ». Les romans d'Agatha Christie nous ont donné d'eux l'image confiante d'Hercule Poirot, et ceux d'Horace Mac Coy, celle plus nuancée, de Artie Compton. À la frontière de la légalité, si les chats sont toujours gris, cela ne signifie pas qu'ils ont tous les mêmes qualités...

Béziers, 1976. — Une agence de détectives privés, comme apparemment il y en a beaucoup ailleurs; une antenne à Perpignan; cinq détectives employés en permanence sous la direction de M. Pierre Olive. Beaucoup de relations. Jusque-là rien d'anormal, ni de particulier. Mais les occupations du cabinet ne sont pas seulement celles de la filature en matière d'adultère. Pierre Olive, émule en cette matière du célèbre commissaire Charles Chenevier, reçoit pour le Languedoc-Roussillon des demandes d'enquêtes émanant des milieux patronaux. Se renseigner sur une activité syndicale, politique, le tout pour 120 à 150 F, tel est son métier et il y gagne de l'argent. Naturellement, il n'y arriverait pas sans la coopération des services de police et plus particulièrement des Renseignements généraux. Il suffit alors d'user et d'abuser de ses relations. Une invitation au restaurant, le tour est joué : il est normal de s'aider entre amis. Mais M. Olive est aussi en rapport avec l'ancien commissaire Javilliey, reconverti, après ses démêlés à Lyon, dans une agence de détectives privés et qui travaille en liaison avec le cabinet Martinez. Cela lui facilite ses enquêtes dans la région lyonnaise, à charge de réciprocité. Il est ainsi possible d'imaginer la toile d'araignée qui s'est tissée sur tout le territoire, à la mesure des moyens mis en œuvre pour ficher les travailleurs.

Faisant appel à ce genre de sociétés spécialisées, les grandes entreprises parviennent déjà à effectuer un tri parmi les candidats à l'embauche. Pourtant, ce n'est là qu'un premier pas. La sélection peut être plus sévère quand elle fait appel aux services de ce qu'il faut nommer des « organismes d'Etat » : l'Armée et la Police. Les méthodes suivies par ces deux grands corps de la nation ne sont pas cependant tout à fait les mêmes.

L'entreprise qui désire embaucher un ancien militaire, officier ou sous-officier, pour son encadrement, peut s'adresser directement à des bureaux dépendant du ministère des Armées, qui assurent le passage officiel de la vie militaire à la vie civile. Douze centres d'embauche lui sont offerts :

Quatre « organismes militaires ouverts aux officiers et sous-officiers »; un « organisme civil spécialisé à la disposition de tous les officiers, sans conditions d'adhésion et agréé par le ministre »; cinq « associations d'anciens officiers »; un « organisme civil ouvert aux sous-officiers »; un « organisme civil ouvert à tous les militaires »... Douze possibilités de reclassement donc pour les militaires ayant atteint l'âge de la retraite (à quarante ans parfois) ou désirant, pour une raison ou pour une autre, quitter l'armée.

C'est au 19, boulevard Latour-Maubourg, à Paris, dans un immeuble bourgeois, que se trouvent les deux principales organisations : le Bureau de reclassement de l'armée de terre et l'Association pour la reconversion civile des officiers. L'accueil y est courtois, puis amical. Le colonel responsable des services laisse à de charmantes P.F.A.T. (Personnel féminin de l'Armée de terre) le soin de connaître les motifs qui poussent l'officier ou le sous-officier à visiter ses bureaux. Il déclenchera l'enquête. Outre le livret militaire et le livret médical, il disposera des fichiers de la Sécurité militaire, laquelle aura pu demander des renseignements complémentaires au S.D.E.C.E., aux Renseignements généraux, organismes officiels, à la D.S.T. et aux archives de Rosny-sous-Bois, gérées par la gendarmerie.

L'assurance pour l'entreprise d'engager un bon « élément » est donc multiple. Antécédents, moralité sont confirmés par l'ancienne activité et la recherche effectuée. Les grèves ne sont (théoriquement) pas à craindre. Mais les fiches de la Gendarmerie ne concernent pas que les militaires. On l'a vu, cela concerne aussi les civils. Berliet, dans ce domaine, est un terrain d'exploration édifiant.

« Ce qui sert aux R.G. sert Peugeot et Berliet. » Tel pourrait être un slogan à la mode. Par un juste retour des choses, les entreprises qui communiquent aux Renseignements généraux des informations sur leurs employés, bénéficient d'une assistance gratuite quand elles cherchent à se renseigner. Marcel Michaut devait rappeler qu'il avait toutes les possibilités au niveau du fichier de la Préfecture du Rhône comme au fichier central à Paris : « Il me suffisait de donner un coup de téléphone aux services des Renseignements généraux de la préfecture, à M. Richard, et dans les cinq minutes qui suivaient, j'avais les renseignements sur les gens et je savais tout sur eux. S'ils avaient été fichés, s'ils avaient eu des poursuites, s'il leur manquait de l'argent, etc. Mais au niveau national, il y avait une organisation plus importante menée par M. Kohler, et lui avait la possibilité d'entrer directement en rapport avec les Renseignements généraux à Paris. »

Alphonse Kohler, né en janvier 1917, est un ancien employé des Renseignements généraux parisiens. Retraite prise, il rentre à la S.I.T.E.R., Société d'intérim dirigée par Albert-Jean Gaillard, sur recommandation du général Charles Valère Feuvrier, directeur du personnel des usines Peugeot. M. Gaillard envoie Kohler comme « chef de chantier » chez Peugeot à Mulhouse pour remplacer Robert Caudron, chef de la sécurité dans cette usine. M. Caudron part chez Berliet s'occuper de l'embauche des intérimaires. Ces mutations n'ont rien d'inutile. Kohler se met en place « pour tous les services de police ou certains services spécialisés ». Il se charge de répondre aux demandes de renseignements émanant de M. Gaillard. Et M. Gaillard commence par vérifier la bonne moralité des gens qu'il emploie pour ses œuvres de basse police, comme M. Eymeric qui fait des enquêtes chez — et pour — Berliet. M. Kohler le rassure : « Pour Eymeric (...) il est inconnu au fichier central et à la D.S.T. Il a été passé au crible. » Enfin, Kohler recommande Gaillard auprès des Renseignements généraux lyonnais et centraux à Paris : « En cas d'urgence, téléphonez de la part de M. Gaillard-Peugeot à Dominique Schmid — 266.28.30, poste 31.97. Il a des instructions... » Michaut utilisera de nombreuses fois cette filière. Car les ordres sont les ordres.

On comprend, dans ces conditions, que la S.I.T.E.R. sache qui elle embauche. A Toulouse, l'un de ses responsables, Michel Lethimonnier, tient d'ailleurs scrupuleusement un fichier de tous les employés. Ce ne sera pas sa seule activité. Lethimonnier était membre du service d'ordre giscardien, lors du meeting de Montceau-Les-Mines, en mai 1974.

En août 1972, une note de la direction Berliet laisse paraître de curieux amalgames. Elle conseille d'organiser, au sein de l'usine, un réseau de renseignements. Mais elle demande aussi, pour favoriser l'implantation de la C.F.T., du personnel à Citroën. Citroën enverra donc du personnel C.F.T., Jean Caille, par exemple, qui aura des responsabilités à l'usine de Feuillat et participera au stage C.F.T. organisé à Lyon fin janvier 1972 et dont nous reparlerons. Quant aux agents de renseignements, ils seront recrutés par la S.I.T.E.R. qui présente toutes garanties.

« Un beau matin, nous raconte Michel Rouzaud, qui a travaillé comme comptable dans cette société d'intérim de 1973 à 1975, il est annoncé qu'il faut un personnel spécial pour la société Berliet, pour quadriller les ateliers. C'est ainsi que, petit à petit, on a fait monter des gars de Nice (...). Ces « spéciaux » étaient embauchés par Berliet, payés mensuellement par Berliet, et en plus, recevaient un supplément de salaire de la société S.I.T.E.R. Leur travail consistait à faire un quadrillage dans tous les ateliers afin d'éviter tous remous ayant trait à des revendications syndicales; de même, ils étaient chargés de moucharder (...). Le premier gars qu'on a fait monter a eu pour mission de tout surveiller dans un atelier, jusqu'au moindre boulon qui sort (...). D'autres avaient pour tâche de donner des renseignements les plus complets possibles sur les délégués syndicaux, et le cas échéant, de les suivre afin de connaître leurs activités extérieures à Berliet. C'est ainsi qu'Alain Cypriano, adjoint du directeur du personnel de chez Berliet disposait d'un fichier complet comprenant adresses, numéros de téléphone, numéros des voitures, couleurs des voitures et photographies de tous les délégués syndicaux et responsables divers appartenant à la C.G.T., à F.O., etc. (...). De plus, un homme fut mis à l'embauche pour faire son petit tri. C'est ainsi qu'il tirera des renseignements de pas mal de personnes et les confiera à qui il faut, c'est-à-dire à Alain Cypriano, afin de les exploiter sérieusement... »

Parallèlement, la C.F.T. se met en place. Auguste Blanc a rencontré Paul Berliet et Paul Bregeon au Sofitel, à Paris, puis quelques jours plus tard, à Lyon. Paul Berliet a donné carte blanche à Bregeon pour organiser la C.F.T. dans ses usines : « Si nous avons besoin, sur le plan financier, de moyens, vous les leur donnez; s'ils ont besoin de locaux, vous leur en donnez... » Le compte rendu de la réunion est clair. Lui aussi fait état du singulier mélange qui, d'un côté, favorise l'implantation de la C.F.T. et la tranquillité du patronat, de l'autre accélère la mise en place des fichiers pour l'éviction des éléments indésirables. Voici ce texte :

« M. Blanc avec la Dion (Direction) A M. Berliet (Automobiles Marius Berliet).

« Les exposés de MM. Blanc (Citroën) et Le Berre (Chrysler-France) : une ligne de conduite a été définie nous permettant des résultats valables; cependant, dans les déclarations de M. Bregeon, est apparu très clairement que les services du personnel n'avaient pas les pouvoirs nécessaires pour développer l'action de la C.F.T. au sein de l'entreprise.

« Pour que cette action soit menée à bien, il est nécessaire de donner à la direction du personnel de Berliet les mêmes pouvoirs que la direction administrative Citroën.

« Nous demandons donc à M. Bregeon d'en discuter avec M. Legré pour obtenir que la direction du personnel puisse obliger un chef de bâtiment à muter dans un autre service le personnel reconnu susceptible d'apporter une amélioration à la reconnaissance de la C.F.T.

« De procéder par mutation d'éléments qui, autres que normalement élus, font le désordre au sein des bâtiments. Ces éléments indésirables sont connus. En débarrasser les ateliers permettra aux bons éléments de reprendre confiance en la direction et, de ce fait, permettra à chacun de s'exprimer librement.

« Dans la discussion avec Citroën et Chrysler-France sur les moyens indispensables au rétablissement de la discipline et de la hiérarchie, il est apparu qu'une épuration devait se faire même au plus haut niveau si c'était nécessaire.

« Nous nous permettons de rappeler qu'il faut donc établir une liste des cadres C.G.T. et C.F.D.T. n'adhérant pas aux directives générales de l'entreprise.

« Nous demandons en outre que l'organigramme de chaque service fasse apparaître dans un premier temps, jusqu'à concurrence de 2 % de l'effectif, les éléments néfastes. »

Les mutations commencent donc. Marcel Michaut « monte » une fois par semaine à Paris rencontrer Blanc chez Citroën et Fiorentino chez Simca. Il y a échange d'informations, puis échange d'hommes. La situation chez Berliet s'améliore et le plan est respecté pour son premier point : l'implantation. Une note, rédigée par Bocquillon, l'adjoint de Bregeon, fait le point.

— *Rappel situation en ce qui concerne l'implantation :*

— Avant les congés, 37 secteurs sur 37 avaient été pourvus d'un responsable, dont 12 avaient un adjoint.

— 12 des responsables n'ayant pas manifesté les qualités requises, il a été décidé de les démettre de leurs responsabilités. On s'efforce de pourvoir à leur remplacement.

— Pour renforcer rapidement nos moyens, il apparaît maintenant nécessaire de donner suite à l'offre que nous avait faite Auguste Blanc.
Un contact sera pris incessamment avec lui, par les responsables au sommet.
Nous envisageons trois affectations : une à Bourg (urgente), une aux Ponts, la troisième en un lieu à définir, pour aider M.P. sur l'ensemble de Vénissieux.

— *Mutations en cours :*

— Millot a fait le maximum à Feuillat. Il vient d'être muté à Monplaisir, pour le moment en qualité de stagiaire. Il doit aider considérablement à la pénétration dans cet établissement.

— Tracinelli : sa mutation aux transports doit être accélérée.

— *Mutations à réaliser :*

— Lucas (huissier porte A 2) à muter rapidement à R T (Sc. J.B) pour pénétrer dans le milieu des invalides du travail.

— Terray (Chasseur à Feuillat) — souhaitable de le muter aux Ponts (moins urgent - en étudier l'opportunité).

— *Question déjà évoquée précédemment :*

— A-t-on fait avancer la liste des personnes « dignes d'intérêt » ?

Le second point du plan sera aussi respecté, comme il l'est dans toutes les entreprises où la C.F.T. s'implante : « les éléments néfastes, jusqu'à concurrence de 2 % de l'effectif, sont éliminés... »

Les méthodes choisies chez Berliet pour incruster la C.F.T. et, conjointement, faire régner la « paix sociale » ne sont pas un exemple unique. Il convient plutôt de parler de stratégie générale. Pour preuve, cette lettre d'un secrétaire de la C.F.T-Bordeaux, Jean-Marc Garnung, qui est devenu, de surcroît, adjoint d'Auguste Blanc à la tête de la C.F.T. :

« Je viens de recueillir des renseignements précis au sujet de l'implantation du syndicalisme chez Ford, à Bordeaux.

« On m'a demandé la plus grande des discrétions. Si le chef du personnel sur le plan général (Clara) est favorable à l'implantation C.F.T., par contre le chef de la production est beaucoup plus réticent (Paté).

« Il y a lieu d'être excessivement prudent et de ne point faire la moindre petite vague d'autant plus que F.O. sera à coup sûr dans l'affaire.

« J'ai une filière pour l'embauche de gens qui assurerait notre implantation. Mais il faut agir le plus rapidement possible.

« Un problème important est cependant posé : faire embaucher au moins deux personnes ayant une formation et une qualification sûres sur le plan syndical et social ainsi que sur celui de la profession. En résumé, des valeurs certaines, des compétences.

« Or, nos horizons de Bordeaux ne permettent pas dans l'immédiat de présenter de telles compétences. Il m'a été suggéré de rechercher sur Paris. Chez Citroën ou Simca, n'y aurait-il pas des éléments qui rempliraient les conditions, mais qui devraient alors venir à Bordeaux ?

« En résumé :

« Il ne faut pas laisser échapper la possibilité qui nous est offerte.

« Il faut cependant des valeurs sûres et des compétences.

« Il faut agir rapidement.

« Il faut une très grande discrétion.

« Voilà le problème qui nous est posé. Seuls Chassagne et moi sommes informés. Etc. »

La réponse ne tarde pas. En août ou septembre 1972, arrive Praud, très lié au milieu légionnaire, ancien employé de Simca-La Rochelle, embauché chez Ford sous contrat de quatre mois. Jean-Marie Bouchan, l'un des premiers ouvriers engagés, raconte :

« Praud a cinquante-cinquante-trois ans; un type malin, le genre de type qui fait les liens, qui serre la main, qui tape sur l'épaule à tout le monde, qui est prêt à rendre service si tu as besoin de faire ton déménagement, si tu dois faire des démarches dans les bureaux, si tu veux que sa femme garde les gosses, si tu ne sais pas où manger le midi, il t'invite à la maison, etc. Quand il a fini son contrat d'intérimaire, il y a un chef de l'usine qui dit : " faites ce que vous voudrez, mais il faut lui trouver une place. " Et cette place, c'est au service " expédition-réception ". Comme ça, il peut se balader dans toute l'usine. Et deux jours après son embauche définitive, il était délégué syndical C.F.T... »

Praud n'est pas arrivé seul. D'autres « militants » C.F.T. ont suivi, exportés de chez Chrysler ou de chez Citroën : Jean-Marie Herniz (Chrysler); Grel (Chrysler); Leroy (Citroën); Courret (Citroën). Ou bien encore ils ont répondu à la petite annonce confidentielle que Garnung a fait passer dans ses services, pour compléter et faciliter l'implantation de la C.F.T.

C.F.T.
UD/CFT/33, 5, rue Thiac
Bordeaux. Tél. 48.11.40

Emplois

Circulaire à tous les Secrétaires
et responsables C.F.T.

L'UD./C.F.T./33 signale que des emplois dont le détail est donné ci-après sont offerts par certaines entreprises :

— Secteur de l'automobile (Bordeaux) O.S., P 1, P 2, P 3.
— Métallurgie, mêmes spécialités que ci-dessus.
— Habillement, mécaniciennes en confection, jeunes tailleurs, coupeurs, presse.
— Nettoyage, ouvrières nettoyeuses première catégorie.

Les travailleurs susceptibles d'être intéressés devront se faire connaître à l'U.D./C.F.T./33, 5, rue Thiac, Bordeaux, en se référant à la personne C.F.T. qui les recommande. L'U.D. a la possibilité d'appuyer les demandes. Il va de soi que cet appui sera accordé en priorité aux travailleurs attachés au syndicalisme libre et indépendant.

Le Bureau.

15 avril 1972.

Nota. — Les responsables qui recommanderaient des travailleurs sont priés de donner tous renseignements utiles à l'U.D. Urgence signalée pour secteur automobile et métallurgie...

Ainsi, nous sommes loin de l'affirmation « c'est Michaut qui fait tout cela ». L'implantation des militants C.F.T., par mutation d'une entreprise à une autre, le recrutement sévèrement filtré, le fichier tenu quotidiennement à jour, tel est donc l'A.B.C. du chef du personnel. L'étendue de ces pratiques démontre qu'en fait, ce sont les chefs d'entreprises qui font cela, la C.F.T. n'étant qu'un des moyens de leur dispositif. Et si, pour Berliet, cette organisation fut difficilement applicable parce que découverte et combattue par la C.G.T., elle a réussi dans d'autres entreprises et plus particulièrement celles de l'automobile.

Michaut se souvient du fichier Simca : « Simca a le plus beau fichier que j'aie jamais vu de ma vie... Même les Renseignements généraux n'ont pas le même ! C'est un fichier électronique qui possède tous les renseignements sur un gars depuis sa naissance... » Il est vrai que Simca a aussi ses détectives attitrés, tel Ferdinand Couillet.

Ferdinand Couillet travaille depuis janvier 1971 au service hygiène et sécurité de Poissy. Il est enquêteur. Il se fait bêtement mordre par un chien le 16 mars 1973 au cours d'une enquête. Déclaration d'accident du travail : « Au cours de son service a pénétré à l'intérieur d'une propriété; après avoir sonné, n'ayant pas obtenu de réponse, a ouvert la porte d'entrée et un chien berger allemand s'est précipité sur lui et l'a mordu. »

Déclaration de la propriétaire du chien : « Je suis formelle, l'enquêteur de Chrysler n'a pas sonné, il est entré dans ma propriété et s'est fait mordre au bras par mon chien. J'ai fait rentrer ma bête et suis allée à la rencontre de ce monsieur en lui demandant sa raison d'être chez moi et pourquoi il n'avait pas sonné... »

Nature des blessures : petites plaies superficielles avant-bras gauche et mollet gauche, morsures multiples...

Cette anecdote mise à part, l'aboutissement systématique du travail effectué par la C.F.T. et les directions du personnel est clair. Les informations des mouchards de la C.F.T. et de ceux de l'entreprise, collationnées, permettent de suivre parfaitement les occupations d'un militant syndicaliste sur son lieu de travail comme en dehors.

Sur le lieu de travail, bornons-nous à signaler quatre exemples :

Le 5 mai 1976, les membres du comité d'établissement de l'entreprise B.T.R. à Clichy apprennent qu'un micro était dissimulé dans la bouche d'aération du local du Comité d'entreprise, à 50 cm. L'émetteur, quant à lui, est caché sous le faux plafond. Sa portée ne dépasse pas deux cent cinquante à trois cents mètres, l'enceinte de l'usine. Les membres du C.E. se souviennent alors qu'en décembre 1975, le patron réagissait avant qu'ils aient fait connaître leurs décisions.

Un micro espion ? pourquoi pas ! Tous les moyens sont bons pour suivre à la trace les militants. Alain Cypriano ne cachait d'ailleurs pas que l'une de ses fonctions était la pose de micros dans les locaux syndicaux et d'écoutes téléphoniques sur les lignes des responsables des syndicats. Il n'avait rien à refuser à M. Bregeon, qui payait largement l'homme et les fournitures.

Malheureusement, ce matériel et ces méthodes relèveront bientôt de l'archaïsme. La naissance des ordinateurs a permis de franchir un pas de plus dans l'escalade aux renseignements. Ce sont les employés de la S.N.E.C.M.A. (Société nationale d'étude et de construction des moteurs d'avions) qui nous ont les premiers alertés. Laissons-leur donc la parole.

« CESAR »

« Début 1974, la direction de la S.N.E.C.M.A., à la suite de multiples grèves pour la suppression du travail au rendement, propose aux organisations syndicales un protocole d'accord sur la suppression progressive du “ boni ” lié à la mise en place d'un nouveau système de “ contrôle de la production ” utilisant un ordinateur et des terminaux dans les ateliers.

« L'accord supprimant le boni est signé en 1975 sans la caution des syndicats quant au nouveau système. Depuis, la mise en place des terminaux est imposée par la direction avec la progressivité qui s'impose.

« Quelques mois plus tard, un rapport interne sur ce système dénommé « CESAR » tombe dans le domaine public. Il éclaire singulièrement ce que " contrôle de production " veut dire. La partie " philosophie générale " précise les objectifs :

« 1) Contrôler l'activité des compagnons.

« 2) Donner à l'encadrement et à la direction des informations précises sur l'activité des ateliers et de l'usine.

« Le contrôle de l'activité des compagnons comportera celui de la présence dans l'entreprise, de la présence au poste de travail, du temps passé sur chaque bon de travail ainsi que du temps en inactivité.

« L'ordinateur calcule un rendement du compagnon après avoir tenu compte des aléas qui ne sont pas liés à la qualité de son travail. Tous ces éléments sont alors transmis à l'encadrement et à la maîtrise.

« L'ordinateur mémorise aussi les motifs d'inactivité : Elections, visite médicale, douches, transport, formation. Le décompte des heures de délégation est maintenu à part, mais que deviendra le rendement individuel du délégué ?

« Le suivi des bons de travaux permettra d'en faire des bilans complets, de rechercher les aléas et les retards de fabrication.

« Il est prévu d'étendre le contrôle de la présence dans l'entreprise à tous les autres salariés de l'entreprise, chacun disposant d'un badge personnalisé " afin de ne pas créer un isolement du personnel productif " dit le rapport. La " saisie de la présence " dans l'entreprise est susceptible de nombreux perfectionnements allant jusqu'à l'automatisation complète de la " chaîne paie " y compris le décompte des grèves, délégations, etc.

« Ce système est déjà largement mis en place à la S.N.E.C.M.A.-Corbeil (usinage, montage des réacteurs) où il concerne environ 1 800 ouvriers, il est partiellement étendu aux employés et techniciens non cadres. La direction générale annonce sa mise en place au centre de production de Gennevilliers (fonderie, usinage) où il concernera 1 000 ouvriers.

« Ces investissements correspondent bien à l'application, dans les conditions de la production des réacteurs, des orientations patronales. Ils partent du principe qu'il est possible, sans remettre en cause l'enveloppe des moyens, d'obtenir une production plus élevée par l'intensification du travail humain et la tentative d'une meilleure utilisation des moyens de production, du parc des machines. C'est, en effet, dans les conditions d'une production en petites séries de pièces de qualité élevée qu'il s'agit de réaliser ces objectifs.

« L'ordinateur permet de prélever l'ensemble des informations à la source sur l'activité des compagnons comme sur le déroulement de la production et fournit dans des délais très brefs, malgré la complexité de la situation, des informations nombreuses. Transmises à la maîtrise et à l'encadrement, elles leur permettent d'exercer sur les compagnons la pression adéquate et documentée qui peut le mieux conduire à l'intensification du travail.

« On devine assez facilement l'ampleur des pressions qui pourront être exercées sur les ouvriers comme sur les agents de maîtrise et cadres à partir des bilans (nominatifs ou par ateliers), comparaisons, que pourra délivrer presque instantanément l'ordinateur aux mains de la direction.

« On peut légitimement s'interroger sur l'efficacité, y compris immédiate, de ce système. L'amélioration des conditions de vie et de travail des ouvriers comme de l'encadrement : pour les premiers, de meilleurs moyens de formation, des possibilités de déroulement de carrière et pour les seconds, l'obtention de moyens suffisants pour remplir leurs responsabilités permettraient sûrement de faire tourner plus rond un appareil productif de grande valeur. A plus long terme, cette politique sera incapable de conduire à une meilleure adaptation de l'homme à son travail car elle s'inscrit rigoureusement dans la recherche de la surexploitation et non d'un épanouissement de la force de travail salariée s'appuyant sur le progrès scientifique et technique.

« Un tel système est installé également chez Ratier à Figeac. D'autres moyens de surveillance du personnel par ordinateur sont envisagés, certains utilisant le téléphone et des badges personnalisés.

« Certes, les directions d'entreprises font preuve de prudence, de doigté pour mettre en place ces systèmes de supersurveillance, elles poursuivent surtout des objectifs à moyen et long terme.

« L'expérience prouve que malgré ces moyens techniquement puissants, l'action de la direction peut être mise en cause par l'unité et l'action des salariés et de leurs organisations syndicales... »

Un second exemple de l'emploi de l'informatique nous fut donné par les syndicalistes de la R.A.T.P. où a été mis en place un système de gestion automatique intégrée pour « gérer » les activités des trente-sept mille agents actifs répartis dans plus de six cents lieux géographiques et celles des quarante mille retraités, qui porte le nom de « système G.I.P. » (gestion intégrée du personnel). Outre l'ordinateur, le système G.I.P. est composé de quatre éléments : la bibliothèque des programmes (par exemple le programme des congés, des visites médicales, des paies, de l'avancement); le planning des opérations qui déclenche automatiquement, à la date voulue, un programme; le réseau de transmission (qui relie l'ordinateur central aux unités périphériques installées dans des services); enfin l'ensemble des fichiers.

L'ensemble des fichiers constitue la source unique de toutes les informations nécessaires au fonctionnement de G.I.P. Il comprend une « base commune de données » et des données « hors base commune ». La « base commune de données » regroupe toutes les informations individuelles liées aux agents de la R.A.T.P. et classées en trente-cinq catégories : sexe, âge, poste occupé, etc. Les « données hors base commune » regroupent les éléments concernant l'ensemble du personnel : critères de classification, grille de congés, tableaux de marche, etc.

L'ordinateur ne peut être interrogé que par des personnes ayant le droit de l'interroger et il ne communique que des tranches de renseignements. Mais imaginons que dans la catégorie « profil agent » il existe une sous-catégorie « appartenance syndicale » ou « appartenance politique ». Imaginons que le droit à interroger soit attribué à des personnes extérieures à l'entreprise... Ce ne sont là, bien sûr, qu'hypothèses d'école. Mais tout est prêt pour les réaliser...

Dernier exemple, enfin, de l'emploi de l'informatique, la surveillance systématique, telle qu'elle est conçue par la société I.B.M. Un article d'Hervé Ponchelet dans *l'Express* est édifiant à ce sujet : « Une carte plastique permet à M. Tertiaire, quand il arrive le matin, d'ouvrir la barrière du deuxième sous-sol du parking, auquel son poste lui donne droit, de se faire déposer directement au quinzième étage par un ascenseur sans bouton, d'ouvrir la porte de verre de son bureau, de déclencher, grâce au téléphone digital, son compteur de présences, tout en signalant à qui de droit qu'il commence sa journée de travail. Car M. Tertiaire est libre de ses horaires, l'ordinateur se charge de totaliser ses heures de présence et de vérifier qu'il remplit son contrat hebdomadaire.

« Toute la journée, la petite carte lui ouvre les portes, celles du moins qu'il est autorisé à franchir, lui donne la tonalité téléphonique, lui sert de ticket au restaurant de l'entreprise. Toute la journée, automatiquement, l'ordinateur note ses déplacements, la destination de ses appels téléphoniques, leur durée, le prix de ses repas... »

Et si M. Tertiaire était un délégué syndical... ?

La totalité des informations recueillies est donc « traitée ». Et traitées grâce à l'électronique, les fiches établies facilitent, selon un rapport de la commission gouvernementale « Informatique et Libertés » la « sélection en vue de stages et autres compléments de formation, éventuellement affectation et promotion, voire même application de certains critères pour préparer les licenciements ». Elles permettent aussi de prévenir les autres employeurs pour qu'ils n'engagent pas « d'éléments subversifs ».

Le dossier concernant Saint-Nazaire est très instructif en ce sens. André Pélion, militant C.G.T., s'est vu refuser par vingt-huit entreprises une demande d'embauche après qu'il ait répondu que son ancien employeur était la Sotrimec. Jules Salmon, cinquante-six ans, délégué C.G.T. au Comité d'établissement de la même entreprise, a essuyé quarante refus d'embauche. Militants et licenciés, ils sont devenus tous les deux — et il y en a des dizaines d'autres comme eux — des interdits de travail. Le tam-tam patronal a joué. Il joue d'autant plus que les entreprises nazairiennes ont abandonné leurs prérogatives à l'embauche au profit des sociétés de travail temporaire qui peuvent pratiquer une sélection plus rigoureuse encore, comme nous le verrons.

Allons plus loin encore. L'interdiction de travail est étendue au territoire tout entier. Jean-Paul Ossart a été licencié, lui aussi, de la Sotrimec, et n'a pu trouver un emploi dans les vingt-cinq entreprises auxquelles il s'est adressé. Il s'est tourné alors vers la Région parisienne. Il reçoit, le 7 mai 1976, une réponse favorable de la société Le Foyer du fonctionnaire et de la famille pour un poste de gardiennage — personnellement, je préfère employer le mot concierge qui n'a rien d'abaissant, car le gardiennage évoque pour moi tout autre chose — : « Nous tenons à vous informer dès aujourd'hui que votre candidature a retenu notre attention » et c'est signé N. Huet, pour le service du personnel. Ce n'est pas encore l'assurance du travail mais c'est un espoir. Quatre jours plus tard, Mlle Huet envoie une nouvelle lettre au couple Ossart : « Nous sommes en mesure de vous proposer un poste à Créteil pour lequel vous trouverez ci-dessous quelques renseignements... »

Le 17 mai, elle fixe rendez-vous aux époux Ossart pour le vendredi 21 mai, 14 h 30, à ses bureaux, 159, rue Nationale à Paris 13ᵉ. La rencontre se passe bien, le choix du poste est précisé, il ne restera plus qu'à signer les papiers.

Le 28 mai, M. et Mme Ossart apprennent que la société est au regret de les « informer qu'il ne (lui) est pas possible de donner une suite favorable à (leur) candidature ». Sept jours se sont écoulés depuis le moment où M. Ossart a dû répondre à un questionnaire précis et où il a écrit : « Ancien employeur : Sotrimec. » Sept jours, moins un samedi et un dimanche, et le temps que la lettre soit rédigée et envoyée. Quatre jours de délai donc, seulement, pour vérifier. Le téléphone alors ? pas du tout. La Sotrimec, en mai 1976, a disparu corps et biens depuis plus d'un an. Mlle Huet a pu se renseigner à trois autres sources : la Police, la Gendarmerie ou au syndicat majoritaire dans la société : l'Union française du Travail (enfant naturel de la C.F.T.). Et l'U.F.T. a, elle aussi, ses fichiers et ses amitiés.

Les fichiers : En fouillant mes poches, j'y ai trouvé ma carte d'identité nationale (mon signalement); un passeport (mes voyages); une carte d'électeur (mes votes); une carte de Sécurité sociale (la liste des médecins que j'ai consultés et des médicaments qu'ils m'ont prescrits et que je me suis fait rembourser); un permis de conduire (toutes les amendes que j'ai glanées pour infractions au Code de la route); un carnet de chèques (le numéro de mon compte en banque); un bulletin de paye (mon employeur); une carte de bibliothèque (mes lectures) et quelques cartes d'associations, sans compter celle de la C.G.T. Je me suis souvenu d'un article que Pierre Viansson Ponté avait écrit dans *Le Monde* du 27 au 28 octobre 1974, consacré au grand projet du gouvernement, le « système automatisé pour les fichiers administratifs et le répertoire des individus », le projet SAFARI.

« Un beau jour de l'année 1984, quelques jeunes gens attendaient patiemment d'être reçus par le chef du personnel d'une grande société marseillaise de fret commercial. Ce sont les candidats à un emploi de comptable-magasinier. Parmi eux, Jean Durand, un solide garçon de dix-neuf ans, qui pénètre à son tour dans le bureau. Invité à s'asseoir, il tire de son portefeuille sa carte nationale, une plaque plastifiée, analogue aux cartes de crédit aujourd'hui, qui porte simplement en relief son nom et un numéro.

« Le chef du personnel, qui est assermenté, place la carte sous un lecteur-vidéo et compose le numéro d'appel du G.F.N. (Grand fichier national) à Paris. Un signe d'acquiescement indique que les indications portées sur la carte sont correctes et, aussitôt, la fiche du candidat se déroule sur le petit écran :

SS 13 004 224 65 A 549. Durand, Jean, Edouard, E.C. Né le 6 juillet 1965 au Raincy-Villemomble, de Durand, Jacques, originaire de Montlhéry, et de Dupont, Marie, originaire de Marignane, mariés le 20 janvier 1965. Demeure au 5-7, avenue des Saules, Bloc B, 2ᵉ ét., app. 8, à Massilia-la-Nouvelle.

ENS. Ec. com. Raincy-Villemomble 1971-1975. Ec. Pr. Massilia-la-Nouvelle 1975-1978. Es. sec. : néant.

PROF. : 1980 coursier Manutentionnaires réunis, Massilia III 7 mois, lic. insub. 1982. — Planton étage Office central de télévision par câble Marseille, lic. absences injust. 1983. — 1983, tr. rempl. chef petites manut. Ets Brun et Panisse, Toulon, eng. et lic. détournements cartons usagés 1983.

MIL. : Réf. Exam. préselect. 1983 strabisme. A refusé opération correctrice. Dos 65 C PA 26 881 811 cl. 83.

JUD. : Civ. néant : pén. néant; pol. 3 j. av. sursis pert. ordre pub. 14 juillet 1983. Drug-Nord Marignane. 500 F. am. Dos. 13 OJ PP 83 8 703.

POL : Affil, néant; 1983 fréq. Mercier Judith, dactylo. Rassemblement des libertaires français; 1983 a signé pétition collective en faveur de Joseph Dentssige. Fréq. « Le Cartouche », boîte de nuit Massilia-la-Nouvelle, rendez-vous bande dite « Astronautes ».

FAM. : Cél. conc. occ. Tran Van Tanh Euphrasie, 22 ans, vendeuse Drug-Nord Marignane, Enf. néant.

MED. : 179 cm, teint clair, yeux bleu-gris, cheveux chatain, barbe néant, moust. néant, pil. sup. néant, s.p. envie 3 cm avant-bras droit, gr. s O Rh. chir., appendicite HM Raincy-Villemomble 11 mars 1980; fracture péroné chute bicyclette

idem 16 nov. 1980. Form. sang. norm. au 31 déc. 1983. Mal. : varicelle 4 ans 2 mois; 2 otites 6 ans; oreillons 7 ans 1 mois; blennorrhagie 15 ans 7 mois, serv. derm. vén. HM Massilia-la-Nouvelle; blennorrhagie 19 ans idem. Form. dent.; emp. dig.; emp. plant.; emp. voc. : s. dem. spéc. C.R.R.J. Rosny-sous-Bois.
FISC. : RD 1983, 12816 F. S.F. : déb. 986 F I.D. 367,11 F. Banque : Union des Banques du Centre et du Sud. cte 766 399/83. Permis de conduire : 1664 VT 13 BBI.

« Le chef du personnel est un peu étonné : normalement, il n'aurait pas dû recevoir communication des paragraphes JUD, POL, MED et FISC. Une panne du lecteur sélectif, sans doute, ou une erreur du G.F.N. Cela arrive. De toute façon, Jean Durand ne sera pas engagé. Conçu avant le mariage, par des parents vraisemblablement séparés, deux maladies vénériennes, concubinage : moralité douteuse. Forte tête, peu assidu au travail, capable de menus larcins, bagarreur, mauvaises fréquentations et, par surcroît, facile à politiser, décidément, c'est trop. Désolé. Au suivant ! »

Cela m'a inquiété. La lecture d'un livre de l'Institut français des sciences administratives m'a rassuré. Il s'appelle le « Secret des fichiers ». On y écrit, page 3 : « Les fichiers informatisés qui se multiplient, sont souvent rudimentaires, les bases de données sont rares, les interconnexions quasi inexistantes; quant à " l'ordinateur central ", il relève de l'utopie... » A la page 164, les auteurs sont déjà plus nuancés « on ne taira pas la crainte de l'interconnexion des fichiers du personnel avec d'autres fichiers, particulièrement ceux de la Police, du ministère du Travail ou de ces partenaires privilégiés, telles l'Agence nationale pour l'emploi (A.N.P.E.) ou l'Agence pour la formation professionnelle accélérée (A.F.P.A.).

« Cette peur du " fichier central des Français " n'est pas plus grande en ce domaine que dans les autres (...). L'Etat pourrait évidemment décider des interconnexions très larges. Le veut-il ? Le pourrait-il même ? Il est difficile aujourd'hui de répondre par l'affirmative à ces interrogations. »

Poniatowski continue de prétendre benoîtement qu'il n'y a aucun dispositif de cette nature en place, ou qui se met en place. Il dit même, avenant : « Venez au ministère de l'Intérieur, vous ne trouverez rien de semblable. » Le brave homme ! Evidemment, cela se passe ailleurs : 4, rue Jules-Breton, à Paris, dans les locaux de la direction des services techniques de la Préfecture de police. Là est installé un ordinateur de très grande capacité, ultra-moderne, et se trouvent déjà concentrés le fichier national des permis de conduire, le fichier des cartes grises de la Région parisienne, le fichier des contraventions non payées, le fichier national du banditisme et... le fichier des renseignements politiques (Renseignements généraux). Le tout sous couvert du « Centre électronique de gestion d'études et de traitement de l'Information », dirigé par André Ducret.

La lecture instantanée du renseignement peut être obtenue à à partir d' :

— un numéro d'immatriculation de véhicule (fichier cartes grises par exemple);
— un numéro d'identification nationale (code « I.N.S.E.E. », ancien numéro de la Sécurité sociale).

On peut déjà interroger l'ordinateur par téléphone, à partir de n'importe quelle préfecture, du fond de quelque cabinet d'où les sons ne sortent pas, cela sur les lignes intérieures directes des administrations ou en appelant un numéro du secteur « Denfert Rochereau ». Mais déjà sont installés des « terminaux informatisés », à Lille, Lyon, Metz, dans toutes les préfectures de la couronne parisienne (Direction départementale de la police urbaine). Peu à peu, toutes les préfectures en seront équipées. Ce sera un jeu d'enfant d'interroger de là les fichiers centraux.

Et puis il y a le fichier national de la gendarmerie que nous avons déjà évoqué, situé à Rosny-sous-Bois, dans la banlieue parisienne.

La physionomie qui est donnée de Rosny, c'est celle d'un centre d'où la gendarmerie s'efforce de régler la circulation routière. Chacun connaît les démonstrations du Colonel Chichignou, carte au mur et règle en main, les grands soirs d'opérations « rentrée fluide ». Quoi de plus naturel.

Mais il n'y a pas que cela à Rosny. Il y a une « salle de trafic », point névralgique en cas de :

— circulation routière dense;
— guerre;
— troubles intérieurs.

Le mot est lâché. Cette « salle » cohabite avec un fichier de 10 millions d'unités, qui ne comporte pas que des renseignements de droits communs, car les gendarmes enquêtent aussi sur la vie privée des Français. Et voilà que la gendarmerie introduit elle aussi l'informatique pour son dispositif sur tout le territoire. Cela a commencé en 1970. Ce sera terminé en 1987. A cette date, la France sera couverte d'un réseau télé-informatique très dense, reliant par fil ou radio 10 000 terminaux entre eux et avec le système central, permettant au plus éloigné des détachements de disposer instantanément des multitudes d'informations emmagasinées dans « la mémoire de la gendarmerie ».

Résumons-nous. Les fichiers centraux sont déjà installés au plan national. Ils se modernisent à une grande rapidité. Chaque préfecture, chaque commissariat, chaque brigade de gendarmerie pourra les interroger rapidement. Ce sera un jeu d'enfant pour l'entreprise de travail temporaire, pour la société de gardiennage, pour le détective privé désigné, pour tel chef du personnel d'accéder aux renseignements. Il lui suffira d'avoir dans ses services un ancien commissaire de police ou un ancien inspecteur.

Mais il suffit d'un grain de sable dans l'engrenage bien huilé et tout se découvre. C'est ce qui est arrivé chez Peugeot. Amaury Lubeck, membre du S.A.C., dont on reparlera plus loin, ancien adjoint du Général Feuvrier, au service du personnel des Usines Peugeot, explique :

« Les premiers temps quand j'étais chez Peugeot, j'étais chargé de faire ce qu'on appelle les enquêtes avant embauche... J'étais bien placé, mon voisin était ancien commissaire divisionnaire. Finalement, on a donc confié le service des enquêtes, par la suite, à un certain Julienne. Eux ne travaillaient pas de la même façon que moi. Pour les enquêtes, elles étaient faites par le système des R.G... » Voilà, c'est tout simple, la boucle est bouclée.

Tout cela se met donc en place, fonctionne déjà. Et là où l'ordinateur n'est pas encore installé, ne nous inquiétons pas, le téléphone, moyen archaïque sans doute, est utilisé, puisqu'il faut sans arrêt s'informer, épier les travailleurs.

Mais si la direction de l'entreprise se renseigne, il n'est pas exclu qu'elle « renvoie l'ascenseur » et renseigne à son tour ceux qui lui ont rendu service.

Car un fichier n'est pas un élément statique : pour demeurer opérationnel, il doit être mis à jour. Et le « rafraîchissement » des données ne passe pas exclusivement par les confidences des concierges ou les blocs-notes des policiers. C'est ainsi que selon les cas ou les circonstances, telle entreprise —

contrainte ou non — n'hésitera pas à ouvrir à ses « bienfaiteurs » son propre fichier du personnel.

Souvenons-nous à cet égard de la circulaire envoyée par un Commissaire des R.G. de Dunkerque aux directions d'entreprises de la région...

Mais déjà la Société générale, prévenante, n'hésite pas à inclure dans son fichier clientèle des données tout à fait étrangères à la gestion bancaire, telles que le numéro de la Sécurité sociale du client et des renseignements sur son conjoint. Ceci pour le cas où les Pouvoirs publics auraient des besoins en la matière.

Même chose à la Caisse nationale d'Assurance Vieillesse. On recueille le maximum de données concernant le titulaire du régime. Elles sont centralisées à Tours et exploitées à Nantes.

A la Société générale, comme à la C.N.A.V., comme ailleurs, le S.A.F.A.R.I. existe, se met en place, fonctionne... Comme au Quai d'Orsay où les fonctionnaires sont fichés et sanctionnés lorsque leurs opinions déplaisent. Comme au plan européen où les fonctionnaires de la C.E.E. sont l'objet d'enquêtes « confidentielles » minutieuses qui rappellent en tous points la « chasse aux sorcières » du maccarthysme.

L'Europe des fichiers existe elle aussi.

Malheureusement, au-delà de ces premiers moyens de pressions permis par le fichage, et dont nous reparlerons, il faut bien se rendre à l'évidence : d'autres méthodes peuvent être employées. L'obstination semble de règle. Elle va loin. Ecoutons Michel Rouzaud évoquer une nouvelle fois l'attitude des mouchards de Berliet :

« En sus du mouchardage, ces gens-là avaient également pour mission de faire de coup de poing ou encore le coup de l'accident envers les travailleurs récalcitrants. Ils repéraient l'adresse de l'individu choisi afin de lui tendre une embuscade dans les « règles de l'art » si besoin était, ou de lui rendre le cas échéant une petite visite. Au début, ils n'étaient pas armés, c'est peu après que sont arrivés les matraques, les explosifs... »

Chapitre 2

LES MILICES

Depuis plusieurs années, le patronat s'est organisé pour éviter au maximum l'éclatement de conflits au sein de ses entreprises. Son action est d'abord et dans la mesure du possible préventive. Il a implanté, à l'extérieur des centres industriels classiques, ses nouvelles unités de production, en créant des « chasses gardées ». Au sein d'une même usine, il a dispersé les différents ateliers en îlot, laissant de mornes terrains vagues au béton et à l'herbe. Il a créé des parkings pour les voitures des ouvriers dans l'aire de l'entreprise, à l'intérieur de ses grillages et de ses barbelés. Il a organisé des services de transports qui ne laissent pas un instant de libre entre la descente du car ou du train et la prise du travail. Ce n'est plus tout à fait le monde de la sirène et du sifflet mais celui de la commodité bien pensée. Toute activité syndicale se heurte à ces obstacles naturels. Distance, enceintes, autorisations, organisation du temps sont les nouveaux pièges dressés devant l'activité militante.

L'embauche est sévèrement contrôlée. La maîtrise, omniprésente, assume bien souvent des tâches où la surveillance l'emporte sur l'encadrement technique. Pourtant, au nom de la « participation » ou plus simplement sous couvert du paternalisme, le patronat se dit et se croit attentif aux revendications syndicales. Il s'agit là encore, de précautions. Le débrayage ou la grève sont des maladies endémiques que le capitalisme se doit d'éviter à tout prix pour s'assurer un taux de profit acceptable. Et si la vaccination ne donne pas les résultats escomptés, il passe aux remèdes de choc. James Sarazin a, dans *Le Monde* du 14 juin 1975, parfaitement résumé cette évolution : « Prévenir tout mouvement social; écouter les syndicats, éviter que le débrayage d'O.S. dans un seul atelier paralyse toute la production, faire échouer une grève en jouant de la carotte et du bâton, de la séduction ou de la provocation, tout ce travail semble devenir la préoccupation de certains dirigeants qui n'hésitent pas à y affecter des gens obéissant sans sourciller à certains réflexes : l'anticommunisme, la haine de tout ce qui s'apparente à « la gauche », ou simplement l'appât du gain : les « jaunes » existent depuis le début de l'ère industrielle, mais ceux d'aujourd'hui sont souvent payés uniquement pour dénoncer et réprimer (...) A défaut de pouvoir toujours agir préventivement en s'offrant quelques policiers en retraite qui, par leurs amitiés dans « *la grande maison* » sauront écarter infailliblement les agitateurs à l'embauche (...) il reste alors, pour franchir un échelon dans la répression, le recours à du personnel très spécialisé, à même d'exécuter coups de main et ratonnades, ou de provoquer d'opportunes bagarres. Certaines agences de travail temporaire proposent ce type d' « employés ». Les anciens militaires et les extrémistes politiques de droite, particulièrement recherchés pour ces emplois, seront-ils secondés demain par d'anciens détenus de droit commun ?

« Dans l'automobile, le précurseur de l'emploi de commandos spécialisés pour assurer l'ordre dans les usines fut incontestablement Simca — aujourd'hui Chrysler-France — il y a près d'un quart de siècle... »

Pourtant...

Renault 1930 : Un bagne. Un bagne par les conditions de travail, un bagne avec ses gardes-chiourme. La police maison est dirigée par un russe blanc, ancien colonel de l'armée Wrangel, cette armée de la guerre civile qui voulait renverser la jeune république soviétique. A l'outillage, défendu de se déplacer, de fumer; surveillance jusque dans les W.-C.; mouchardage. Des ouvriers en parlent à Robert Durand pour son enquête sur « La lutte des travailleurs de chez Renault » : « On se méfiait les uns des autres; le mouchardage était organisé en grand. » Hélas, il y avait des ouvriers achetés par le patron qui faisaient ce répugnant travail. Mais surtout, les surveillants et militants *unionistes,* envoyés en stage dans les chaînes, dans les équipes, discutaient des mots d'ordre que nous donnions, de nos méthodes, ils faisaient renvoyer tous les travailleurs qui soutenaient nos positions. Nous avions à combattre les fausses nouvelles lancées par cette clique. Lorsqu'il y avait un grand mouvement de mécontentement, elle faisait circuler le bruit qu'une débauche de masse aurait lieu sous peu (...) Les placards des vestiaires étaient fouillés (...) il y avait dans les chaînes une exploitation féroce. Ils avaient réussi, en plus de la police maison et des surveillants, à instaurer un système de mouchardage. Les ouvriers eux-mêmes se regardaient en chien de faïence. Il y avait un climat de suspicion entre tous les camarades. Ils se cachaient les feuilles de paye.

Michelin 1935 : Le 6 février 1934, les ligues fascisantes, et, parmi elles « Les croix de feu », ont à Paris tenté de renverser le Gouvernement à l'issue d'une manifestation place de la Concorde. L'échec de l'opération ne devait plus cacher les tentatives de l'extrême-droite pour prendre le pouvoir et l'existence d'un complot fomenté, au-delà des ligues, avec l'aide des services secrets mussoliniens, par le C.S.A.R. dont les adhérents furent plus connus sous le nom de « cagoulards ». La riposte ouvrière du 12 février fut le prélude du Front populaire.

Henri Verde, syndicaliste depuis 1917, se souvient :

« La firme Michelin vient à nouveau de se signaler à l'opinion publique. Michelin, que certains représentaient comme un patron libéral, social, un bon patron dans toute l'acception du terme, avait constitué des stocks de matraques, avec lesquelles il comptait bien un jour " caresser " ses ouvriers. Cette découverte, jointe aux révélations de feuilles de pétition circulant dans les bureaux et demandant la libération de cagoulards emprisonnés, devait attirer l'attention des pouvoirs publics sur ceux que l'on soupçonnait depuis longtemps, " managers " des ligues fascistes. Depuis février 1933, les travailleurs des usines Michelin avaient pu se rendre compte du développement considérable du mouvement " Croix de feu ". Les adhésions se faisaient sous l'œil bienveillant de la direction Michelin. Le 14 juillet 1935 fut une révélation pour ceux qui prétendaient que la " grande maison " se confinait dans une stricte neutralité politique. Ce jour-là, au pas cadencé, en formation militaire, nos " Croix de feu " locaux prirent possession du pavé clermontois (...) la plupart des chefs de service, de nombreux employés, dessinateurs et ingénieurs, les membres les plus influents de la gérance et du contentieux de la maison Michelin étaient présents et certains, tels Girardée des œuvres sociales, Saint-Joannis du contentieux encadraient ces formations de guerre civile. Le lendemain, dans les ateliers et bureaux, ostensiblement, les chefs de service, M. Neuville de la gérance en tête, arboraient l'insigne à tête de mort.

« Des pressions insupportables furent exercées sur ceux qui refusaient de se plier aux injonctions de leur chef supérieur. (...) En accord avec ses chefs de service “ Croix de feu ”, Michelin fonda le syndicat professionnel, et ses premiers adhérents furent les “ Croix de feu ”... »

Simca 1956 : Vingt ans plus tard, en dépit de la loi du 10 janvier 1936, modifiée par l'ordonnance du 30 décembre 1944 et la loi du 5 janvier 1951, des événements semblables se reproduisaient. Ils n'ont pas cessé depuis. Une note du syndicat C.G.T. Simca, datée du début de 1959, résume les faits :

« Un important service de police privé auquel collabore un ancien commissaire vichyste épuré à la libération a charge d'enquêter sur chaque travailleur demandant d'être embauché. L'enquête s'opère en deux directions :

« — Vers les entreprises dans lesquelles le travailleur a déjà été employé.

« — Dans le secteur où habite le candidat à l'embauche.

« Ce qui est à chaque fois recherché, ce n'est pas la qualité professionnelle, pour cet aspect la période d'essai est suffisante, mais les idées du travailleur.

« A cet effet, des renseignements sont demandés par ces policiers privés, aux concierges, commerçants, voisins, etc.

« Ainsi, un travailleur pour entrer dans l'usine doit non seulement donner satisfaction sur le plan professionnel, mais surtout convenir aux conceptions politiques et syndicales de la direction.

« Cette discrimination organisée avec de puissants moyens, est une grave atteinte aux libertés individuelles, et des centaines de travailleurs en ont subi les conséquences. Mais les précautions prises à l'embauche étant jugées encore insuffisantes pour museler l'ensemble des travailleurs, la direction pratique sur une grande échelle la répression dans l'usine. (...) Plusieurs moyens sont employés par la direction pour chasser de l'usine les travailleurs dont les idées sont contraires à ses intérêts : parmi ces moyens il y a le déclassement, le mensonge, la provocation. (...)

« Dans les usines du groupe Simca, les licenciements d'ouvriers, les atteintes aux libertés syndicales s'accompagnent d'attaques fascistes sur les militants syndicaux.

« Pour ce travail, la direction recourt à des groupes de choc organisés dans l'entreprise. Ces groupes de choc, véritable milice privée, ont pour tâche d'attaquer et de détruire physiquement les militants ouvriers.

« Ainsi, depuis plus d'un an, de multiples attaques ont été effectuées par les commandos fascistes de la Simca contre des militants ouvriers.

« Citons quelques exemples :

« — Le 2 décembre 1955, M. Autier est agressé à la porte de la Simca Nanterre, alors qu'il distribuait un journal.

« — Le 6 février, Tanczi, délégué du personnel à l'usine de Poissy, était agressé par deux nervis, près de chez lui; les agresseurs prirent ensuite la fuite dans une 4 CV noire, immatriculée 6072 EG 75 (voiture appartenant à Chemin, l'un des dirigeants des groupes " Paix et liberté " Simca).

« — Le 7 février, Colombo, secrétaire du Syndicat des métaux de Poissy, et Delaitère, du journal *La Vie Ouvrière* sont attaqués par une quinzaine d'énergumènes de " Paix et liberté ". Ils sont blessés au visage et leurs papiers sont volés (...)

« Des dizaines d'attaques ont ainsi eu lieu depuis le début 1956, toujours avec la participation des mêmes hommes armés et solidement organisés chez Simca. Leur façon d'opérer montre bien le caractère fasciste de ces groupes ainsi d'ailleurs que les diverses complicités qui leur permettent de continuer dans l'usine et à l'extérieur de l'usine.

« La distribution des journaux syndicaux étant strictement interdite à l'intérieur de l'usine, les groupes de choc ont pour mission d'en empêcher la diffusion à la porte des entreprises Simca. Armés de matraques et de poings américains, organisés en groupe d'assaut, ils montent la garde autour de l'usine prêts à se ruer contre les travailleurs qui voudraient distribuer des journaux du syndicat.

« Ils ont ainsi sévèrement blessé plusieurs travailleurs, et à chaque fois, ils ont reçu l'aide des services de l'usine pour se replier dans celle-ci afin d'éviter la riposte des ouvriers.

« La passivité des pouvoirs publics devant ces manifestations fascistes est aussi un facteur d'encouragement pour les équipes de nervis de la Simca.

« Ainsi, en février 1956, lorsqu'ils attaquèrent, à une quinzaine, le secrétaire du Syndicat des métaux de Poissy et un responsable du journal *La Vie Ouvrière*, ils le firent sur la place de la Mairie, à la sortie de l'Union locale, à quelques dizaines de mètres du commissariat de Police et ceci en toute tranquillité.

« Ces méthodes de caractère fasciste visent à interdire les syndicats dans les usines de la Simca.

« Ces hommes de main ne se cantonnent pas, d'ailleurs, dans le matraquage de travailleurs, ils usent aussi de menaces de mort à l'égard de militants. Ainsi, une lettre de menaces fut popularisée contre un ouvrier de Nanterre et une menace de mort contre le secrétaire du syndicat de l'usine.

« Ces hommes ont dans l'entreprise une attitude qui rappelle celle des nervis de Mussolini et de Hitler.

« C'est ainsi qu'à Poissy, pendant plusieurs jours, ils ont frappé un délégué, imposant son départ de l'usine. Ce travailleur dans une lettre envoyée pour expliquer son départ, disait :

« J'ai repris mon travail le mardi 11 décembre; à la porte de l'usine toute l'armée de " Paix et liberté " m'attendait et j'ai eu droit au vocabulaire habituel, toujours la même méthode, obstruer le passage avec leur équipe et provoquer.

« Dans l'usine j'ai été accroché plusieurs fois par Ensergueis, accompagné d'un de ses collègues; il m'a menacé de me casser la figure, même à l'intérieur de l'usine; là-dessus, il me crache à la figure; à mon tour je répliquai; très vexé il me dit : " Ce soir, je t'attends à la sortie. " En effet, le soir, il était à m'attendre sous la protection des autres nervis; quand je passais devant lui, il avait un tube dans lequel il avait introduit de la poudre rouge, il souffla fortement dans celui-ci et je reçus sur la figure et mes effets la poudre; ensuite il m'en asséna un coup sur le dos, afin de salir mes effets.

« Le mercredi 12, toujours le soir, ce même individu me balança en pleine figure, le contenu d'un gobelet en carton de poudre rouge, cela m'avait presque bouché l'oreille droite... »

« Ces quelques exemples montrent le caractère fasciste des groupes Simca ainsi que les buts poursuivis par ceux qui les animent et dirigent.

« Ces éléments ne se sont d'ailleurs pas manifestés seulement dans l'usine Simca et autour de celle-ci. Ils sont utilisés en dehors contre les travailleurs d'autres usines et aussi contre des associations et personnalités républicaines (...)

« Au cours de l'année 1956 et 1957 les équipes Simca se sont vantées d'avoir participé à toutes les attaques et agressions organisées contre les meetings comme ceux de Mendès-France au Vélodrome d'Hiver ou encore l'Assemblée intérieure du Parti Radical de la Seine.

« En 1957, le 26 avril, ces mêmes groupes, armés de barres de fer et de nerfs de bœuf, blessent deux ouvriers distribuant des tracts C.G.T. dans une usine voisine. En septembre 1958, on relèvera après une violente bagarre entre manifestants et nervis, trois blessés par balle du côté des manifestants, etc. »

Citroën Rennes 1966. — Le 21 décembre, M. Schwanard gifle dans l'usine, par deux fois, Yannick Fremin, secrétaire du syndicat C.G.T. et délégué du personnel, en train d'accomplir normalement son mandat syndical. La direction, en tout illogisme, licencie la victime. Les protestations s'organisent immédiatement. L'archevêque de Rennes, Mgr Paul Gouyon, prend parti dans une lettre en six points : Il rappelle que « le droit à la liberté syndicale est un droit essentiel de l'homme. Il est reconnu par les lois, il est affirmé par l'Eglise... Toute répression, ouverte ou camouflée, dans l'action syndicale est une atteinte à un droit fondamental. Cette atteinte ne saurait être admise par les hommes qui ont le souci de rendre le monde plus juste et plus fraternel ». L'archevêque concluait en lançant un pressant appel « à tous les chefs d'entreprises pour qu'ils veillent à ne pas prendre ces attitudes, hélas encore trop fréquentes, qui aboutissent à un douloureux écrasement de l'homme ». Citroën sera condamné le 14 décembre 1967 pour entrave à la fonction de délégué du personnel. Deux mois plus tard, dans la même usine, une militante C.G.T. est convoquée par un agent de la direction qui lui dit : « On sait que vous êtes syndiquée C.G.T. Vous avez votre carte dans votre sac. Vous ne sortirez pas de mon bureau tant que vous ne me l'aurez pas donnée ! » Le refus qui suivit fut synonyme de licenciement.

Le 3 janvier 1969, alors que le *Journal officiel* du 31 décembre 1968 venait de publier le texte de la nouvelle loi sur l'exercice du droit syndical à l'entreprise, reconnaissant la liberté de se syndiquer et de créer des sections syndicales en instituant des délégués syndicaux, la direction Citroën de Rennes licenciait Yves Gailliot, délégué syndical, pour insuffisance professionnelle, assortie du reproche d'une faute vieille de dix ans. Le 4 janvier, refusant son licenciement, Gailliot retournait à l'usine. Il y était attendu par trois agents de secteurs qui l'insultèrent, se jettèrent sur lui, le traînèrent dans sa voiture qu'ils tentèrent de renverser...

14 Avril 1970, brutalités et violences de la direction aux portes de l'usine de Rennes... 12 juin 1970, des militants maoïstes qui distribuaient des tracts entre 14 heures et 15 heures, quai de Javel à Paris, sont pris à partie par des nervis Citroën, tous

membres de la C.F.T., matraqués et tondus... 20 juillet 1970, vol de trois mille tracts C.G.T. appelant à voter au second tour des élections des délégués du personnel, dans une voiture stationnée à l'intérieur de l'usine de Rennes.

Berliet 1970 : En avril, les syndicats entament une action pour l'obtention des primes de vacances et de fin d'année. En juin 1970, le choix est fait, la direction Berliet, en liaison avec Citroën modifie radicalement son attitude vis-à-vis des syndicats C.G.T. et C.F.D.T. Berliet que l'on appelle communément le Renault lyonnais, en devient tout à coup le Simca. La C.F.T. tente de s'implanter.

Citroën Rennes, mars 1971 : Une distribution de tracts C.G.T. à la sortie des usines Citroën est empêchée avec violence par un groupe d'une vingtaine d'hommes sortis de l'entreprise pour chasser les distributeurs. L'un des participants Gilbert Lenouvel, agent de maîtrise, membre de la C.F.T. est condamné le 8 décembre 1971 à mille francs d'amende et quatre mois de prison avec sursis par le Tribunal de Grande Instance de Rennes.

Peugeot, mai 1971 : Georgy Zana, ancien adjudant chef à la Légion étrangère, embauché chez Peugeot en 1966, a été désigné, en 1969, comme délégué syndical C.F.T. à Bart, l'une des usines du groupe; il a pour adjoint Guy Garcia. Le 14 mai, la C.G.T. appelle à une action nationale de solidarité avec les ouvriers de Renault Le Mans en grève. Ecoutons Charles Vadam, secrétaire du syndicat C.G.T. de Peugeot Bart : « Nous avions fait une consultation à bulletin secret, la veille et soixante pour cent du personnel s'était prononcé pour une grève de vingt-quatre heures, avec piquets de grève aux portières. Le 14 mai, dès la rentrée des doubleurs du matin, nous étions sur place (en nombre limité il est vrai), non pour barrer la route mais pour discuter avec les travailleurs qui se présentaient au travail. Seulement, en face de nous la direction avait mobilisé une grande partie de la maîtrise et occupait les portières (à signaler qu'aucun mot d'ordre n'avait été lancé à Sochaux). Par la suite, nous avons appris que des éléments C.F.T., dont Zana, étaient dans l'usine depuis 3 heures du matin, ainsi que des hommes venus de Sochaux, dont nous pouvons supposer qu'ils faisaient partie des milices d'interventions à Peugeot; mais nous n'avons jamais pu avoir de précision sur ces gars-là. Donc toute la journée, cadres, agents de maîtrise et même techniciens sont venus aux portières, manifestement mal dans leur peau pour la plupart, directeur et chef du personnel à leur tête, allant discuter personnellement avec les travailleurs qui hésitaient.

« On a même vu pousser des gars dans le dos pour leur faire franchir la portière, il s'agissait de véritables provocations. Des propos aigres-doux furent échangés entre la maîtrise et les travailleurs et nous avons senti qu'une certaine coupure s'opérait.

« Cette grève fut suivie à environ cinquante pour cent.

« La direction alla jusqu'à payer un bon casse-croûte à ceux qui étaient venus aux portières (E.T.A.M.).

« Que se passa-t-il dans l'usine ce jour-là ? Certainement un lavage de cerveau général et le début de la mise en place de tout un processus répressif.

« A partir de ce jour, le climat s'est dégradé et les rapports se sont tendus entre nous et la Direction — Zana a recommencé à faire parler de lui, après avoir demandé son adhésion à la C.F.D.T., qui lui fut refusée.

« Tous les efforts de la direction et de la C.F.T. furent et sont toujours concentrés sur un secteur, celui de l'entretien et ce n'est pas un hasard. Dans ces ateliers, se trouvent le secrétaire du syndicat C.G.T., le secrétaire du syndicat C.F.D.T., le délégué syndical C.G.T. et le responsable général de *La Vie Ouvrière*.

« La combativité était importante, le taux de syndicalisation élevé. Nous pensons que les méthodes employées seront étendues ensuite aux autres secteurs de l'usine.

« Malgré tous les efforts que nous déployons, nous avons perdu un nombre important de syndiqués ainsi que la C.F.D.T.; il s'est instauré un climat insupportable de crainte, de chantage, de mouchardage, etc. Zana entreprend systématiquement tous les travailleurs et fait pression pour qu'ils prennent une carte C.F.T. Il promet de la promotion, de l'augmentation de salaire, menace, etc. Une partie de la maîtrise entre dans le jeu et elle s'attaque aux militants, nous rive à nos machines, interpelle les travailleurs qui viennent nous parler, nous insulte, nous provoque. Le noyautage est systématique, on place des pions partout, des mouchards partout. Un chef d'équipe C.F.T. vient d'être nommé à l'endroit où travaillent trois militants C.G.T. leur travail de professionnel est épié, les remontrances souvent injustifiées sont courantes, des rapports mensongers sont envoyés à la direction en vue de sanctions. Les heures de délégation sont décomptées à la minute près, en en volant quelques-unes à la rigueur.

« Celui qui ne marche pas dans leur combine est impitoyablement pourchassé et se voit privé de toute augmentation au choix et de toute promotion.

« Il faut être bien accroché à la C.G.T. pour tenir le coup et nous craignons pour nos jeunes militants.

« Nos affiches sont souvent lacérées. Legendre, directeur du personnel, lui-même, vient sur place, soit pour nous prendre un paquet de tracts, soit pour nous faire enlever une affiche qui ne lui plaît pas. Nous avons été condamnés au tribunal l'an dernier pour avoir placardé une affiche sur le procès de Burgos (1 200 F de frais de procès). Dernièrement Legendre nous a fait enlever une affiche concernant le scandale de la fiscalité et, pour ne pas nous retrouver au tribunal, nous avons plié en serrant les dents.

« Nous ne pouvons appeler celà autrement que de la provocation délibérée.

« Nous sommes convaincus que l'incident est recherché, mais jusqu'à présent nous avons gardé notre sang-froid car nous savons que les gars ne nous soutiendraient pas si nous étions sanctionnés, tellement ils vivent sous la crainte et le chantage. Le but de la C.F.T. et de la direction est aussi de nous isoler des masses et il faut dire que là ils ont marqué des points. Un autre but recherché également est de nous faire oublier l'essentiel, c'est-à-dire les revendications et là-dessus aussi ils réussissent en partie car le temps que nous passons à leur répondre coup pour coup, nous ne le passons pas à la lutte revendicative.

« A signaler aussi que les militants qui devaient avoir de la promotion depuis des années, en sont exclus catégoriquement (...)

« Zana ne possède actuellement aucun mandat syndical et jouit de toutes les libertés, il est craint par beaucoup, même des cadres et des agents de maîtrise qui sévissent contre nous sous ses ordres. Un cadre a été dernièrement obligé de venir se justifier devant lui pour une parole qu'il aurait prononcée et qui nous aurait été favorable.

« Zana se déplace partout, en toute tranquillité, téléphone d'où il veut et où il veut, organise des distributions de tracts C.F.T. ou fascistes tels que " Vie et Travail " alors que nous, on nous oblige à rester dans les règles sous la menace et les insultes.

« Garcia, quant à lui, a rempli un bulletin d'adhésion à la C.G.T., adhésion que nous lui avons refusée, sachant bien qu'il s'agissait d'une manœuvre. Nous avons même publié en tract ce bulletin d'adhésion, ce qui a provoqué une réaction de la C.F.T. disant qu'elle avait conseillé à " son ami " Garcia de demander sa carte à la C.G.T. pour qu'il puisse obtenir une bourse scolaire pour ses gosses de la part du C.E. C'est à ce sujet que nous leur intentons un procès en diffamation. »

Les Vernis Valentine, novembre 1971 : Jusqu'en 1968, la direction de cette célèbre entreprise de peinture (« Valentine la belle peinture ») avait toujours réussi à éviter, parmi son personnel, l'implantation d'une organisation syndicale. Cela lui permettait de payer les plus bas salaires de la région parisienne. Dès la fin de la grève de mai 1968, la direction licencia systématiquement tous les jeunes qui y avaient participé. Elle évita d'en réemployer en mettant au point, pour les futures embauches, un questionnaire précis, où il était, entre autres, demandé : « Que faisiez-vous en 1968 ? » « Où étiez-vous ? » « Pourquoi portez-vous la barbe ? » Puis, la direction créa un syndicat autonome. Depuis, celui qui est embauché reçoit en prime la carte de la C.F.T. En novembre 1971, l'O.S. Bark, membre de la milice de Valentine et secrétaire — homme à tout faire de la direction — du syndicat autonome, perçoit un salaire de 5 290 F, dont une prime de 3 290 F. Pour le chef du personnel cette prime est justifiée par la nature du travail effectué : « L'intéressé est chargé la nuit de donner à manger au chien. »

Renault, février 1972 : Boulogne-Billancourt, vendredi 25 février, 15 heures.

A la sortie de la rue Emile-Zola, l'équipe de l'après-midi croise l'équipe du matin. Sept cents ouvriers environ, des immigrés pour la plupart, franchissent les grilles de l'usine Renault. Vingt ou vingt-cinq militants maoïstes sont là. Ils distribuent des tracts dénonçant les licenciements récents de certains des leurs, ils improvisent un mini-meeting autour d'un orateur. « Le folklore habituel » car les « maos » sont là au moins quatre fois par semaine depuis un mois. Quelques-uns d'entre eux ont d'ailleurs pénétré sur le terrain de l'usine et dans les départements. Les grilles ne forment pas une barrière infranchissable.

Des invectives, des coups de poing sont échangés entre gardiens et maos. « La routine ! »

Mais arrive un groupe de « vigiles », gardiens qui se déplacent et interviennent ici et là dans l'usine. L'un d'eux s'est détaché du groupe, il est en civil. D'après les témoignages des salariés qui travaillaient à ce moment au premier étage dans les bureaux voisins, l'homme tient déjà son revolver à la main. A trois, quatre mètres du jeune barbu qui a pris la parole tout à l'heure, il tire. René-Pierre Overney, 23 ans, ancien ouvrier (licencié) de chez Renault et livreur dans une blanchisserie, s'effondre. C'est alors que s'engage la bagarre, que les hampes des fanions rouges servent de matraques. Cinq blessés parmi les vigiles. Sans doute autant de l'autre côté. Les pompiers de l'usine arrivent sur les lieux, emmènent Overney à l'hôpital Ambroise-Paré; il y meurt sans avoir repris connaissance.

Le dimanche, deux jours plus tard, le meurtrier, Jean-Antoine Tramoni est inculpé d'homicide volontaire et d'infraction à la législation sur les armes. Ancien adjudant-chef, il était responsable de la « section administrative » du service de sécurité de la Régie.

Le 29 février, en faisant la synthèse de ses prises de position précédentes, le syndicat C.G.T. Renault dénonce la direction qui « embauche des hommes connus pour leur passage dans les services spéciaux de l'armée, tel Gasmi (...) et d'autres qui forment une police parallèle dont le véritable objectif est de s'attaquer aux libertés démocratiques et aux conditions de vie des travailleurs... Le 16 mars, Roger Sylvain, secrétaire général du même syndicat accuse la direction qui a embauché une vingtaine d'aventuriers (...), Karef, dénoncé ici-même en juin dernier, après avoir poignardé un militant espagnol, comme par hasard, ancien harki, quatre mois de prison pour vol, et dix-huit pour détournement de mineure, est un “ révolutionnaire actif ”. La direction embauche des anciens de l'armée : Tramoni, ancien adjudant-chef de l'armée, qui a fait ses armes avec Massu (...) Il y a aussi cet ancien capitaine de l'armée française, d'origine nord-africaine, qui extorquait de l'argent aux travailleurs immigrés, que nous avons dénoncé et qui a été licencié. On constitue une brigade spéciale “ super volante ”, et surtout, on tente d'organiser la maîtrise en groupe d'interventions. »

La direction Renault, de son côté, fait circuler une pétition au style révélateur : « Les soussignés demandent à la direction de faire régner l'ordre à l'intérieur de l'entreprise et de protéger les membres du personnel... » Elle reprend le sens du communiqué diffusé le 28 février par la C.F.T., doutant que la direction Renault « n'ait pas les moyens de faire respecter la liberté d'expression et la sécurité de ses propres employés ».

Citroën Rennes, août 1972. Gilbert Le Nouvel, qui s'était

déjà fait remarquer en mars 1971, tente de renverser la voiture de M. Hurault, délégué C.G.T., qui distribuait des tracts avec ses camarades. « Cette scène, ajoute le syndicat C.G.T. Citroën de Rennes, s'est déroulée sous les yeux de trois agents de secteur et du chef des gardiens qui se trouvait, lui aussi, à cinq mètres. Ceux-ci n'ont rien dit à M. Le Nouvel, alors que ce dernier n'avait rien à faire à cet endroit... »

Le Nouvel pouvait recommencer en toute quiétude. Son avocat, Mᵉ Coppard, l'avait bien défendu quelques mois auparavant Mᵉ Coppard, il est vrai, est l'avocat de la direction Citroën et secrétaire départemental de l'U.D.R. Il a aussi assuré, à l'époque, la défense de Marcel Ferron, agent de maîtrise chez Citroën et président régional du Service d'action civique, ce service d'ordre bien particulier, dont nous reparlerons.

Berliet, octobre 1972 : Les travailleurs de l'équipe de nuit surprennent les occupants d'une voiture circulant à l'intérieur des bâtiments. Ils étaient en train d'arracher les affiches sur les panneaux syndicaux et de brûler les tracts C.G.T. Dans cette voiture, avaient pris place six personnes, toutes responsables C.F.T.; certaines portaient des mousquetons qu'elles ont montré ostensiblement pour tenter d'intimider les forgerons, qui, au travail, les ont aperçus et dénoncés. La voiture a été obligée de passer au poste de garde et ses passagers ont dû montrer « patte blanche ».

Le Creusot, avril 1975 : Une bombe vient d'exploser dans les locaux du syndicat C.G.T. du Creusot. Malgré leurs efforts les deux militants présents n'ont pu la neutraliser. Elle a éclaté entre les mains de Peraud qui sera grièvement blessé. L'enquête menée rapidement aboutit à des constatations bien étranges : l'usine du Baron Empain, Creusot-Loire, a reçu un arrivage massif d'hommes de main, échaudés par l'action qu'a menée la C.G.T. chez Berliet. Les commandos se sont dispersés. Alertés, les militants C.G.T. de la Saône-et-Loire ont fait part de leur inquiétude auprès de la direction de l'usine et du groupement patronal départemental. La première a nié les faits, le second a gardé le silence. La justice s'efforce de convoquer les P.D.G. de la curieuse société d'intérim qui fournit ce genre de main-d'œuvre particulière. Ils sont partis sans laisser d'adresse. Mais ils avoueront plus tard « avoir des appuis puissants au gouvernement ».

Citroën, Aulnay 1975. Ismaël Topal a témoigné, lors d'un

procès, en faveur de la C.G.T. Il est mis à pied un jour, pour absence injustifiée. Puis...

« Actuellement, je travaille aux usines Aulnay-Citroën. Il y a trois ans que je travaille pour Citroën. Je m'appelle Topal Ismaël, je suis de nationalité turque. Depuis trente-quatre jours, chaque fois que je me présente à l'usine, je me fais appeler au bureau de l'agent de secteur et là, ils me battent systématiquement, ils me donnent des coups, ils prennent ma mâchoire, me disent " regarde-moi bien " et puis ils me crachent sur le visage et me conduisent dehors de l'usine. Ces trente-quatre jours, j'ai travaillé seulement dix jours. Après m'avoir battu sérieusement, ils me disent " Il faut que tu signes cette lettre " qui est la lettre de démission de la C.G.T. " sinon, nous te tuerons ". Je leur réponds que je ne veux pas. Ils me répètent encore que si je ne signe pas, ils me tueront. Je ne suis pas seul dans ce cas. Nous sommes cinq. Notre faute, c'est d'être syndiqué à la C.G.T. Comme vous pouvez voir, ma vie est en danger... » De septembre 1975 à avril 1976, trente et une opérations de commandos ont été recensées dans cet établissement.

Citroën, Levallois 1975 : Début avril, les travailleurs de certains services se mettent en grève pour obtenir une augmentation de salaire. La direction de l'entreprise rameute ses commandos. Deux cents hommes arrivent, de toutes les usines du groupe, encadrés, entraînés, militarisés. Ils tapent, ils cognent, ils filtrent, ils censurent. Le secrétaire du syndicat C.G.T. Alfonso Camposeo en gardera trace pour la vie, physiquement et nerveusement.

1975. — Une année révélatrice où ces méthodes atteignent un développement sans précédent. En juin, aux Câbles de Lyon, sept grévistes blessés par une voiture. En juillet, à Poissy, agressions et vols; à Pont-à-Mousson, attaque d'un piquet de grève par un commando conduit par un sous-directeur de l'usine : quatre travailleurs blessés; dans le Val-d'Oise, chez Dassault, Gachot, Ericson, Soverini, Otis, Silver Match, Sada, Adressopress, Céfilac, Vickers, pressions, avertissements et insultes aux délégués syndicaux; dans le Nord : chez Ferodo et Usinor, mise à pied et licenciement; dans la Loire-Atlantique : chez Waterman, assignation en justice de délégués syndicaux. De septembre 1975 à juillet 1976, la C.G.T. a relevé quatre-vingt-dix-sept interventions policières dans les entreprises et soixante-dix-neuf actions de commandos. Plus généralement c'est par dizaines de milliers que se comptent les entreprises où sévissent les atteintes aux libertés syndicales. Il est devenu plus facile de recenser celles où il n'y en a pas encore. Jacques Potdevin, collaborateur du bureau confédéral a relevé, sur un échantillon de cent quatre-vingt-six entreprises, deux cent soixante-trois cas d'atteintes caractérisées qui recouvrent quatre chapitres : les travailleurs en lutte et le droit de grève; les droits syndicaux; les institutions représentatives du personnel; les réunions politiques à l'entreprise et leurs conséquences directes sur les membres des comités d'entreprises, les délégués syndicaux, les délégués du personnel, les militants et même les travailleurs. En détaillant un peu chaque chapitre, nous retrouvons :

— *Dans le premier :*

Les interventions policières; les actions de commandos, les assignations en justice, les mises en cause du droit de grève; les lock-out ou « chômage technique », etc.

— *Dans le deuxième :*

Les agressions physiques contre les militants; les licenciements de travailleurs à l'origine de la constitution de l'organisation syndicale, la mise en cause de l'organisation syndicale, ses moyens d'expressions, etc., les provocations, injures; les sanctions, brimades, mises à pied, etc.

— *Dans le troisième :*

Les entraves à la libre désignation, les licenciements de salariés protégés, les mises à pied, avertissements, sanctions, etc., les entraves à la liberté de fonction, etc.

— *Dans le quatrième :*

Les licenciements de salariés protégés, de militants, les mises à pied sans traitement et tout ce que l'on peut retrouver par ailleurs en vue de briser les militants et les travailleurs qui prennent des responsabilités.

Cet essai de « catégorisation » — qui reste partiel — recouvre les principaux aspects de la répression gouvernementale et patronale dans les pays « démocratiques ». La généralisation des atteintes aux libertés et de l'autoritarisme n'est pas spontanée. Elle est le fruit des préoccupations des monopoles devant la montée de l'émancipation des travailleurs. Au fil des années, les moyens répressifs se sont diversifiés et ils ont été intégrés dans un appareil idéologique précis. Ils se sont d'abord « théorisés ». Ainsi, la démocratie capitaliste de l'Amérique du Nord, du Japon et de l'Europe occidentale vient d'être radicalement mise en cause dans le rapport d'une commission trilatérale constituée en 1973 par des personnalités de ces divers pays et, pour la France, E.D.F., la Banque de Paris et des Pays-Bas, Péchiney-Ugine-Kuhlmann, la Banque Lambert, Saint-Gobain-Pont-à-Mousson, etc. Claude Julien a, dans *Le Monde Diplomatique* de mars 1976, analysé ce document : « A l'heure où, en France, la majorité comme l'opposition s'efforcent d'élaborer des chartes des Libertés (...), dans un rapport trop peu connu, de hautes personnalités américaines, européennes et japonaises s'inquiètent d'un " excès " de démocratie qui, à leurs yeux, met en danger l'avenir des sociétés libérales. Traduisant un état d'esprit largement répandu chez les hommes au pouvoir, elles préconisent en fait une restriction des libertés en enrobant leurs analyses dans des considérations pseudo-scientifiques qui empruntent abusivement au vocabulaire imprécis de la sociologie, de l'économie, de la politologie.

« Oui, comme le disent les auteurs de ce rapport, les démocraties sont en crise. En partie pour les raisons qu'ils évoquent, mais aussi et surtout parce que les hommes et les groupes en place ont donné priorité à des objectifs qui sont ceux de toutes les sociétés, démocratiques ou non : l'ordre, l'autorité, l'efficacité... »

Le patronat, parallèlement, est descendu franchement dans l'arène politique. Dans la perspective des prochaines échéances électorales, il veut rendre coup pour coup, dans ses entreprises, aux luttes des travailleurs.

Cette rupture avec la prétendue neutralité politique affichée jusqu'à présent, n'est pas étonnante. Le patronat ne peut pas envisager la moindre parcelle de collaboration avec un gouvernement qui appliquera, dès son installation, le Programme commun. Il jette donc toutes ses forces dans la bataille pour éviter, par un moyen ou par d'autres, la perte de ses pouvoirs. Il prend ses précautions en vue d'une éventuelle nationalisation en cassant lui-même ses entreprises en situation de monopole. Il les scinde en de multiples unités de production, autant de sociétés que ne recouvre plus la notion de monopole. C'est le cas de Thomson, par exemple, qui emploie plus d'ouvriers dans des unités qui paraissent autonomes que dans ses propres usines. Ou bien encore il regroupe l'ensemble de ses activités au sein d'une nouvelle société qui ne fait pas partie des listes de nationalisation prévues par le Programme commun. Enfin, il cherche à diversifier ses investissements et à implanter de nouvelles usines dans des pays où le climat social est plus favorable à ses intérêts, les Etats-Unis par exemple. Dans l'entreprise elle-même, le patronat use de tous les moyens juridiques possibles. Il fait appel au juge des référés en cas de « piquets de grève » (au nom de la liberté du travail). Il intente des procès en dommages et intérêts pour grève (atteinte aux libertés de l'entreprise), il demande le licenciement de délégués syndicaux s'il y a eu occupation (violation de domicile).

Cette radicalisation dans l'attitude ne peut se faire sans le consentement et le soutien de tout l'appareil d'Etat. Michel Poniatowski met à la disposition des patrons ses forces de police. Jean Lecanuet leur assure le concours de la justice, n'hésitant pas à faire pression sur des magistrats. D'un côté, il fait en sorte que les procédures ouvertes sur demandes patronales soient diligentées sans délais. De l'autre, il freine ou enterre les enquêtes judiciaires demandées par les syndicats. Henri Rollin, secrétaire de l'union départementale C.G.T. des Yvelines devait évoquer une affaire révélatrice de ce fait devant le syndicat de la Magistrature, en novembre 1974 : « Un de nos militants C.G.T., M. Jean-Claude Taillandier, a déposé une plainte simultanément au commissariat de Poissy et au Procureur de la République.

« Elle était consécutive à une agression dont il avait été victime dans l'entreprise. Une vingtaine d'hommes de la C.F.T., ayant voulu le contraindre à ouvrir le coffre de sa voiture, il refusa. M. Le Goff, collecteur C.F.T., est intervenu alors avec vraisemblablement un " passe ", puis, aidé de MM. Maillard (responsable C.F.T. de la commission des Portugais et des Espagnols) et Zarate Ibañez, ils ont vidé le coffre en prenant les tracts syndicaux et la serviette personnelle de notre camarade qui contenait, entre autres, des papiers d'identité ainsi qu'un chéquier personnel.

« Lorsque nous nous sommes rendus (...) auprès de M. le Procureur de la République et auprès de M. le Préfet des Yvelines, nous avons fait connaître notre étonnement parce qu'aucune suite n'était donnée.

« Nous avons ainsi appris que cette affaire s'était trouvée classée parce que M. Le Goff avait fait des déclarations niant avoir volé notre camarade.

« Or, la police s'est contentée d'entendre le plaignant et le principal accusé, sans convoquer et prendre les dépositions des témoins cités qui avaient assisté à cette opération de commando. »

Par contre, pour le mois de juin 1976 par exemple, le nombre de militants syndicaux assignés en justice et condamnés est important. Le 2 juin, ce sont les ouvriers de Casabianca, assignés devant le Tribunal de Grande Instance de Melun. Le 15, la direction de Naphta-Chimie, qui fait partie du groupe Rhône-Poulenc, demande 450 000 F de dommages et intérêts aux délégués syndicaux C.G.T. et C.F.D.T. en réparation pour la grève de mai 1975. Le 17, le Général J. Mitterand, P.-D.G. de la S.N.I.A.S., fait traduire devant le Tribunal de Châteauroux vingt militants C.G.T. et C.F.D.T. et les deux secrétaires départementaux de ces syndicats, pour occupation de locaux. Le 17 encore, le tribunal des référés de Lyon ordonne l'évacuation des travailleurs occupant depuis le 9 avril les usines Amtec-France à Villeurbanne et Chassieux et engage des poursuites contre dix-sept militants, etc. Les tribunaux sont ainsi mis à contribution comme rarement ils l'ont été et soumis à d'inévitables contradictions. D'un côté ils doivent cautionner la politique gouvernementale et patronale, de l'autre une partie de plus en plus importante de juges, pour sauvegarder son indépendance, refuse de se prêter aux opérations dirigées contre les travailleurs.

C'est pourquoi d'ailleurs, les forces de l'ordre n'hésitent pas à intervenir contre les ouvriers en l'absence de toute décision judiciaire. En juin 1976, toujours, elles ont expulsé des grévistes à Plainfaing, dans les Vosges, à la Plaine Saint-Denis, etc. La liste serait longue de ces innombrables interventions s'il fallait la citer tout entière. Ne prenons que quelques exemples significatifs des méthodes adoptées dans cette répression permanente : chez Radar, les supermarchés champignons qui ont poussé aux portes des villes, le secrétaire du syndicat C.G.T. est interpellé à son poste de travail et emmené par les gendarmes pour interrogatoire. Il n'a jamais su pourquoi, mais le seul fait de l'avoir vu avec des gendarmes a créé un climat malsain dans son entreprise. Au Crédit lyonnais, des policiers gardent à vue pendant trois heures deux militants qui « ont apposé pendant une manifestation sur leur voiture une pancarte considérée comme portant outrage au Premier ministre ». Chez Comsip, les élections des délégués du personnel se déroulent en présence d'officiers de police en civil, il n'y a pas d'isoloir, et les identités sont contrôlées. A la C.P.I.O., le directeur, accompagné d'un huissier et des forces de police, distribue un tract appelant à la reprise du travail, etc.

Pourtant, la conjonction justice-police ne suffit pas au patronat. Pour faire régner l'ordre dans son entreprise, il fait aussi appel à des entreprises particulières, les sociétés de gardiennage. Ainsi, en juillet 1976, l'entreprise Terme-Cailloux, à Bourg-Argental, fait-elle occuper son usine par une « société spécialisée de surveillance », avec chiens policiers, après l'avoir fait évacuer de force et demander des dommages-intérêts aux ouvriers en lutte.

Il existe en France métropolitaine trois cents sociétés de gardiennage qui emploient plus de trente mille personnes. Leur essor a été spectaculaire après les événements de mai 1968 et la récession économique ne paraît pas leur causer de souci. Il est vrai que la majorité des compagnies d'assurances demandent aux firmes qu'elles assurent un gardiennage permanent confié à des personnes extérieures à l'entreprise. Elles étaient, il y a tout juste un an, quatre-vingt-quatre en région parisienne à se mettre complaisamment aux services du patronat, au nom de la liberté du travail et de la liberté d'entreprise. Les plus importantes sont : la Société parisienne de surveillance et la Vigie parisienne, d'ailleurs en cours de fusion; viennent ensuite, l'Agence centrale des services et le Groupement industriel de la Seine et, de tailles plus modestes, les sociétés Harrisson et Brink's. Autour d'elles, gravite une multitude de petites sociétés, le plus souvent familiales. Les gardiens recrutés sont, en général, des retraités de la police ou de l'armée. Ils travaillent à la vacation pour quatre-vingt-dix à cent francs par jour, un peu plus si le service s'effectue la nuit et s'ils sont gradés. Cinq ou six gardes forment une brigade dirigée par un chef de poste (brigadier) et un sous-chef.

L'Agence centrale de services (A.C.D.S.), qui assure le gardiennage de toutes les succursales de la Société Générale, avait déjà beaucoup fait parler d'elle le 13 juin 1975 quand elle surveillait l'usine Chausson à Asnières.

Roland Wullyamoz, l'un de ses gardiens musclés, vêtu du pantalon bleu tropical, d'une chemise bleu clair, d'une casquette hexagonale, ses écussons A.C.D.S. très apparents sur sa coiffure et sur la manche gauche de sa chemise, remplaçait ce jour-là, selon l'expression du comité d'entreprise de l'A.C.D.S. (curieux

C.E. qui vole au secours du patron pour raconter le fait en sa faveur) « une bande d'énergumènes en civil qui (...) ont agi d'une façon intolérable contre les grévistes (jets de boulons, usage de chiens, etc.) ». Il perdit au cours d'un bref affrontement, son portefeuille et sa carte du Service d'Action civique. Hasard, hasard... Le Comité d'entreprise empressé, s'explique : « A cause de cette fameuse carte volée dans son portefeuille, on essaie de vous faire croire que nous sommes tous des ennemis vendus aux intérêts patronaux. Ce n'est pas vrai, il règne chez nous une totale liberté et personne ne se soucie de nos opinions personnelles qui constituent le droit de chacun. » Pourtant, une autre société, l'Entreprise alésienne de gardiennage « vante les mérites de ses gardiens » « recrutés après une sévère sélection et une enquête approfondie sur le plan politique et syndical » et se recommande, quand elle prospecte les chefs d'entreprises de la région d'Alès, de M. Jalu, ancien député U.D.R. du Gard, de M. Dumas, commissaire central à Alès, de M. Vic enfin, des Renseignements généraux.

Pierre Morel, quarante-huit ans, tête carrée, cheveux en brosse, ancien artisan décorateur, P.-D.G. de l'A.C.D.S., racontant l'histoire à sa manière, déclare lui aussi que les convictions politiques de ses employés ne l'intéressent pas; qu'un délégué cégétiste de Chausson aurait « bien fait la différence entre les mercenaires, les nervis, les sans-respect de rien du tout qui ont dégradé les bureaux, cassé des vélos de service alors que, en principe, ils gardaient l'usine et les professionnels du gardiennage ». La direction avait fait appel, avant de requérir les services de l'A.C.D.S., à des hommes de main durant six jours. M. Morel, prudent, a dégagé ses responsabilités.

Pourtant, en septembre 1975, chez Chausson, à Creil, un militant C.G.T. algérien se fait injurier et frapper au visage par trois gardiens musclés. Des gardiens de l'A.C.D.S.

Ce n'est là qu'un exemple parmi tant d'autres. Faut-il parler ici des curieux gardiens envoyés, en 1975, à l'usine Emo, dans l'Oise, des gardiens bien costauds qui menaçaient les ouvrières en grève avec des pistolets et qui avaient été recrutés — nous indique le syndicat C.G.T. de l'entreprise — par l'intermédiaire du service de gardiennage d'*Europe N° 1* qui nie posséder un tel service ? Faut-il parler aussi des précautions prises à la télévision pour assurer la sécurité de certaines émissions; faut-il dire que M. Debizet, l'un des dirigeants éminents du S.A.C. fit en cette occasion, des offres de service à la maison du quai Kennedy ?

Sans justice, sans police, sans vigiles, les patrons règlent leurs comptes eux-mêmes. A Auxerre, le directeur de l'entreprise Inossaf pousse le délégué C.G.T. dans l'escalier; à Villetaneuse, un travailleur est blessé par le directeur d'une société de transports; à Villers-Cotterêts, le gérant d'une petite entreprise de métallurgie tire plusieurs coups de fusil de chasse en direction des travailleurs. Louis Dezzuto, quarante-cinq ans, gérant des Établissements Pantz et Laon Réunis, se voyant en effet refuser l'entrée de ses établissements par les ouvriers en grève, « repartait, selon le jugement du 19 novembre 1975 prononcé par le tribunal de grande instance de Soissons, à grandes enjambées en direction de sa voiture (et) s'étant saisi de son fusil de chasse à double canon qu'il avait été prendre, selon certains témoins dans le coffre de sa voiture, selon d'autres, à l'arrière de celle-ci, puis l'ayant chargé de deux cartouches, tirait un premier coup en l'air, puis un deuxième coup en direction du groupe d'ouvriers qui s'était porté à sa rencontre, blessant au bras et à la jambe l'un d'eux, M. Pierre Petri, qui s'effondrait immédiatement. »

Il est vrai que l'exemple vient de haut. Pour preuve cette petite note passée dans *La Vie Ouvrière* de juillet 1976 : « De choc, le préfet du Limousin ! A l'inauguration du Centre de formation professionnelle pour Adultes à Limoges, le gaillard a bondi comme un diable sur le délégué C.G.T., lui a arraché le micro des mains, s'est emparé de son intervention et l'a déchirée en mille pièces. Le tout devant trois cents personnes ! Un homme de masse quoi. Il faut dire que le responsable syndical s'apprêtait à dénoncer les mauvaises conditions de travail du personnel des établissements. De quoi crisper le préfet et ses amis. Faire le coup de poing et poser la première pierre, voilà une manière comme une autre d'envisager les libertés. »

Ainsi, s'enchaînent des cycles répressifs, concoctés au mitan du gouvernement — multiples éléments de parades plus massives et de meilleurs styles. Cette stratégie de la violence endémique, répétée et parcellisée, le Gouvernement n'a pas hésité, en effet, à la transporter dans la rue des grandes villes pour créer un climat d'émeutes qui n'est pas toujours sans lui déplaire. Il y a là un bouillon de culture propice aux coups durs. En laissant pourrir une situation connue de tous, le gouvernement peut alors se faire le légitime défenseur de l'ordre légitime.

Ainsi, en août 1975, l'affaire d'Aleria et le problème corse, esquivé en le noyant dans le sang. Trois morts, quinze blessés pour avoir refusé d'écouter les revendications des habitants de la Corse, autonomistes ou non. L'apaisement provisoire obtenu à la balle. On ne sait toujours pas qui a tiré. On a condamné Edmond Simeoni, mais les présomptions demeurent pour penser que les coups de feu sont le fruit de provocateurs. Et, au milieu d'une unanime protestation, le drapeau du *Figaro* qui légitime l'action du Gouvernement : « Pour sauver la liberté, le temps est venu de demander, d'exiger, le rétablissement de l'autorité. Il est bien vrai que l'ordre peut masquer des injustices et parfois servir à cacher l'oppression. Le moment est mal choisi pour gaspiller le temps en débats sur des problèmes d'éthiques. Quand le désordre passe les limites tolérables, quand la violence se manifeste partout, des choix sont à faire. Que l'on commence par rétablir l'ordre. Ensuite, seulement, on se penchera sur les motivations des opposants. »

Favoriser un climat de violence, l'utiliser pour accréditer l'idée de son développement, créer ainsi la situation qui justifiera la prise de mesures de répression, de limitation des libertés, de vote de lois qui iront dans ce sens, est devenu un cycle normal maintenant. Le ministre de l'Intérieur passe beaucoup de temps à mettre cela au point.

Ainsi, en septembre 1975, les incidents des Champs-Elysées. Le 28, à l'aube, Franco venait de faire garrotter cinq condamnés à mort basques, malgré les protestations mondiales et les demandes de rappel d'un certain nombre d'ambassadeurs de cette Espagne fasciste. Le soir, après une puissante manifestation sur les Champs-Elysées, de violents heurts avaient lieu entre quelques prétendus manifestants saccageant des vitrines (dont la succursale Chrysler) et les C.R.S. La sentence gouvernementale ne tardait pas. Michel Poniatowski, dans une lettre publique, mettait en garde les organisateurs de manifestations sur les responsabilités qu'ils encouraient en « suscitant des mouvements qu'ils n'étaient pas en mesure de contrôler jusqu'à leur terme... » Le lundi suivant, une nouvelle manifestation se déroulait de la place de la République à celle de la Bastille. La foule, venue nombreuse, était calme. Quelques groupes de casseurs se mirent en place et commencèrent à briser les vitrines. La police attendait. Elle attendait l'ordre de son ministre, d'interdire toute manifestation. Lorsque les organisateurs décidèrent de disperser les manifestants, elle en fut pour ses frais. Plus de prétexte à répression. Le coup avait raté... une nouvelle fois.

Ainsi, en novembre 1975, la « grande entreprise de démoralisation de l'armée ». En fait, la montée des revendications des appelés du contingent, parallèles à celles des officiers et sous-officiers, parallèles à celles des travailleurs et d'autres milieux populaires, plonge le gouvernement dans l'embarras. A Besançon, la formation d'une section syndicale de soldats, permet à M. Yvon Bourges d'assumer ses responsabilités. Il déclare la guerre... aux syndicalistes et les défère devant la Cour de Sûreté de l'Etat. La Police judiciaire perquisitionne dans les locaux C.F.D.T. de Besançon, Bordeaux et Chaumont. Les secrétaires C.F.D.T. des départements concernés sont interpellés.

A Dijon, une perquisition est effectuée à l'imprimerie Lisa où a été tiré un tract pour le Comité des soldats de la ville. A Strasbourg, des militants C.F.D.T. et P.S.U. sont interrogés pour avoir signé des pétitions soutenant les inculpés. En fait, c'est un piège grossier que tend le Gouvernement aux partis de la Gauche. Vont-ils se solidariser entièrement avec tous les groupuscules qui entretiennent l'agitation dans l'armée, et en ce cas prouver qu'ils sont antimilitaristes ?... Vont-ils se diviser quant à l'attitude à adopter et signer ainsi une rupture de la gauche ? Ni l'un, ni l'autre. La gauche unie, et unanime, déjouera cette manœuvre supplémentaire dont *France-Soir* résumait l'aspect « militaire » : « Le ministre de la Défense est beaucoup plus attentif aux risques d'excès réactionnaires chez certains officiers qu'à un hypothétique dérapage gauchiste de leur part. C'est l'une des raisons secrètes pour lesquelles M. Yvon Bourges a déclenché en contre-feu l'opération " Cour de Sûreté de l'Etat " (...) Il s'agit de calmer les cadres excédés par les initiatives gauchistes. »

Ainsi, mars 1976, Montredon; Emile Poytes, cinquante ans, père et grand-père, est tué d'une balle en plein front. Ce modeste viticulteur exploitait dix hectares de Corbières à Arquettes-en-Val. Il est venu manifester, ce jour-là, pour que « le pays ne meure pas ». Pour que des gens comme M. Ramel ne continuent pas leur trafic. M. Ramel charge des vins à Sète et, au passage à Meximieux, dans l'Ain, il les baptise Bourgogne. Il vend camion et vin en Bulgarie où il a obtenu une concession Berliet. M. Ramel importe et exporte des vins. Il a été poursuivi plusieurs fois pour fraude et « dénoncé » par M. Fourcade qui, en d'autres occasions, l'a plusieurs fois blanchi. Le 5 mars, le Comité régional d'action vinicole (C.R.A.V.) a dévoilé ce curieux retournement de l'ancien ministre des Finances et ajouté que Jacques Chirac avait laissé entendre que si les viticulteurs donnaient quelques leçons aux négociants, ce ne serait pas mal. Le piège est tendu. L'entrepôt de Meximieux flambe. On envoie les C.R.S. en Languedoc pour protéger les camions et les trains des trafiquants. On arrête des suspects. L'opération devient telle que des milliers de viticulteurs se rassemblent. A Narbonne, des édifices publics sont endommagés à l'aide de pics, de pioches, de barres de fer et de masses provenant de l'atelier municipal. Le lendemain, au pont de Montredon, manifestants et C.R.S. s'affrontent autour d'un train chargé de bois, envoyé sur ordre de la direction régionale S.N.C.F. de Montpellier, malgré l'avis contraire de la gare de Narbonne..., alors que la mise en place d'un barrage sur la voie est connue, et qu'un train précédent à été mis sur une voie de garage. Deux morts, dont un commandant de C.R.S., et des blessés pour ce nouvel Aleria préparé au sein des cabinets ministériels.

Enfin, toujours en mars 1976; l'agitation étudiante contre la réforme du second cycle, est marquée par des dizaines de rassemblements et de nombreuses manifestations. Le 18, à la fin d'un important défilé des « incidents ont été provoqués par des éléments incontrôlés », devait-on lire dans *Le Monde* du 20 mars. « Il est difficile d'évaluer le nombre de ces " casseurs " et de préciser leur origine, mais il apparaît généralement qu'ils étaient étrangers à la manifestation proprement dite. Certains, moins habiles ou moins rapides que d'autres à briser une vitrine ou se saisir de menus objets dans une vitrine déjà brisée, ont d'ailleurs été pris à partie, parfois brutalement par les organisations étudiantes de la manifestation (...). Ce sont les vitrines des magasins de vêtements et de chaussures de la rue de Rennes (...) qui ont le plus souffert, plusieurs d'entre elles étant brisées à coups de pierre ou de bâton. Les glaces de la F.N.A.C. et du Monoprix voisins ont volé en éclats. » M. André Hessel, P.-D.G. de la Fédération nationale d'achat pour cadres depuis 1971, déplore ces incidents et nous affirme ne pas confondre les manifestants étudiants et les briseurs de vitrines. Il est vrai que les déclarations des « casseurs » sont édifiantes. Là encore, il y a chantage à la peur et à l'ordre, au calme et à la liberté.

Ces provocations qui jalonnent notre vie quotidienne et éclaboussent le coin de nos rues, sont permanentes. Les hommes qui jouent avec nos libertés ont besoin d'armes et ils n'hésitent pas à se les procurer.

Le 14 novembre 1974, un juge d'instruction, accompagné de sa greffière, du substitut, du procureur de la République, de deux commissaires de police, l'un du quartier Grenelle-Javel, l'autre de la brigade criminelle, de quatre inspecteurs de la brigade criminelle, de deux inspecteurs de l'identité judiciaire, de deux avocats et de Danièle Levy, trente et un ans, professeur, se transportent à 9 heures du matin devant l'entrée des usines Citroën et demandent à visiter un local, 82, rue Balard. Les gardiens de service à l'entrée transmettent la demande à la direction du personnel. Le temps passe. Personne, apparemment, n'est disponible pour accompagner M. le Juge dans sa perquisition. A 9 h 15, enfin, la direction dépêche M. Deslile, attaché du contentieux qui met à la disposition du magistrat un surveillant, M. Lesnes, pour l'accompagner. Le groupe traverse l'usine et se rend dans le local incendie qu'il désirait visiter. Il y découvre des barres de fer, des tiges métalliques et quarante manches de pioche. Mlle Levy est formelle. Elle se souvient parfaitement que, bâillonnée, on l'a emmenée dans ce local, qu'elle y a vu des armes. Puis on l'a traînée dans un fourgon Citroën où un homme abusa d'elle pendant que deux autres la maintenaient. Le fourgon est ensuite ressorti de l'usine et Mlle Levy a été abandonnée dans un bois, près de Versailles, la tête enserrée dans des morceaux de chemise. Elle est rentrée en « stop », fortement commotionnée...

Tout a commencé deux ans plus tôt, rue Jeanne-d'Arc à Issy-les-Moulineaux, entre l'héliport de Paris et le boulevard périphérique. Le 13 juillet est un soir de fête. Deux cents personnes dansent dans un bal populaire au son d'un orchestre d'amateurs yougoslaves. Il y a là beaucoup de travailleurs immigrés qui travaillent à l'usine voisine Citroën. Ils occupent un pâté de maisons vétustes, abandonnées à la pioche des démolisseurs. « Peu après minuit, écrit Jacques Derogy dans *l'Express,* deux groupes d'hommes débarqués de camionnettes Citroën, stationnées au rond-point de l'héliport, débouchaient des deux angles de la rue Jeanne-d'Arc. Ils se ruent sur un passant et un camionneur avec des gourdins et des barres de fer, tirent des coups de feu, jettent bombes fumigènes et lacrymogènes dans le couloir de l'immeuble et se replient vers l'héliport en enlevant deux jeunes filles sorties du bal » dont Danièle Levy. Celle-ci résume ainsi l'agression : « Je m'éloignais de l'immeuble quand je me suis trouvée en présence d'une quarantaine d'hommes armés de pistolets, de matraques et d'extincteurs. Ils m'ont frappée en disant : " Celle-là nous servira d'otage. " Lancés à leur poursuite, les travailleurs capturent deux des agresseurs. L'un est Antonio Martinez Magalhes, porteur de la carte C.F.T. n° 5345 et d'une carte de l'Amicale de tir de Citroën. Il avoue avoir reçu trois cents francs et une barre de fer de son contremaître à la sortie de son équipe, pour participer à l'attaque. L'autre est Antoine Diaz, chef de maîtrise. Antoine Diaz parle à son tour; il donne le nom de l'ancien para qui a organisé le raid : Marcel Vermot, le chef du service de gardiennage de l'usine Citroën-Javel et de celui qui l'a ordonné, Louis Pansart, chef de secteur. Ni Diaz ni Magalhes ne portaient d'armes à feu. Pourtant, les témoins sont unanimes, rue Balard, juste avant l'arrivée de la justice, des travailleurs ont vu M. Langlois, du service du personnel, apparemment excité, accompagné de deux gardiens, évacuer des caisses du local. Qu'y avait-il dans ces caisses ? d'autres matraques, sûrement ! Les responsables de la C.F.T. reconnaissent posséder ce genre d'armes. Jean Sorgniard, permanent C.F.T., déclare à la police « avoir constaté le 30 avril 1975, aux environs de 17 heures, en compagnie de M. Joffre, qu'une serviette laissée à l'abandon dans les locaux de la C.F.T., rue Saint-Marc et qui après maints renseignements se trouvait être la propriété du sieur Bour, secrétaire confédéral de la C.F.T., était ouverte et que, de plus, elle contenait une matraque de fabrication artisanale qui aurait pu, le cas échéant, faire des dégâts corporels très importants ».

Mais, et revenons à Citroën. Pourquoi ne pas envisager que ces caisses renfermaient des armes ou des explosifs ? De regrettables incidents ont permis ailleurs, un an auparavant, d'envisager cette hypothèse. Une *Ami 6* a explosé rue Pascal, à la Chiffogne, près de Montbéliard. Son coffre était bourré d'explosifs. Le propriétaire du véhicule, immatriculé dans le Doubs, se nommait Bernard Roussillon. Il était agent de maîtrise dans les ateliers d'emboutissage de l'usine Peugeot-Sochaux, et militant C.F.T. Fin octobre 1974, Antoine Wilczinski, régleur sur machines à roues à l'atelier de carrosserie de Sochaux, Jacques Paillard, employé à la fonderie d'aluminium, André Sauze, chef d'équipe, Alain Le Houarner, ajusteur, Jérôme Lucciani, O.S. à l'emboutissage et Pierre Galley, tous employés par Peugeot, sont inculpés entre autres pour avoir « constitué des dépôts d'armes et de munitions de la première catégorie, ainsi que des substances explosives; acquis et détenu sans pouvoir se prévaloir d'une autorisation administrative des armes et munitions des 1re et 4e catégories ainsi que des substances explosives; transporté sans motif légitime des armes des 1re et 4e catégories, ainsi que des substances explosives; importé sans autorisation régulière du matériel prohibé, en l'espèce des armes et munitions de la 1re catégorie... »

Wilczinski est, comme beaucoup d'autres, militant C.F.T. Ce sont des mercenaires Peugeot. Le chemin n'est pas long qui les a fait se rencontrer.

En novembre 1969, cent quarante-six des cent soixante pistoleurs de Sochaux sont en grève pour réclamer la garantie de leurs ressources en cas de maladie ou de mutation. Leur grève n'est pas « dure » mais elle paralyse toute l'usine. Pendant deux semaines, la production est bloquée par cette méthode du « bouchon ». La direction Peugeot qui, en 1968, n'a pas hésité à appeler les C.R.S. en renfort pour dégager ses usines, ne trouve qu'une seule riposte à ce mouvement. Elle décide d'engager des mercenaires dans l'attente d'un prochain conflit. Wilczinski et ses compagnons sont parmi eux. L'information judiciaire ouverte contre eux résume la suite des faits. Elle omet cependant de signaler que ces hommes ont été engagés par Peugeot dans un but bien précis et que la recherche d'armes, quelle qu'en soit l'utilisation postérieure, peut être considérée comme partie intégrante de leur fonction.

En 1969, aux usines Peugeot à Sochaux, Wilczinski se liait d'amitié avec un camarade d'atelier, Paillard Jacques, leur passé militaire les avait rapprochés. Engagé volontaire dans une unité de parachutistes de l'infanterie de Marine, Wilczinski appréciait en Paillard le combattant qui avait pris une part active aux opérations d'Algérie.

Le souvenir des actions subversives de l'O.A.S. auxquelles Paillard avait participé, celui plus récent des événements de 1968 auxquels Wilczinski avait été mêlé à Sochaux, la nostalgie des opérations de commando, leur passion commune pour le maniement des armes et des explosifs allaient les amener à entreprendre des actions criminelles destinées, ont-ils prétendu, à créer dans la population un sentiment d'insécurité et à inquiéter le Gouvernement en place.

Au mois de décembre 1970, apprit-on devant la cour d'Assises de Vesoul en 1976, ils décidaient de passer à l'action en commettant, dans un premier temps, un vol d'armes.

Paillard indiquait à Wilczinski qu'il serait facile de s'emparer de cinq fusils de chasse exposés dans une vitrine de la quincaillerie-armurerie Garnier Michel, à Melisey (Haute-Saône) mais qu'étant trop connu dans la région, il lui paraissait imprudent de participer à ce vol.

Wilczinski faisait alors appel à deux camarades de travail, Langlois Ernest, qu'il considérait comme un homme d'action capable de le seconder utilement, et Luciani Jérôme, un ancien combattant d'Algérie en lequel il avait confiance.

Le 18 décembre 1970, vers une heure du matin, à bord du véhicule de Luciani dont les numéros minéralogiques avaient été camouflés au moyen de papier collant, les trois hommes venant de Grand-Charmont, où ils habitaient au foyer A.L.T.M., arrivaient à Melisey.

Tandis que Luciani, armé d'un pistolet P 38 dont il était détenteur, allait se poster à une vingtaine de mètres du magasin, avec mission de signaler tout danger en tirant un coup de feu, Langlois et Wilczinski, le visage dissimulé par des cagoules, s'approchaient de la vitrine. Langlois la défonçait à l'aide d'une masse et tous deux s'emparaient de cinq fusils, calibre 12, qui y étaient exposés. Les trois hommes rejoignaient le véhicule et, tous feux éteints, démarraient en direction de Ronchamp.

De retour à Grand-Charmont, Wilczinski conservait trois fusils, Langlois emportait les deux autres.

Par la suite, aidé de Langlois, Wilczinski transformait deux des fusils qu'il avait gardés par devers lui en sciant les canons et les crosses, leur donnant ainsi l'allure de mitraillettes.

Dans le courant de l'année 1973, Sauze s'était lié d'amitié avec un capitaine de l'armée suisse, Julliard Joseph, demeurant à Damvant (Canton de Berne). Les brillants états de service de Sauze et ses convictions anticommunistes avaient favorablement impressionné cet officier qui l'invitait à diverses reprises, à s'exercer en sa compagnie au tir des armes de guerre et au lancement de grenades. Julliard allait jusqu'à lui proposer de lui procurer des explosifs s'il en désirait.

A la même époque, Sauze était entré en relation avec Wilczinski — qui travaillait dans la même équipe que lui. Leur passé militaire, leurs convictions politiques communes les avaient eux aussi rapprochés. Wilczinski confiait à Sauze qu'il poursuivait secrètement son entraînement de combattant, qu'il possédait des armes et souhaitait se procurer des explosifs. Se rappelant l'offre de Julliard, Sauze proposait de lui en procurer.

Au début du mois de mars 1974, ce dernier se rendait chez Julliard à Damvant, et, moyennant la remise de 50 F, prenait livraison de deux grenades, d'un kilo de cheddite, d'un kilo de plastic, de détonateurs et de mèche lente. Il dissimulait la marchandise derrière le dossier arrière de son véhicule et franchissait sans encombre le poste frontière.

La seconde livraison comportant de la cheddite, du plastic, du cordon, des détonateurs, des grenades et des cartouches 9 mm, était effectuée à Sauze par Julliard, courant mai 1974, en territoire français, entre Cernay et Soultz (Haut-Rhin). Ce matériel, acheté par Sauze pour la somme de 180 F, était recédé à Wilczinski pour une somme sensiblement équivalente.

Pour la troisième livraison, qui devait avoir lieu à Damvant, le 30 septembre 1974, dans la soirée, au domicile de Julliard, Sauze, étant donné son importance, demandait à Wilczinski de se rendre lui-même en territoire suisse pour prendre en charge la marchandise et l'introduire en France.

Au jour dit, Wilczinski, Paillard et Sauze se rendaient en Suisse dans la voiture de ce dernier et, tandis que Sauze allait trouver Julliard, Wilczinski et Paillard l'attendaient dans un café de la localité. Deux heures plus tard, Sauze les rejoignait, porteur d'un volumineux paquet et les reconduisait à proximité de la frontière.

Wilczinski et Paillard, emmenant le matériel, pénétraient en territoire français sans incident et y retrouvaient Sauze qui les y attendait et avec lequel ils rentraient à Grand-Charmont, où, en paiement des quatre grenades, de plusieurs kilogrammes de plastic, d'un stock de bâtons de cheddite, de mèches et de détonateurs, ils lui remettaient la somme convenue de 600 F.

Une partie de ces explosifs et de ces grenades allait servir à Wilczinski et Paillard à commettre de nombreux actes criminels.

Après l'arrestation de Wilczinski, les enquêteurs devaient découvrir, le 25 octobre 1974, dans le garage que ce dernier louait à Grand-Charmont :

— Deux grenades à manche d'origine suisse;
— Dix-huit cartouches de cheddite de 250 grammes de fabrication suisse;
— Une bombe de fabrication artisanale;
— Un pain de plastic de 250 grammes;
— Une grenade d'origine française;
— Vingt-deux détonateurs électriques;
— dix détonateurs pyrotechniques.

Le tout à l'état neuf.

— Cinq fusils de chasse dont deux à canons et crosses sciés;
— Cinquante-six cartouches de chasse à balles et à chevrotines;
— Une cinquantaine de cartouches 9 mm;
— Une carabine 22 long rifle et ses munitions;
— Un pistolet automatique P 38 et trente-cinq cartouches.

Ce dépôt d'armes, de munitions et d'explosifs avait été piégé et c'est au moment où un fonctionnaire de police allait déclencher le dispositif qui aurait provoqué une énorme explosion que Wilczinski est intervenu pour, a-t-il dit, préserver la vie de quelques amis qui se trouvaient présents sur les lieux...

Le revolver P 38 et ses munitions avaient été vendus par Luciani à Wilczinski, au mois de septembre 1973, pour la somme de 350 F.

Le 28 octobre, sur les indications de Paillard, les enquêteurs découvraient, dans une cache aménagée par ce dernier dans la forêt de Fresse, non loin de son domicile :

— Quatre grenades à manche de fabrication suisse;
— Cinq cartouches de cheddite d'origine suisse;
— Trente détonateurs;
— De la mèche longue;
— Trois bocaux contenant du plastic d'origine suisse;
— Un bâtonnet de plastic.

Ce matériel avait été remis à Paillard par Wilczinski qui avait estimé plus prudent de constituer deux dépôts.

Lorsque, Wilczinski arrêté, on apprit par la presse qu'il était non seulement chargé de basses besognes par Peugeot mais qu'en plus il était actif militant C.F.T. dans son entreprise, ce fut l'émotion générale. Ce voyou de petite envergure était plus habitué aux « casses » provinciaux qu'à l'activité syndicale. Son court passage comme ouvrier chez Citroën à Paris n'était qu'un pur hasard. Pourtant, Jacques Paillard, son coéquipier, reconnaîtra, écriront Claude Angeli et Nicolas Brimo dans un pamphlet révélateur sur la milice Peugeot, « qu'il a transporté à deux reprises grenades et pains de plastic dans un car Peugeot. Pour les faire pénétrer ou sortir de l'usine ? Pas de réponse, mais il est désormais certain que des explosifs étaient entreposés dans l'enceinte même de Peugeot ».

Citroën-Javel, Peugeot-Sochaux, la traînée des exemples ne s'arrête pas là. En faisant appel aux mêmes hommes, ce sont les mêmes méthodes qui sont employées, avec plus ou moins de vigueur et de chance. Gaillard et Cypriano qui, nous l'avons vu, recrutent des hommes pour M. Bregeon, directeur du personnel Berliet, ont dépensé près de 10 000 F en achat d'armes diverses. Ils se sont procuré, légalement puis illégalement, des couteaux à cran d'arrêt, des revolvers, des grenades d'exercice, des matraques et des « Nunch a Ku », ces bâtons reliés d'une chaîne qui font la joie des amateurs de Bruce Lee et du Kung fu. Ils ont même démarché un C.R.S. en rupture de ban qui leur promit, auprès du milieu lyonnais, un stock de mitraillettes...

Embauchés, armés, ces militants d'un nouveau genre vont donc, quand ils ne violent pas, ne volent pas, ne tuent pas pour le plaisir, intervenir pour le patronat. D'une manière plus ou moins habile, mais généralement efficace, et dans une multitude de cas. Ils ont violé à Issy-les-Moulineaux. Ils ont volé à Montbéliard. Ils ont poussé des hommes jusqu'aux limites de la folie, après les avoir brimés et fait « chanter ». Ils ont tenté de s'infiltrer dans les usines, dans les syndicats, dans les partis, dans la vie privée des militants, poursuivant leur travail de sape et de haine. Ils ont participé à une entreprise dont le but est de briser nos libertés. Par tous les moyens, y compris le meurtre. Le cadavre de Zoglami, retrouvé en septembre 1974 dans un champ de maïs de la plaine d'Orléans est celui d'un employé de la S.I.T.E.R. Zoglami, aux dires de Rouzaud, était un « bavard », ce qui expliqua son transfert rapide de Peugeot-Mulhouse aux champs orléanais, après une étape d'un soir dans un restaurant fort parisien du XVIe arrondissement. A trop parler... Le carnet d'Alain Cypriano porte, sur l'une de ses pages, cette appréciation sur un autre employé S.I.T.E.R. : « à surveiller »... Constantin, puisque tel est son nom, a depuis disparu, lui aussi, comme Dileme.

A Saint-Etienne, déjà en 1973.

En avril 1973, les actions étaient nombreuses dans le département de la Loire. Joseph Sanguedolce, secrétaire de l'U.D.-C.G.T. nous en parle : « Il y avait des luttes sur les conditions de travail, sur le pouvoir d'achat et ces luttes se déroulaient dans de nombreuses entreprises : chez Jacquemard, à Labo Industrie, Zenith Aviation, Creusot-Loire, Perissel, Loire Record. Beaucoup d'autres conflits venaient d'aboutir. Aux Forges stéphanoises, par exemple, aux Laminoirs du vieux marais, à Cegedur... Alors que dans toutes ces entreprises de la métallurgie roannaise, les discussions avaient abouti ou étaient engagées, une seule refusait de discuter véritablement des revendications : Peugeot.

« La direction refusait et ce n'était pas un élément nouveau. C'est une tactique continuelle chez Peugeot, depuis de nombreuses années. Peugeot a cru que, à Saint-Etienne, le moment était venu, et que pouvait s'engager l'épreuve de force contre la classe ouvrière, pour briser les organisations syndicales représentées dans l'entreprise. Il faut ajouter aussi qu'après les grèves de 1968, nous avions obtenu un accord global avec la Chambre de la métallurgie du département de la Loire et que, dans cet accord, entre autres, était incluse une cinquième semaine de congés payés pour les jeunes de moins de vingt ans. Une seule entreprise avait refusé cet accord, et pour cela, s'était retirée de la chambre patronale : Peugeot. De nouvelles grèves, en 1969, devaient cependant obliger Peugeot à respecter les accords départementaux et réintégrer la chambre patronale. Mais le " ton " était donné.

« Dans ce climat de lutte, le 4 avril, éclate une grève chez Peugeot et les travailleurs votent à une majorité écrasante l'occupation de l'entreprise. La direction, qui refuse toute discussion, adopte une tactique en trois points. D'abord, elle porte plainte et obtient un jugement pour occupation illicite de l'usine. Ensuite, en application de la loi anticasseurs, elle demande le licenciement des délégués du personnel et des travailleurs considérés comme des meneurs. Enfin, elle utilise sa milice. »

A Paris, le général Feuvrier, chef de tout le personnel Peugeot, prend l'opération en main. Pour seconder le directeur de l'usine Jean Charrel dans sa lutte, il envoie à Saint-Etienne deux hommes apparemment fort différents. Le premier est François Cusey, militant C.F.T., ingénieur à l'usine Peugeot de Montbéliard, juriste, qui arrive le 3 au soir à Saint-Etienne. Il va coordonner l'action des huissiers requis par la société pour constater certaines « entraves à la liberté du travail ». Le second est Henri Cocogne, colonel en retraite, détaché depuis mars 1970 de Paris à Sochaux comme responsable des opérations spéciales. Il étudie sur place l'évacuation des stocks de pièces et de machines qui commencent à faire défaut sur les chaînes de montage de Sochaux et prépare donc les opérations de la milice.

Le 7 avril, le juge des référés autorise Peugeot à faire appel aux forces de l'ordre pour chasser les piquets de grève. Le préfet, M. Paul Camous, dans le climat de l'époque, n'est visiblement pas très partisan de cette décision et ajourne sa réponse. Si les C.R.S. interviennent pour évacuer l'usine de forts mouvements de protestation risquent de paralyser l'activité économique de la région. A Paris, au siège de la société, le général Feuvrier fait la moue puis sourit. Il a bien fait d'envoyer Henri Cocogne. Là où François Cusey a échoué, le colonel réussira. Il lui donne le « feu vert » puis prend un certain nombre d'autres mesures pour renforcer l'équipe Cocogne. La réussite de l'action doit être éclatante. Il téléphone à son ami Albert-Jean Gaillard, P.-D.G. de sociétés d'intérim diverses, la S.I.T.E.R., l'U.N.I.C., I.T.E.L., etc., et lui demande de faire un saut à son bureau, avenue de la Grande-Armée. L'usine de Saint-Etienne est occupée, dit-il, il faut me vider tout cela le plus rapidement possible. Je vous fais débloquer 50 000 F, débrouillez-vous. Allez à Saint-Etienne, examinez la situation et le plan de l'usine. Cocogne s'occupe des ouvriers qui commenceront à dégager les pièces bloquées. Dégagez-moi les piquets de grève. Rendez-vous à Lyon dans la nuit du 9 au 10. Berliet et Bregeon auront retenu des places au foyer Sonacotra pour coucher vos gars, et loué des autocars pour les transporter à Saint-Etienne. Bon courage. J'oubliais :

Bregeon veut un compte rendu de l'opération.

Le 9 avril, tous les hommes sont à Lyon ou sur la route. Trois de S.I.T.E.R. Paris, quatre d'I.T.E.L., une dizaine de S.I.T.E.R. Lyon, tous recrutés par Gaillard, de fortes têtes et des Paras. Cocogne amène, par le train, seize volontaires, fidèles employés Peugeot, fidèles militants C.F.T.; vingt-quatre autres arrivent de Dijon, onze de Mulhouse, deux de Bart. Reste l'encadrement. Michel Monneret, cadre administratif, en vacances... à Saint-Etienne, mais c'est vraiment le hasard — adjudant de carrière en retraite, en fait toujours adjudant chez Peugeot, sera responsable de la partie Peugeot-Sochaux du commando. Caudron, chef de l'agence I.T.E.L. à Mulhouse sera responsable de ses hommes. Jean-Claude Hourdeaux, agent de sécurité à l'usine Peugeot de la Garenne, coordonnera les efforts des « paras » : Feuvrier a insisté personnellement. Cocogne et Gaillard superviseront. Jean-Marie Maulpoix, responsable de l'information du personnel au siège de la société à Paris, sera observateur pour Peugeot et Marcel Michaut pour Berliet.

Le mardi 10 avril, une première observation est faite, vers 15 heures; trois véhicules sont loués chez Hertz pour transporter le commando. Ils stationnent rue des Passementières et place Préher puis, le tour de l'usine fait, regagnent Lyon. Le 10 encore, M. Charrel est prévenu par la direction de Paris qu'il va recevoir du renfort : Du personnel prélevé sur les effectifs des diverses autres usines du groupe; du personnel intérimaire fourni par la société S.I.T.E.R., une des sociétés auxquelles la société automobile Peugeot s'adresse de façon habituelle depuis trois ans, chaque fois qu'elle avait un besoin urgent de personnel supplémentaire; on lui apprend que la décision est prise d'assurer le départ des pièces en instance de livraison et surtout de réaliser la remise en route des fabrications (...) afin « de permettre à tous ceux qui en avaient manifesté le désir, de reprendre dans les délais les plus brefs leur travail. »

Le mercredi 11 avril, M. Charrel prévient François Cusey qu' « au cours de la nuit suivante, vers trois heures du matin, une tentative aurait lieu à l'aide des cadres, des agents de maîtrise, de certains ouvriers venus volontairement d'autres usines du groupe et de certains employés d'entreprises intérimaires, de pénétrer dans l'usine afin de faire redémarrer la production et d'évacuer les stocks de pièces dont l'usine mère de Sochaux, en particulier, avait un besoin urgent car elle était au bord de l'asphyxie... » A Lyon, c'est l'impatience d'en découdre. Les « paras » apprennent que « l'opération est pour cette nuit ». « L'heure H » est fixée à 3 h 30 du matin, le jeudi 12 avril. A 2 h 30, l'un des cars loués à la société Moreau par Alfred Fabry, responsable à l'information du syndicat C.F.T. Berliet, rejoint les voitures des « paras » rue de la Monta à Saint-Etienne, en face d'une station Elf. Hourdeaux et Cocogne distribuent des armes : matraques, chaînes de vélo, grenades à plâtre. Jacques Schnell laissera plus tard entendre aux enquêteurs, après son interpellation, que des armes à feu ont été aussi distribuées. Mais ceux-ci n'ont sans doute pas cherché à en savoir plus pour éviter des suites judiciaires très ennuyeuses pour les responsables de l'opération. Puis Hourdeaux et Cocogne distribuent des vêtements : bleus de travail, veste en toile de couleur kaki et anorak avec capuchon rabattable. Enfin, munis du plan de l'usine, on passe à l'attaque.

Georges Valentincic, trente-cinq ans, piquet de grève usine B :

« Vers 3 heures, 3 h 30, je me trouvais dans les dépendances de l'usine Peugeot, à l'atelier B 16, au bout de la rue Gutenberg. J'ai eu envie de me rendre aux W.-C. qui se trouvent dans la cour. J'ai donc quitté l'atelier et j'ai emprunté le couloir. Alors que je me trouvais non loin du panneau de pointage, cinq ou six individus m'ont sauté dessus et m'ont frappé avec des matraques. »

Marcel Faure, vingt-sept ans, piquet de grève usine B :

« Vers 3 h 30, je me trouvais à proximité de l'atelier B 16. Puis j'ai eu l'intention de me rendre dans la cabine de garde, vers le portail de la rue Gutenberg. Alors que je me trouvais dans la cour, je me suis trouvé en présence de plusieurs individus. Un de ces derniers m'a dit : “ La fête est finie, rentre là-dedans ”, en me désignant la cabine du garde. J'ai essayé de fuir mais ils m'ont coincé. J'ai reçu des coups sur la tête et aux bras. »

Jacques Schnell, quarante-sept ans, agresseur :

« Nous nous sommes rendus à l'usine la plus grande. A l'aide de pinces coupantes, nous avons cisaillé la clôture de l'usine et nous sommes entrés par derrière afin de surprendre le piquet de grève. Nous avons entouré la porte, nous leur avons dit qu'ils étaient coincés et qu'ils ne pourraient plus sortir. Je suis allé récupérer ceux qui dormaient dans l'usine, une vingtaine de personnes en tout. Nous avons enfermé tout ce monde dans le poste de police et nous avons bouché la porte avec des containers apportés là à l'aide d'un Fenwick. Puis nous sommes partis à la deuxième usine. »

Charles Bois, trente-trois ans, piquet de grève usine A :

« Depuis un quart d'heure environ, je me trouvais dans la cabine du garde près du portail d'entrée. Nous étions quatre dans la cabine et nous jouions aux cartes. Il était environ 3 h 45 lorsque j'ai entendu marcher dans la rue. Je suis sorti et j'ai vu des hommes de l'autre côté du portail. J'ai alerté mes camarades. »

Roger Dubœuf, vingt-sept ans, piquet de grève usine A :

« Tout était très calme lorsque nous avons entendu un bruit de vitres brisées du côté de l'atelier de l'outillage. Nous sommes sortis du bureau et nous nous sommes aperçus que nous étions encerclés par des gens que nous ne connaissions pas, vêtus de genre de treillis militaire, armés de matraques. »

Gilbert Moor, trente-neuf ans, agresseur :

« Nous n'avons pu pénétrer dans l'usine A qu'en escaladant une fenêtre située à gauche de la porte d'entrée (...). Je me suis alors emparé d'une scie à métaux pour essayer de scier les montants d'une autre fenêtre afin de faciliter le passage de mes camarades. Pendant que j'étais occupé à scier, j'ai effectivement entendu des cris, des bruits de lutte et de verre brisé... »

A 4 heures du matin, l'usine est investie. Il y a cinq blessés parmi les ouvriers, qui sont dirigés vers un docteur qui leur donne les premiers soins. Les hommes du commando se regroupent autour du directeur de l'usine, M. Charrel, dans le bâtiment de la direction, « le Château ».

M. Charrel a battu le rappel de tous les non-grévistes. L'un de ses contremaîtres se souvient :

« Le jeudi 12 avril 1973, je me trouvais à mon domicile lorsque vers une heure ou une heure et demie, j'ai été réveillé par M. Colombert, contremaître à l'usine B des Etablissements Peugeot. Il m'a dit de me lever et de venir avec lui sur ordre de la direction. Il avait avec lui la liste des personnes qu'il devait réveiller... M. Colombert nous a dit que nous étions convoqués parce que l'usine était libre et que le travail allait pouvoir reprendre. Il s'agissait de remettre les machines en marche. Nous nous sommes rendus tous ensemble au siège des Etablissements Peugeot (...) nous sommes montés vers le bâtiment B. Nous avons alors constaté que le portail d'entrée, qui auparavant était surveillé par le piquet de grève, était gardé par des gardes que nous ne connaissions pas. Certains étaient en uniforme et avaient des matraques (...). Il y en avait qui portaient la tenue de parachutiste. »

Le commando s'est divisé en quatre groupes pour préparer la reprise du travail. Un premier groupe surveille les entrées. Ce sont les « paras » et cela inquiète les quelques cadres ou ouvriers non grévistes qui arrivent à l'usine pour prendre leur service. Le second déblaye les barricades dressées par les piquets de grève derrière toutes les entrées. Le troisième commence à charger des camions de machines ou de pièces détachées. Le dernier groupe enfin, celui des chefs, exhorte les ouvriers convoqués à reprendre le travail.

En ville, la nouvelle commence à se répandre. Des membres du piquet de grève qui ont pu s'enfuir, ont couru prévenir les dirigeants syndicaux du département. Les radios commencent à donner des reportages. Mais curieusement, l'information semble à sens unique. On insiste sur la volonté des travailleurs de reprendre le travail chez Peugeot. On souligne la force des non-grévistes qui, pour assurer la liberté du travail, n'ont pas hésité à prendre l'usine de force. Et cela n'est pas sans répercussion. Les ouvriers s'interrogent. Ils hésitent à croire au combat fratricide. Et ceux qui se présentent aux portes de l'usine sont rapidement convaincus. Ce ne sont pas des ouvriers qui occupent Peugeot, ce sont des mercenaires.

Dès 9 heures du matin, des milliers de travailleurs débrayent. Une délégation syndicale se rend auprès de l'inspecteur du travail, une autre à la préfecture, une troisième à la direction Peugeot. L'usine commence à être entourée d'ouvriers venus voir de près ce qui se passe et manifester leur mécontentement.

MM. Charrel, Cocogne et le commando s'affolent un peu. Ils demandent des renforts; ils rappellent Gaillard qui est déjà parti pour Paris et lui demandent de nouveaux « intérimaires musclés ». Ils louent un nouveau car. Ils prévoient de le faire escorter par des « ceintures noires de judo » et, le cas échéant, d'entrer en force avec lui, dans l'usine. Ils s'aperçoivent surtout qu'il leur est difficile de faire sortir les membres du commando. Les manifestants bloquent, à l'extérieur, toutes les issues. Le peuple de Saint-Etienne est là. M. Charrel appelle le préfet et demande l'aide des forces de l'ordre pour faire évacuer son usine... des gens qui en ont évacué les grévistes. Il veut assurer la protection de ses mercenaires.

Trente-sept hommes se retrouvent ainsi à l'Hôtel de police de Saint-Etienne. Ils sont relâchés en fin de journée. Malgré les plaintes portées pour coups et blessures, la justice sera lente. L'amnistie de juin 1974 effacera l'incident. Peugeot, pourtant n'a pas oublié :

Fournier, de l'Union départementale C.G.T. nous en parle : « Charrel, le directeur de l'usine, est muté. L'ensemble des gardes a été changé et remplacé par des gars que l'on ne connaissait pas. Fini les retraités du coin. Puis le contrôle et la fouille systématique ont commencé. Les premiers visés sont nos camarades, nos adhérents et nos élus. Ils reçoivent des dizaines d'avertissements pour des motifs plus ou moins futiles. Puis la direction les appelle et leur propose, s'ils partent, trois ou six mois de salaire. Alors... depuis 1973, sur un effectif de mille deux cents travailleurs, il n'en reste plus que six cents. »

Pourquoi, dès lors, la direction Peugeot a-t-elle pris le risque délibéré de vouloir imposer ses décisions par l'épreuve de force ? Sans doute, d'abord, pour tester les réactions des travailleurs. Or, les ouvriers ne se sont pas laissé faire, sans jamais céder pourtant à la provocation. Mais ensuite et surtout, pour tester les capacités de mobilisation et la limite de ses protections.

Cette mobilisation s'est effectuée extrêmement rapidement, selon un plan qui, visiblement, était préparé à l'avance. L'encadrement devait être spécialisé : les sociétés intérimaires de Gaillard ont répondu vite et bien à la demande. Le gros des troupes devait venir des autres usines du groupe : les cadres placés dans toutes les unités de production Peugeot ont rapidement trouvé des volontaires parmi les syndiqués C.F.T. Les directions régionales ont répondu favorablement : les hommes mobilisés pour la circonstance n'ont pas, semble-t-il, désorganisé la production. Le général Feuvrier, pour donner ses ordres, n'a même peut-être pas eu besoin d'en référer à ses supérieurs : ceux-ci sont prévenus *a priori* de ce type d'opération. D'ailleurs M. Archambault, l'un des directeurs de Peugeot, répondant lors d'un séminaire de cadres supérieurs à des questions sur les milices, déclarera : comment faire autrement, il y va de la survie de l'entreprise. M. Archambault est bien connu dans la région de Montbéliard pour avoir exprimé son soutien aux milices et à la C.F.T. C'est une des raisons, sans doute, qui lui a valu sa promotion chez Citroën. Enfin, Berliet a répondu favorablement à l'offre de collaboration : un bon point dans les liaisons entre les patrons.

Le Préfet, M. Paul Camous, s'est bien gardé de faire intervenir les forces de l'ordre après la décision du tribunal, le 7 avril, alors qu'il les a immédiatement engagées le 12 pour dégager le commando. Il a attendu que l'opération soit bien montée, mais sa complicité est aussi un gage de loyauté des Pouvoirs publics pour le patronat. D'ailleurs, M. Camous est devenu, dans le gouvernement de Raymond Barre, chef de cabinet du nouveau ministre du Travail, Christian Beullac. M. Durafour, maire de Saint-Etienne, n'a pas pris position : son silence est révélateur. Le C.N.P.F. n'a pas bougé : François Ceyrac, son président, est membre du directoire Peugeot. La réaction des cadres de l'usine de Saint-Etienne n'était pas bonne pour la direction : c'est donc la preuve, dans ce genre de conflit, qu'il ne faut pas trop compter sur les forces locales.

L'expérience reste donc positive. Il s'agit de la multiplier, mais aussi de lui trouver d'autres formes. Peugeot va œuvrer dans ce sens avec ses compères de l'automobile, et d'autres « grands » de l'économie française.

En mai 1974, des travailleurs de Simca distribuent des tracts devant le foyer d'immigrés des Grésillons, à Carrières-sous-Poissy. Surgissent alors un break Simca de l'usine et une Alfa-Roméo rouge. Deux groupes d'hommes en sortent, se jettent sur les distributeurs de tracts, les frappent. Deux autres voitures arrivent. D'autres hommes en bondissent armés de matraques. Ce n'est pas l'affrontement. Les ouvriers n'ont rien dans les mains. C'est le passage à tabac systématique. En juin 1974, cela recommence à Levallois chez Citroën. Un travailleur portugais se rend, avec son délégué C.G.T., auprès de l'agent de maîtrise du secteur pour régler un léger différend. Ils sont entourés d'une vingtaine d'hommes de main, appartenant à la C.F.T., frappés de coups de poing et d'objets métalliques, en présence de l'agent de maîtrise. Malgré la plainte déposée, l'affaire est étouffée.

En juin 1975, le délégué du personnel C.G.T. de l'usine de Clichy est frappé puis blessé dans l'escalier du self de l'usine par un « délégué C.F.T. », etc.

Les réactions de l'entreprise concernée sont en général comparables à celles qu'eut Peugeot après les événements de Saint-Etienne. Elle licencie les agressés. Celles du syndicat C.F.T. sont tout aussi prévisibles. Après une nouvelle agression à Levallois en avril 1976, la C.F.T. donne une version curieuse de son attitude :

Recto de tract :

« Depuis longtemps la C.F.T. avait prévenu la direction sur les différents problèmes existant dans l'entreprise et, en particulier, sur les salaires, les conditions de travail. Malgré ces avertissements, la direction n'a pris que des demi-mesures et la situation particulière à certains secteurs de fabrication, exploitée par des " sous-marins " révolutionnaires, a rapidement évolué pour aboutir, le 1er avril, à des arrêts de travail. La C.F.T. a alors demandé une rencontre avec la direction et elle a été reçue de 10 h 30 à 11 h 45. Au cours de cette entrevue, le secrétaire du Comité d'établissement, parlant au nom de tous les salariés, a exposé les points essentiels à régler d'urgence. » Notons dès à présent que le système des salaires que la C.F.T. a signé avec la direction, fait que ceux-ci sont inférieurs à ceux d'autres entreprises comme Renault, et c'est cela qui est à la base du conflit. Mais se présenter en défenseur des travailleurs lui permet surtout de continuer à distiller son venin et déformer systématiquement la réalité.

Verso du tract :

« ET MAINTENANT NOUS RÉPONDONS AUX TRACTS DE LA G.G.T.. Cette officine marxiste poursuit un seul but : créer l'agitation et l'exploiter à des fins essentiellement politiques. Elle en a fourni la preuve en transmettant ses pouvoirs au Parti communiste lors de la manifestation organisée le 5 avril aux abords de l'usine. De plus, elle pratique le mensonge comme une " religion ". C'est ainsi qu'elle se permet d'accuser la C.F.T. au sujet de l' " agression " dont a été victime M. Camposeo, alors que rien ni personne ne peut en apporter la preuve ! Si la C.G.T. maintient ses accusations, nous porterons plainte en diffamation. La C.G.T. et la C.F.D.T., son " amie-ennemie ", ne cherchent qu'à créer le désordre puis prennent le train en marche. Ne signant rien, critiquant tout, refusant systématiquement toute amélioration qui ne réponde pas à leurs exigences, ces organisations effectuent un véritable travail de " sape " de notre société en détruisant l'économie des entreprises. Pour ces gens, tous les moyens sont bons. La preuve en est que certains ouvriers du ferrage qui désiraient continuer à travailler ont reçu des coups de poing dans le dos ! (Qui parle de liberté ?) Les travailleurs ne doivent pas se laisser abuser par ces organisations utilisant la brutalité " marxo-fasciste " comme cela est pratiqué par la C.G.T. à la Régie Renault par exemple. La C.F.T., quant à elle, est une organisation syndicale honnête et apolitique, dont le seul but est de défendre, dans l'ordre et la dignité, les véritables intérêts des travailleurs. CONTINUEZ A FAIRE CONFIANCE A LA C.F.T. »

Qui parle effectivement de liberté dans un système où les règlements intérieurs et les notes de service justifient les atteintes aux libertés ? Dans un système où l'homme peut être l'objet des pressions les plus calomnieuses ? Car les actes que nous venons de rapporter ne sont pas sans rapport avec un contexte général dans les entreprises.

Chapitre 3

LA PEUR

Albert Rivat
secrétaire du syndicat C.G.T.-Berliet.
Berliet, le Renault de Lyon.

1	VAL	•22[illegible]TAUX DE SALAIRE
1	VAL	•2280CLASSIFICATION
1	VAL	•2281HIERARCHIE DES SALAIRES
1	VAL	•2282GRILLE DES SALAIRES
1	VAL	•2283COTATION ET ETUDE DE POSTE
1	VAL	•2290PARTPAT AUX FRUITS DE L EXPANS
1	VAL	•2291INTERESSEMENT AUX BENEFICES
1	VAL	•2292FONDS DE SUGGESTION
1	VAL	•2293ACTIONNARIAT
1	VAL	•2294VENTE DES ACTIONS
1	VAL	•3111LIBERTE DU TRAVAIL
1	VAL	•3200MOBILISATION INDIVIDUELLE
1	VAL	•3210ELECTIONS CE
1	VAL	•3211VOTE SYNDICAL CE
1	VAL	•3213SUFFRAGES AUX ELECT SYND CE
1	VAL	•3214ABSTENTION CE
1	VAL	•3215BULLETIN BLANC OU NUL CE
1	VAL	•3220ELECTIONS DP
1	VAL	•3221VOTE SYNDICAL DP
1	VAL	•3223SUFFRAGES AUX ELECT SYND DP
1	VAL	•3224ABSTENTION DP
1	VAL	•3225BULLETIN BLANC OU NUL DP
1	VAL	•3230VOTE POLITIQUE
1	VAL	•3240ELECTIONS DIVERSES
1	VAL	•3242ELECTIONS CRI
1	VAL	•3250CONSULTATION DES TRAVAILLEURS
1	VAL	•3251VOTE A BULLETIN SECRET
1	VAL	•3252VOTE A MAIN LEVEE
1	VAL	•3260ADHESION A UNE ORGANISATION
1	VAL	•3261ADHESION SYNDICALE
1	VAL	•3262ADHESION POLITIQUE
1	VAL	•3263VERSEMENT DE LA COTISATION SYND
1	VAL	•3264SOUSCRIPTION A UN PARTI POLITI
1	VAL	•3265LECTURE D UNE REVUE OU JOURNAL
1	VAL	•3270AUTRES FORMES DE MOBILIS INDIV
1	VAL	•3271VERSEMENT A UNE COLLECTE
1	VAL	•3272SIGNATURE D UNE PETITION
1	VAL	•3273CONSULT MILITANTS SYNDICAUX
1	VAL	•3274PROP ET SUGG AUX MILITANTS SYND
1	VAL	•3275TOMBOLA OU LOTERIE
1	VAL	•3276MILITANTISME
1	VAL	•3300MOBILISATION COLLECTIVE
1	VAL	•3310INTERVENTION DE L ORGANISATION
1	VAL	•3311INFORMATION AUX TRAVAILLEURS
1	VAL	•3312TRACT
1	VAL	•3313INFO DVT L OPINION PUBLIQUE
1	VAL	•3314CONFERENCE DE PRESSE
1	VAL	•3315INTERVENTION EN JUSTICE
1	VAL	•3316LETTRE OUVERTE OU LETTRE
1	VAL	•3317CAISSE DE GREVE
1	VAL	•3318FONDS DE SOLIDARITE
1	VAL	[illegible]

Ci-dessus. Etude effectuée par la direction de la Régie Renault, du vocabulaire utilisé par les ouvriers de ses usines.

La fréquence d'emploi de certains termes doit permettre d'apprécier le « climat social » dans l'entreprise, d'affiner les fichiers du personnel, et de mettre au point les nouvelles formes de lutte antisyndicale.

Ci-contre. Le garage Pallaro n'existe pas. Yvan Pallaro est un O.S. de Peugeot, militant C.G.T. Paul Brandt n'est pas le gérant du « Garage Pallaro », il est O.S. chez Peugeot, militant C.G.T.

Seuls, les établissements Lorenzi existent. La réponse qu'ils donneront à cette lettre (en haut à gauche) exprime leur étonnement.

Exemple de machination typique montée contre des militants de la C.G.T.

·GARAGE PALLARO·

CONCESSIONNAIRE EXCLUSIF

SKODA – LADA

~ 1 Place Cuvier – 25200 BETHONCOURT ~

Voulez-vous s'il vous plaît nous adresser duplicata de v/ facture et nos références, si vous en avez connaissance : date d'accident N/ N° de sinistre

Etablissements LORENZI

31 Boulevard Paoli

20 BASTIA

Référence: MB/YP

Pantelic ?

Bethoncourt, le 25 MAI 1976

Monsieur,

Après vérification de nos livres comptables, nous nous aperçevons que la facture N° 4532 du 6 JANVIER 1976 d'un montant de 1345,67 francs est toujours impayée a ce jour.

Faute de recevoir votre règlement sous huitaine, nous serons contraints de remettre cette facture à notre service contentieux.

Dans l'espoir d'un prompt règlement, veuillez agréer, Monsieur, nos salutations distinguées.

le Gérant

P. Brandt

P. BRANDT

EMB

GRONDEIN	J. François	24-5-47	TANANARIVE
FEREAL	Jean	30-1-25	St OMER DE BLAIN
LE CORNEC	Bernard	11-2-50	ST DOLAY
BELLIOT	Patrick	22.6.31	St NAZAIRE
GUYOT	Hubert	1-8-30	LA CHAP. DES M.
PONTOIZEAU	Roger	25.4.42	St NAZAIRE

Pierre Lagarde, sous-chef du personnel des Chantiers de L'Atlantique s'assure le concours des R.G. et de la gendarmerie avant d'embaucher des travailleurs licenciés de la Sotrimec.
Mise en place de « SAFARI » pour les besoins patronaux.

SOTRAMEC

		GEND	R.G.
. AJONCS Bt D3	St NAZAIRE		- Fiché
TRE DAME	"	- Fiché -	- Fiché
Charles GARNIER - Immaculé	"	- Fiché -	
les BOULEAUX	"		
s ECOBUTS	LA CHAP. DES M.		
SURCOUF	St NAZAIRE		

Le 30-5-75

R

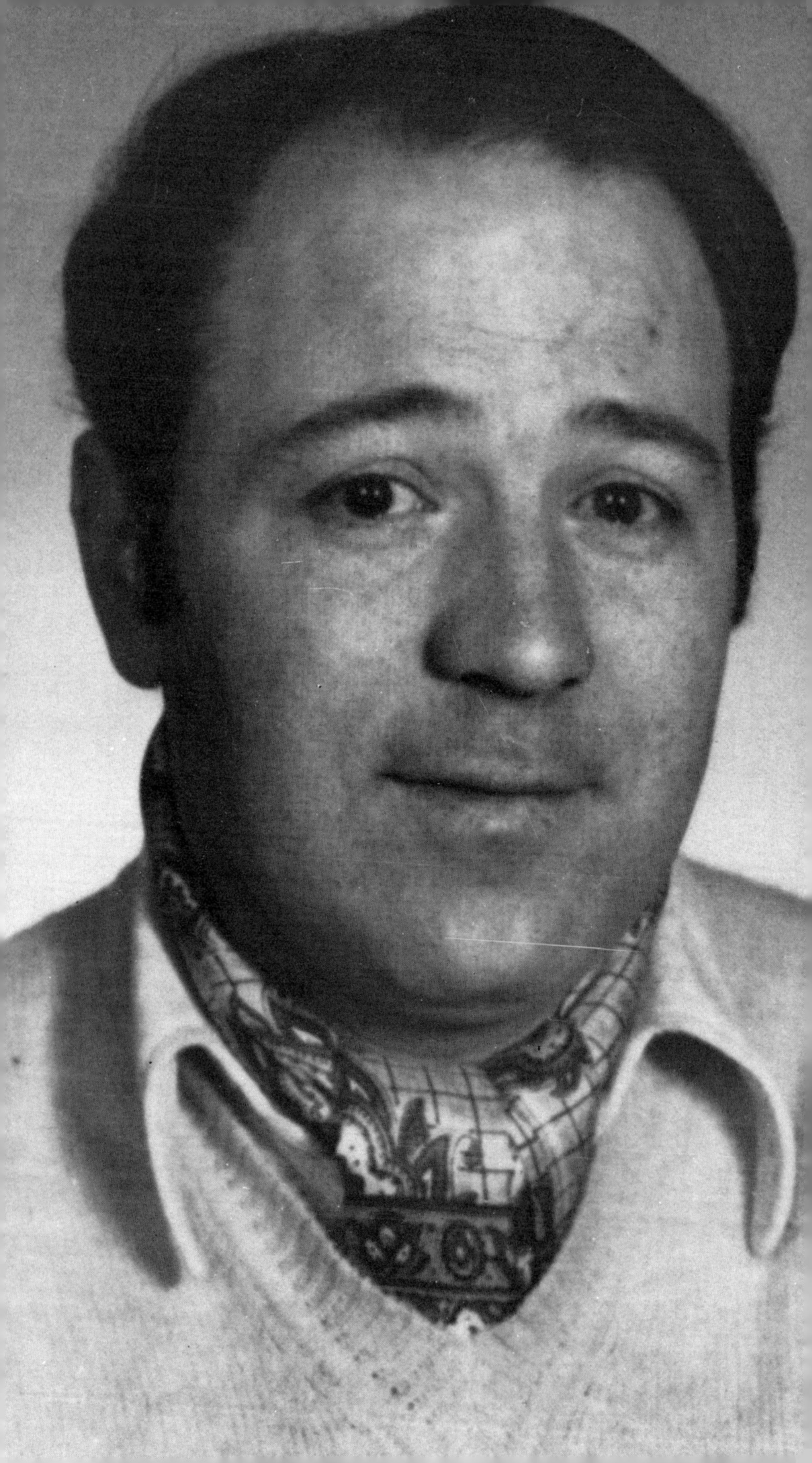

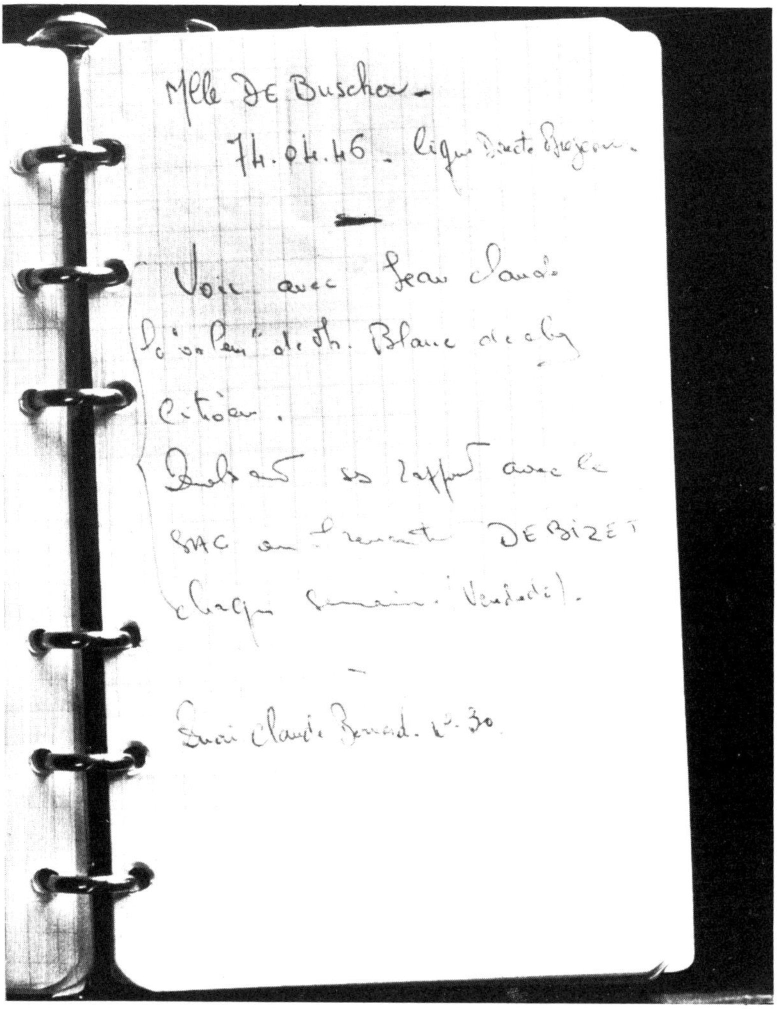

Deux pages du carnet d'Alain Cypriano :
Ci-dessus, Alain Cypriano s'interroge sur Auguste Blanc, secrétaire général de la C.F.T. et ses liens avec le S.A.C. ***Qui lui a demandé de le faire ?***
Au verso : la mise en place d'un service antisyndical par le biais des sociétés intérimaires de Gaillard. ***A la demande de Berliet.***

Ci-contre, Alain Cypriano :
un « truand du patronat ».
Son carnet allait se révéler précieux.

INFILTRATION

—

BERES. gardiennage

JANDON. enchaîne

MEYNADIER. vérification —

chronométrer

—

- infiltration dans les différents syndicats
- rapports circonstanciés meetings.
- repérage des meneurs
- repérage des points chauds.
- prévisions de grèves.

—

Mise en place et matériel. 20.000
Coût mensuel total 13.000

—

Saint-Etienne,
12 avril 1973.
Peugeot avait recruté des mercenaires pour « liquider » la grève.

Citroën - Saint-Denis - Juin 1975.
Au sein des militants C.F.T. interdisant l'entrée des usines à une délégation de la C.G.T., le chef de bataillon Domigo, directeur du personnel Citroën, rive droite, mains aux hanches et crâne dégarni.

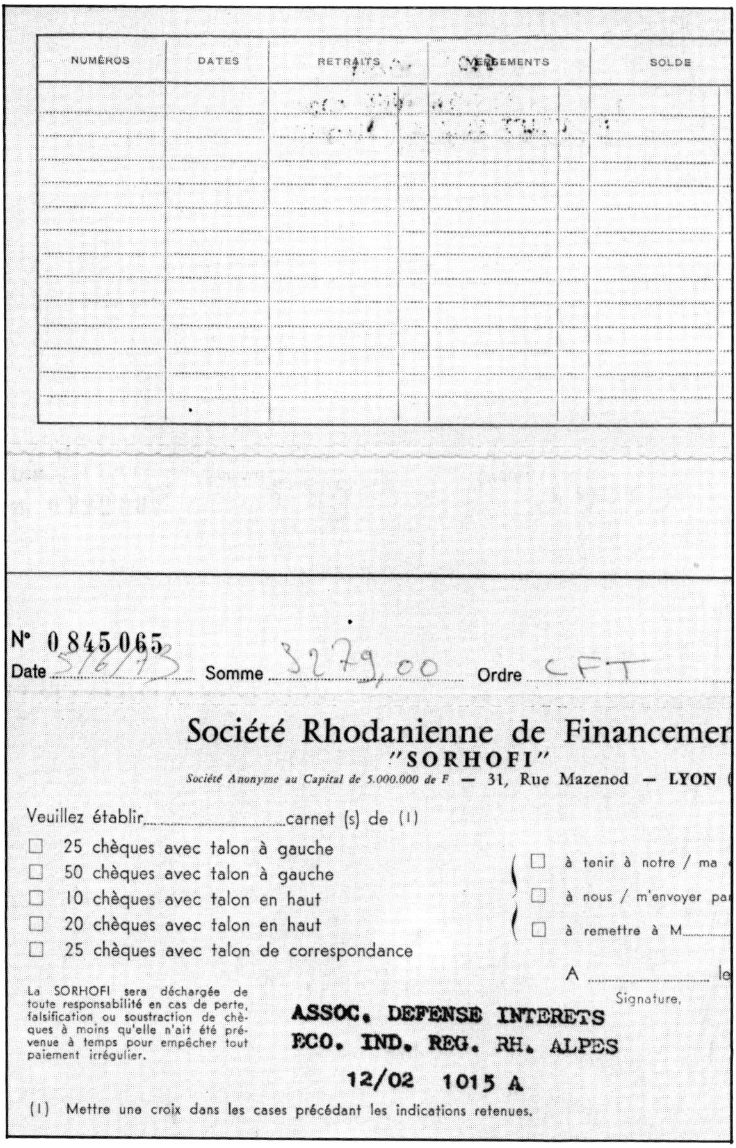

NUMÉROS	DATES	RETRAITS	VERSEMENTS	SOLDE

N° 0845065
Date 5/6/73 Somme 3279,00 Ordre CFT

Société Rhodanienne de Financemen[t]
"SORHOFI"
Société Anonyme au Capital de 5.000.000 de F — 31, Rue Mazenod — LYON

Veuillez établir............................carnet (s) de (1)

- ☐ 25 chèques avec talon à gauche
- ☐ 50 chèques avec talon à gauche
- ☐ 10 chèques avec talon en haut
- ☐ 20 chèques avec talon en haut
- ☐ 25 chèques avec talon de correspondance

- ☐ à tenir à notre / ma
- ☐ à nous / m'envoyer pa
- ☐ à remettre à M..............

A .... le

Signature,

La SORHOFI sera déchargée de toute responsabilité en cas de perte, falsification ou soustraction de chèques à moins qu'elle n'ait été prévenue à temps pour empêcher tout paiement irrégulier.

ASSOC. DEFENSE INTERETS
ECO. IND. REG. RH. ALPES
12/02 1015 A

(1) Mettre une croix dans les cases précédant les indications retenues.

« Talon » du chèque tiré par l' « Association de défense des intérêts économiques industriels de la région Rhône-Alpes », sur la banque Berliet (Sorhofi) au bénéfice de la C.F.T.

L'un des nombreux moyens de financement occultes mis par le patronat à la disposition de la C.F.T.

Auguste Blanc

*Fut élu secrétaire de la C.F.T. « **après,** dira Constantin Simakis, **un coup d'Etat fomenté par le S.A.C Marie-France Garaud et Jacques Chirac** ».*

Raymond Houssard
— Encore chef de service chez Chrysler en 1976, passe tout son temps à coordonner l'activité des groupes d'expression C.F.T., à l'extérieur de l'usine.
— Candidat R.P.F. en 1953.
— Candidat U.N.R. en 1958.
— Candidat « divers droite » en 1973.
— Il est devenu en décembre 1975, conseiller personnel d'Auguste Blanc.

De gauche à droite :

Armand ***Claude,*** *ancien trésorier-adjoint de la C.F.T., secrétaire général de la « Fédération » des Métaux C.F.T.*

Max Le Berre, comme Raymond Houssard est employé par Chrysler.

Amaury Lubeck, responsable du S.A.C. (il était l'adjoint du général Feuvrier) « parachuté » chez Peugeot pour superviser la C.F.T.

La collusion C.F.T.-Chrysler-S.A.C.mise en évidence lors du stage organisé à Lyon en janvier 1972.

BERRE
LUBECK

Max Perret
Secrétaire de la C.F.T.-Berliet, ancien secrétaire des Républicains indépendants du Rhône, adhérent au club « Perspectives et Réalités ».
La C.F.T. ne fait pas de politique...

Les atteintes aux libertés, en effet, passent, d'abord et le plus simplement du monde, par les règlements intérieurs et les notes de service. Ces dernières années, les directions d'entreprises ont généralisé la mise en place de mesures disciplinaires particulièrement coercitives, en violation des dispositions contenues dans le Code du travail. De plus, elles s'arrogent le droit de promulguer, de leur propre autorité, des dispositions à caractère policier, allant même jusqu'à se rendre justice elles-mêmes.

Le règlement intérieur de Chrysler-France, en son article 14, se fait ainsi juge de la gravité de la faute du salarié, et fixe lui-même les règles du congédiement, contrairement à la loi du 13 juillet 1973. Chez Chrysler encore, un régime d'amendes sur salaires, prohibé par le Code du travail, est en vigueur. Ce ne sont là que deux exemples parmi des milliers. La précision apportée dans la rédaction des règlements intérieurs est fascinante, pour ne pas céder à la tentation d'employer l'adjectif « fascisante ». Visiblement, elle est l'œuvre d'un excellent juriste ou d'un dangereux maniaque, et la comparaison est facile avec les règlements intérieurs de l'enceinte pénitentiaire de Biribi ou du bagne des îles du Salut.

Voici un exemple parmi tant d'autres, celui du Prisunic de Nîmes. Des « dispositions générales » ouvrent un texte en 79 points qui ne laisse rien au hasard, qui codifie et surveille les moindres gestes des employés. Seules relevées ici, les têtes de chapitres et de paragraphes donneront une idée de la précision de ce règlement, et l'on excusera une citation un peu longue.

Discipline générale. - Tenue du personnel.

3 Activité.
4 Discrétion.
5 Droit syndical - neutralité politique.

6 Quêtes.
7 Pourboires.
8 Correspondance personnelle.
9 Usage du téléphone.
10 Interdiction de fumer.
11 Tenue.
12 Matériel et agencement, propreté des locaux.
13 Achat du personnel.
14 Visites personnelles.

Contrôle de l'emploi. - Paiement des salaires.

15 Contrôle de l'emploi, dossier du personnel.
16/17 Règles concernant la paie.

Contrôle des entrées, des sorties et de circulation à l'intérieur de l'entreprise.

18/25 Entrées, pointages, sonneries.
26/29 Circulation dans l'établissement.
30 Sorties à l'extérieur.

Congés et absences.

31 Congés payés.
32 Congés pour convenance personnelle.
33 Absence pour une cause autre que maladie.
34 Absence pour maladie.

Règles concernant la vente.

35/41

Règles concernant les caisses.

42/54

Règles concernant la sécurité.

55 Tablier de protection des bouchers.
56/61 Incendie.
62/64 Surveillance.
65/67 Sacs, paquets et autres objets privés.
68 Objets trouvés.

Règles concernant l'hygiène générale.

69/71 Surveillance médicale.

72/74 Accidents du travail.
75 Boissons alcoolisées.
76 Sièges utilisés par le personnel.

Sanctions

77/78

Règles concernant le licenciement collectif.

79

Nombre d'articles — et notamment les 4, 5, 26, 27, 28, 30, 33, 38, 64, 78 — sont illégaux. Ce règlement type pourrait cependant être largement amendé par des dizaines, des centaines d'articles d'autres règlements, pour former une « jurisprudence » parallèle aux lois de l'Etat français : la loi des patrons.

Voici des exemples patiemment relevés dans les règlements les plus divers — y compris celui que nous venons de citer — et classés par catégories :

ORDRE, DÉSORDRE :

« Il est interdit de se quereller, de jouer sur le lieu du travail, de chanter, de siffler. »

« Il est interdit d'entraver la liberté du travail, de se réunir en groupe pour d'autres motifs que le travail. »

SUBORDINATION :

« Il est formellement interdit d'être insubordonné. »

« Le personnel doit avoir une attitude correcte vis-à-vis du personnel dirigeant et de surveillance, il doit respecter la hiérarchie. »

CIRCULATION :

« Il est interdit de circuler dans un autre atelier que le sien. Aucun membre du personnel à poste fixe ne doit quitter son poste sans autorisation préalable. »

« Toute absence doit faire l'objet d'un laissez-passer.

« Le personnel qui désire aller aux toilettes doit demander au responsable l'autorisation de s'absenter. En cas d'indisposition, l'employé doit demander l'autorisation de s'absenter et de se rendre au local médical, voire à son domicile, ou être conduit à l'hôpital. »

ABSENCES :

« Toute absence non justifiée est considérée comme une rupture du contrat du fait du salarié. »

« Toute absence non autorisée ou non justifiée par un cas de force majeure ou fortuit, peut donner lieu à des sanctions. »

« Après une absence, même pour congés payés, il est obligatoire de confirmer sa reprise, la veille, par téléphone. »

HORAIRES :

« Les employés doivent accepter les horaires qui leur sont communiqués. Le refus, de leur part, ne peut faire incomber la rupture du contrat à l'employeur. Les horaires peuvent être modifiés en fonction des besoins de l'exploitation. »

MALADIE (*contrôle*) :

« Le chef d'établissement se réserve le droit de faire effectuer une enquête ou un contrôle par toute personne qu'il désigne, afin de vérifier la réalité de la maladie et la nécessité du repos présent. »

« Le salarié ne peut refuser de se faire examiner par le médecin désigné par l'employeur ni, si son état le lui permet, de se présenter à la visite chez ce médecin. »

DROIT SYNDICAL :

« Il est interdit de distribuer, vendre toutes brochures, imprimés, tracts, de faire des collectes, de procéder à des affichages non autorisés par la Direction. »

« Il est interdit de faire toute propagande, d'organiser des réunions. »

POLITIQUE - RELIGION :

« Il est interdit de faire toute propagande, de faire de la polémique. »

« Aucune question politique ou confessionnelle ne peut être discutée pendant les heures et sur le lieu du travail. »

« Il est interdit de créer des discussions politiques dans l'établissement. »

« Il est interdit de distribuer des tracts... en dehors des cas prévus par la réglementation, et qui ne seraient pas autorisés par la Direction. »

« Il est interdit de porter des insignes. »

FOUILLES :

« La direction se réserve de faire procéder à des vérifications des objets emportés qui peuvent porter sur la personne même des salariés. Le refus de s'y soumettre peut entraîner le licenciement. »

RESPONSABILITÉ ET IRRESPONSABILITÉ :

« Les ouvriers sont responsables des outils et du matériel. En cas de vol, perte, dégradation, ils doivent en acquitter le prix. Les frais de réparations imputables aux salariés seront retenus sur leur salaire. »

« L'employeur n'est pas responsable des effets, outils, objets ou véhicules du personnel, pour perte, vol, dégât, incendie par suite d'une cause quelconque. »

« En donnant des vestiaires, l'employeur se conforme seulement à une obligation et n'entend ni assumer la garde des vêtements... ni conclure un contrat de dépôt. Il décline donc toute responsabilité. »

« Les salariés doivent respecter les dispositions relatives à la sécurité. »

FAUTES ET SANCTIONS :

« Listes de fautes, listes de fautes lourdes, listes de sanctions :

« avertissement,
« blâme,
« mise à pied,
« licenciement avec ou sans préavis. »

Un exemple plus précis, parmi d'autres :

Un cadre supérieur de l'entreprise Framatome, M. Legraverend, adressa aux directions de division, une note LPR/MRB/CAI 2000, ayant pour objet les sanctions disciplinaires. Cette note fit la joie du *Canard Enchaîné* qui ne put s'empêcher d'établir la comparaison avec un livre d'un certain Duchêne, *L'Empire Industriel,* qui dénombrait vingt-neuf types d'amendes allant de dix centimes à la totalité du salaire... en 1869. Voici l'inventaire 1975 :

« Lorsqu'un salarié commet une faute, il est inhérent à la qualité du chef d'entreprise de pouvoir la sanctionner.

Chapitre 1er : Les types de fautes.

Il n'existe pas de critère très précis pour différencier les types de fautes. Seule la jurisprudence permet une différenciation conventionnelle. On distingue généralement :

A. — FAUTE LÉGÈRE : retard occasionnel, manquement aux règles de circulation dans l'entreprise, négligences professionnelles, isolées ou sans conséquence sérieuse, etc.

B. — FAUTE GRAVE : retards réitérés et désinvoltes, absences d'une certaine durée non justifiées, absences courtes non justifiées et répétées, insolence caractérisée,. refus net d'obéissance, abandon de poste, restriction volontaire de la production.

C. — FAUTE LOURDE : délits de droit commun, vols, dégradations et dégradations volontaires d'installations, manquements particulièrement graves aux consignes de sécurité.

Chapitre 2 : Les types de sanctions.

On peut classer les sanctions d'après l'effet qu'elles produisent. On pourra ainsi distinguer :

A. — Les peines morales, qui n'atteignent le salarié que dans son amour-propre;

B. — Les peines pécuniaires qui le frappent dans son intérêt matériel;

C. — Les peines professionnelles qui touchent à l'exercice même de sa profession.

A. — LES PEINES MORALES : elles ont pour objet de prévenir le salarié de la commission d'une faute et de l'empêcher ainsi, par cet avertissement, de devenir l'auteur d'une nouvelle infraction.

Il existe trois degrés de sanctions morales :

— *Le premier degré,* est représenté par l'avertissement verbal. Les termes « observation » et « réprimande », peuvent être considérés comme synonymes. Il s'agit plus d'une mesure de prévention que d'une peine disciplinaire : c'est la peine bénigne.

— *Le deuxième degré,* est représenté par un avertissement écrit. Il s'accompagne d'une inscription au dossier. Il est signifié par lettre recommandée avec « accusé de réception ».

— *Le troisième degré :* consiste en une observation verbale, suivie d'un avertissement écrit. Il s'agit d'une sanction morale d'une particulière gravité, qui constitue une dernière sanction avant l'exclusion définitive de l'entreprise.

B. — LES PEINES PÉCUNIAIRES : l'interdiction de principe des amendes a entraîné la quasi-disparition des peines pécuniaires. On trouve, cependant, parfois d'une manière limitée, certaines mesures qui se rapprochent des amendes (abattement sur primes avec réduction, suppression de certaines d'entre elles; voire également la non-application d'augmentations générales, liées au maintien du pouvoir d'achat).

C. — LES PEINES PROFESSIONNELLES : il s'agit de toutes les sanctions qui ont pour conséquence, soit d'éliminer un salarié de l'entreprise à titre temporaire ou définitif, soit de retarder son avancement dans la profession. Il affecte donc la situation professionnelle du salarié ou le maintien de son contrat de travail.

1° *La sanction la plus grave est représentée par la rupture du contrat de travail.* Il s'agit du licenciement qui peut intervenir avec ou sans préavis.

2° *La mise à pied considérée comme une mesure préventive.* La mesure de suspension du contrat de travail (mise à pied) présente deux variétés différentes :

— il s'agit, soit d'une sanction réprimant directement la faute commise (le plus souvent);

— soit d'un prélude à des sanctions plus graves.

La durée de mise à pied est généralement de un, deux ou trois jours, rarement plus de huit jours.

Il s'agit en fait d'écarter provisoirement un salarié coupable de fautes qualifiées, en attendant qu'une sanction définitive soit prononcée à son encontre.

D. — PROPORTIONNALITÉ ENTRE LA FAUTE ET LA SANCTION : pour des raisons pratiques, on peut établir les corrélations suivantes :

— pour des fautes légères : *l'avertissement verbal;*

— pour des fautes répétées ou plus graves : *l'avertissement adressé par lettre recommandée, la mise à pied sans salaire, la mutation, la rétrogradation* (*qui, si elle est refusée, constituera un licenciement*);

— pour des fautes constituant une cause réelle et sérieuse de licenciement : *le licenciement avec préavis et indemnités;*

— pour des fautes graves : *le licenciement sans indemnités, ni préavis;*
— pour des fautes lourdes : *le licenciement sans indemnités, ni congés payés, ni préavis.*

E. — Hiérarchie des sanctions :

1) Avertissement, exclusivement verbal.
2) Premier avertissement écrit (lettre versée au dossier).
3) Deuxième avertissement écrit avec menace de licenciement (lettre versée au dossier).
4) Mise à pied d'un jour.
5) Mise à pied de deux jours.
6) Mise à pied de trois jours.
7) Procédure de licenciement (il n'est pas obligatoire de passer par la mise à pied pour déclencher le licenciement).

F. — Procédures de sanctions :

1) Avertissement verbal : par le chef de service.
2) Avertissement écrit : par le chef de service en accord avec le chef du personnel de l'établissement.
3) Mise à pied : par le chef de service en accord avec le chef du personnel de l'établissement.
4) Procédure de licenciement : en accord avec le Directeur de Division et la Direction du Personnel.

Et nous pourrions continuer...

Et l'on comprend pourquoi la C.G.T. réclame la suppression des règlements intérieurs pour leur substituer la négociation conventionnelle de toutes les conditions de travail.

Mais il est des dispositions qui ne dépendent pas des règlements intérieurs et qui, pourtant, elles aussi, pèsent d'un poids lourd dans les atteintes aux libertés. La Caisse régionale de Crédit agricole mutuel des Deux-Sèvres, à Niort, a réuni ses cadres à la veille d'élections, pour leur conseiller de ne pas se porter candidats aux élections municipales, cantonales ou législatives, car « se présenter à des élections purement politiques, constitue, dans la plupart des cas, une manière de se " couper " d'une partie de la population et cette partie peut parfois être importante en nombre ». Elle les a menacés d'instabilité de poste de travail et de mutation à l'intérieur du département. Elle a souligné que l'appartenance à des catégories socio-politiques ou religieuses présente des inconvénients sur le plan des résultats de l'activité professionnelle. Ces conseils et ces menaces sont en contradiction avec les dispositions du Code électoral, du Code de l'administration communale et du Code du travail.

Le Crédit agricole se croit sans doute obligé d'appliquer à ses employés une réglementation édictée pour les fonctionnaires. En 1975, les ministères de l'Agriculture, du Travail, de la Santé, des Affaires culturelles, ont publié des circulaires visant à définir les catégories de fonctionnaires n'ayant pas droit de grève, sous prétexte d'assurer la « continuité du service public ». Le 8 octobre 1975, une circulaire du Premier ministre interdisait toutes activités politiques dans les locaux administratifs. En février 1976, le ministre de l'Intérieur établissait le droit de censure préalable à l'égard des fonctionnaires tenus « hors service à l'obligation de réserve ». L'application de ces textes n'a pas tardé. Dans le Val-d'Oise, un ingénieur du ministère de l'Equipement est soumis à des pressions pour demander sa mutation, sa femme s'étant présentée à une élection municipale sur une liste d'Union de la Gauche. Dans le Maine-et-Loire, le secrétaire-adjoint de la section syndicale C.G.T. des Personnels techniques et administratifs de ce même ministère, s'est vu blâmer pour avoir cité des chiffres concernant les permis de conduire, au cours d'une conférence de presse. Pire encore, un ingénieur du C.N.R.S. s'est vu refuser l'entrée au Commissariat à l'Energie atomique — son lieu de travail — parce qu'il était fiché comme militant C.G.T. Ainsi se construit, pierre par pierre, un système coercitif sans égal et qui trouve pour gardiens des rapaces acharnés sur les libertés.

Depuis quelque temps, en effet, des sociétés de conseils proposent leur service pour édicter des règlements qui ne soient pas en contradiction avec la loi, tout en enfermant dans un cadre strict, les libertés individuelles des travailleurs. Paul Bregeon, qui s'est illustré chez Berliet comme directeur du personnel, et accoucheur de la C.F.T., a quitté la grande entreprise en juin 1975, à la suite du rôle peu glorieux qu'il avait joué. Il fallait que quelqu'un « paie » la casse. Il n'en a pas moins reçu les félicitations de Paul Berliet pour « sa collaboration dans une fonction qu'il a assumée avec dynamisme et courage dans des circonstances souvent difficiles »; il rentre aussitôt à la Société d'Etude et de Psychologie industrielle, à Lyon, pour « faire du conseil social », et propose aux chefs d'entreprises de la région, un « programme d'action » articulé autour de trois grands principes. Ce programme sera-t-il réalisable ?

Paul Bregeon le pense : « Non seulement quantité d'indices que nous pouvons lire en filigrane dans les événements actuels peuvent nous le laisser espérer, mais une expérience personnelle de trois ans dans une grande entreprise m'en a absolument convaincu. »

« Il est possible d'inverser ce que beaucoup croient être le “ sens de l'Histoire ” (ils s'y engouffrent de peur de rater une nouvelle fois le train, ce qu'ils feront immanquablement — et heureusement — cette fois encore). »

La « politique sociale » préconisée par Paul Bregeon, fruit de son expérience — une expérience qui le fit condamner, le 6 juillet 1976, à Lyon, pour discrimination syndicale — et de ses convictions, est un monument de clairvoyance psychologique, révélateur des tendances qui agitent les patrons de la société giscardienne. Nous verrons, plus loin, que leurs séminaires, leurs cours, leurs journaux, leurs syndicats reprennent plus subtilement les mêmes thèmes, pour illustrer des principes comparables, qui ne sont plus ceux de la « société de participation », et pas tout à fait ceux du poujadisme ou de la « charte du travail » pétainiste. Laissons la parole à M. Bregeon.

« Politique sociale préconisée.

« J'ai été, pendant quinze ans, partisan de la politique contractuelle; je l'ai pratiquée autant et plus que la plupart des cadres dirigeants. Cette politique m'apparaît maintenant dangereuse pour l'Homme et pour la Société. Succinctement, voilà ce que je propose pour la remplacer :

« PREMIER PRINCIPE : NE RIEN FAIRE QUI RENFORCE LE POUVOIR DES SYNDICATS RÉVOLUTIONNAIRES SUR LE PERSONNEL.

« Pratiquement, par la politique contractuelle notamment (mais aussi par certains autres comportements), nous avons aidé les syndicats révolutionnaires (ceux qui ont pour raison d'être l'agitation permanente), à se faire considérer par la population de nos entreprises, ainsi que par la population tout entière, comme les “ intercesseurs universels de la grâce patronale ”.

Nous avons, par là même, favorisé la création d'une énorme masse de manœuvre politique au service des révolutionnaires professionnels, préjudiciable aussi bien à nos entreprises qu'à l'ensemble des institutions libérales, et ne correspondant aucunement aux véritables forces politiques.

« Tout d'abord, il convient de s'habituer à distinguer les syndicats révolutionnaires des syndicats réformistes, même si — en partie du fait de notre attitude à leur égard — le contenu de leurs plates-formes et mêmes parfois les formes de leur action se rapprochent. Ne disons donc plus " les " syndicats, comme si nous les mettions tous dans le même sac, ne faisons plus l'amalgame cher aux révolutionnaires et notamment à la C.G.T., appelons un chat un chat, la C.G.T. : C.G.T., la C.F.D.T. : C.F.D.T., et les syndicats révolutionnaires : syndicats révolutionnaires.

« Je ne préconise évidemment pas de ne pas appliquer la législation sociale concernant la représentation du personnel, même si j'en conteste l'adaptation à notre situation politique.

« Je ne préconise pas non plus la " chasse à la sorcière ". Dans un système libéral (et c'est l'une de ses différences essentielles avec les régimes de l'Est ou ceux qui les imitent), tout homme doit pouvoir exprimer librement ses opinions dans la limite du respect de la liberté des autres.

« Je ne préconise aucune violence physique, qui peut sans doute paraître préférable à la lâcheté, mais qui n'a ni la même valeur morale, ni la même efficacité que la non-violence active et courageuse de l'homme qui affirme sa vérité et qui ne craint pas celui qui le menace.

« Ce que je préconise, c'est d'utiliser nous-mêmes, et au niveau des directions d'abord, la liberté dont nous jouissons encore pour exprimer nettement et courageusement nos opinions, même et surtout si elles ne sont pas " dans le vent ". Nous aiderons ainsi la majorité silencieuse (ou tout au moins certains de ses membres, pour débuter) à parler conformément à sa conviction profonde. Quand nous aurons vaincu notre peur, un très grand pas aura été franchi; nous ne serons plus des " tigres de papier ", et nous serons étonnés de nous apercevoir que l'adversaire n'ose plus mordre. Il importe en particulier de savoir refuser quand on pense devoir le faire, et se tenir ensuite à sa décision.

« Je préconise de faire revivre toute notre hiérarchie d'encadrement contre laquelle Lénine savait que le parti révolutionnaire le mieux organisé s'userait en vain les dents, tant qu'elle subsisterait. Or, nous avons tout fait pour que le personnel ne fasse plus confiance à ses chefs. C'est par les syndicats, notamment révolutionnaires, que le personnel reçoit les informations sociales, et non pas par la hiérarchie, ou bien par décision d'une direction anonyme dans le cadre des mesures administratives " arrachées " par ces mêmes syndicats. Il faut que toutes les mesures sociales générales soient portées à la connaissance du personnel par la hiérarchie, et que le maximum des mesures individuelles soient décidées à son niveau, c'est-à-dire au niveau où le problème peut être connu.

« DEUXIÈME PARTIE : RESTAURER L'AUTORITÉ DE LA HIÉRARCHIE.

« Il importe d'abord de la choisir en conséquence.

« Ce devrait être évident, mais il vaut mieux être clair : sauf cas particuliers, il est déraisonnable, et même dangereux, de placer en position de commandement des hommes dont les objectifs personnels sont de détruire la société libérale. (Il est toujours possible de faire glisser ces hommes progressistes vers des postes de techniciens, même hautement qualifiés.)

« Cette condition n'est évidemment pas suffisante. Il faut encore que ces hommes de commandement possèdent les qualités requises pour commander à d'autres hommes, qu'ils veuillent le faire, et qu'ils soient animés de sentiments altruistes leur permettant de comprendre les aspirations de leurs subordonnés, comme de leurs pairs et de leurs supérieurs, mais sans faiblesse. Parmi toutes les qualités requises, le courage est certainement, dans la période actuelle, le plus indispensable. Mon expérience m'a conduit à penser que des hommes de ce type, se trouvaient en quantité suffisante pour encadrer nos entreprises, à condition qu'ils soient eux-mêmes commandés par des hommes faisant preuve tous les jours de la même qualité.

« Notre premier devoir c'est d'appeler les membres de l'encadrement à " reprendre le pouvoir ", ce dont nous les avons détournés, notamment par notre attitude vis-à-vis des syndicats révolutionnaires, mais aussi par une mauvaise compréhension du rôle des " fonctionnels ". Ils peuvent déjà beaucoup entreprendre dans le cadre des responsabilités qui leur sont déjà — ou encore — déléguées. J'ai, pour ma part, expérimenté des procédures (de formation notamment) qui ont été efficaces pour progresser dans cette voie.

« Il s'agit ensuite, progressivement — et même individuellement — d'élargir leurs marges d'autonomie, notamment en matière sociale. A l'Ouest comme à l'Est, nous avons pris l'habitude de traiter administrativement les hommes : “ vous avez tel sexe, tel âge, telle formation, vous avez droit à tel avantage ”. C'est ce qu'on croit être la justice ! et l'on fait davantage confiance aux règles administratives qu'aux hommes ! singulier humanisme...

« En somme, il faut faire en sorte que le conseil que nous donnions déjà aux hommes de la hiérarchie, en cycles de formation, voilà quinze ou vingt ans “ traitez chaque homme comme un homme ”, soit enfin applicable, et passe réellement dans les faits.

« TROISIÈME PRINCIPE : CHERCHER A SATISFAIRE AU MIEUX LES ASPIRATIONS PERSONNELLES DE CHAQUE FEMME ET DE CHAQUE HOMME.

« Ce n'est possible que dans la mesure où l'on redonne le pouvoir à la hiérarchie, qui seule peut connaître les problèmes qui se posent à chacun de ses subordonnés. C'est d'ailleurs à ce niveau qu'on peut imaginer les solutions (dans un cadre général à définir — la direction pouvant, par exemple, définir plusieurs hypothèses de solution pour un cas déterminé, au lieu d'une mesure automatique et unique).

« C'est nécessaire, parce qu'il n'est pas vrai que tous les hommes et toutes les femmes aient les mêmes besoins et les mêmes aspirations.

« Il n'est pas vrai que tous les hommes souhaitent des tâches élargies ou enrichies, ou des marges d'initiatives qui comportent des risques. Certains le désirent ardemment, d'autres les redoutent (et quel que soit le niveau de qualification). Il faut pouvoir satisfaire les uns et les autres.

« Il n'est pas vrai que tous les hommes trouvent juste qu'à qualification égale tous soient payés égalitairement, au nom d'une soi-disant application du principe “ à travail égal, salaire égal ”.

« Il n'est pas vrai que tous les hommes souhaitent ne travailler que quarante ou trente-cinq heures par semaine (ou ne pas dépasser quarante-six heures de travail par semaine).

« Il n'est pas vrai que tous les hommes souhaitent faire les mêmes horaires, prendre leurs vacances à la même période.

« Il n'est pas vrai que tous les hommes souhaitent prendre leur retraite à soixante ans, etc.

« Ces plates-formes égalitaires, que nous croyons souvent " progressistes ", nous détournent, au contraire, du véritable épanouissement de chaque homme. Mises en application, non seulement elles feraient perdre tout sens à la vie, mais encore elles feraient de l'humanité un troupeau de Panurge, se précipitant sans réflexion, dans le pire des régimes " hitlérien " ou " communiste ". Permettre par contre aux membres de la hiérarchie de prendre enfin des mesures personnalisées et " personnalisantes ", et voilà que l'homme cesse d'être un numéro matricule, voilà l'ESPOIR qui pour lui renaît... »

C'est clair ! Aux oubliettes les illusions sur l'extinction de la lutte des classes. Il faut chercher de nouvelles formes, plus raffinées, pour tenter, du côté patronal, de la faire oublier, pour tendre des pièges dans lesquels les travailleurs pourraient être pris.

Or ces principes clairement exprimés sont déjà mis en application dans un nombre grandissant d'entreprises où, curieusement, les syndicats majoritaires ne sont pas seulement C.F.T., mais aussi réformistes, qu'ils s'appellent Force Ouvrière, ou Confédération française des Travailleurs Chrétiens, nouvelle formule. La mise en pratique de la « méthode Bregeon » conduit rapidement aux atteintes au droit du travail, aux agressions et provocations, aux licenciements abusifs, aux fraudes électorales et au chantage. Les délégués des syndicats « révolutionnaires » sont les premiers visés, puis leurs militants, puis leurs sympathisants. Comme le dit M. Bregeon, le patronat « exprime nettement et courageusement ses opinions ». François Beghin, par exemple, le monarque du sucre de betterave, a été particulièrement clair en s'adressant, le 24 juin 1976, aux actionnaires de la société : « Tant qu'il ne sera pas possible " d'éliminer " des délégués dont le seul but est de nuire constamment à la bonne marche de l'affaire et de détruire l'outil de travail, nous continuerons d'être à la merci de ce qu'il faut bien appeler la dictature des syndicats, qui se fait de plus en plus pesante sur l'ensemble de l'industrie... »

Quand le rapport au sein de l'entreprise est favorable à la direction, il est en effet, pour celle-ci, facile d'éliminer les militants syndicaux ou politiques. C'est ainsi qu'à Peugeot-Vesoul, la section syndicale C.G.T. et la cellule communiste ont été décapitées un moment par des patrons sûrs de leur force. Un militant de la Haute-Saône nous explique : « Nous avons eu, un moment, une cellule d'une certaine envergure, une cinquantaine d'adhérents. Nous avons même pu organiser une école fédérale du soir. Il y avait, dans l'entreprise, une activité militante, syndicale et politique. Alors, le patron a convoqué et le secrétaire de cellule et le responsable C.G.T. et leur a dit : " Il y en a assez de ce cinéma. Ou bien vous acceptez d'entrer dans la hiérarchie de l'usine, ou bien vous prenez la porte demain. " Matériellement, pour ces deux camarades, la situation, s'ils étaient renvoyés, allait devenir extrêmement difficile. Peugeot monopolise le travail à Vesoul. Politiquement, il ne fallait pas marcher. Mais le rapport de forces était tel qu'une action contre ce chantage était peu envisageable. La direction le savait bien qui pratiquait l'écrasement total. Ces deux camarades sont donc rentrés dans la hiérarchie. Pas pour très longtemps, car Peugeot a fini par les renvoyer. Mais à les voir arriver en blouse plutôt qu'en bleu de travail, les travailleurs n'ont pas compris. Et cela a été très difficile de leur expliquer... »

Roger Ganache, prêtre, aumônier départemental de l'Action catholique ouvrière, et de ce fait en contact avec de nombreux militants ouvriers de l'usine Citroën de Rennes, nous parle d'un autre exemple :

« ... H... est un travailleur qui a de nombreuses années de présence dans l'entreprise. Il était toujours retardé pour être commissionné. Un jour, un agent recruteur qui le connaissait bien et qui lui était favorable, lui dit : " Ce que tu ne peux obtenir, je peux te le faire avoir, à condition que tu prennes une carte C.F.T. C'est le prix pour toi vu ton passé. Prends une carte et ça effacera tout. "

« L'agent m'a baratiné pendant plus de trois heures, me disant : " Pense à tes gosses... ta femme aura ainsi plus, au moins 100 F par mois... Personne n'en saura rien... "

« Le soir j'en ai parlé à ma femme qui fut catégorique : " Je ne veux pas de cet argent-là chez nous. "

« Le lendemain, l'agent revenait à la charge. Je refusais

toujours de prendre ma carte. Alors il me dit : " Je vais essayer que tu sois quand même commissionné. " Mais je n'ai pas été commissionné, et par la suite, l'agent recruteur m'a avoué ceci : " J'étais chargé de te faire prendre ta carte C.F.T. "

« Pour avoir refusé d'adhérer à un système où l'on pense pour vous et où l'on vend sa liberté, j'ai paumé du fric, je suis redevenu manœuvre, isolé jusqu'au dernier des points, de peur que je contamine les autres. A Citroën, je peux dire en un certain sens que j'ai tout perdu : qualification, promotion, salaire, réputation, amis. Et il ajoutait : " C'est ainsi pour beaucoup. " »

Quand, par contre, les syndicats sont assez puissants et la conscience politique des travailleurs assez élevée, d'autres moyens sont employés. Les cas sont innombrables. Au Crédit Lyonnais, par exemple, la montée de la répression est particulièrement visible. En juin 1975, des avertissements sont infligés aux délégués du personnel qui ont pris la parole dans les services conformément aux usages. En juillet, une nouvelle réglementation remet en cause le droit de réunion, les droits du Comité d'Etablissement, la convention collective et le droit à l'information; des membres du Comité d'établissement sont blâmés, et son secrétaire doit payer une amende sur salaire (400 F). En septembre, les crédits d'heures accordées pour assister à des réunions syndicales sont amputés. En novembre, les congés exceptionnels accordés pour assister au Congrès du syndicat C.G.T. des employés du Crédit lyonnais sont supprimés, etc.

Chez Gillet-Thaon, un délégué C.F.D.T. est licencié en juillet 1975. Il a près de quarante ans de présence, dont quinze comme délégué. De profonds ennuis familiaux (décès de son épouse, maladie grave pour lui-même, maladie grave de sa mère) le mettent en état dépressif. La direction le pousse à démissionner. Son âge et son état lui paraissent des éléments suffisants pour lui proposer sa mutation dans une autre usine du groupe, son déclassement ou plus simplement, son licenciement. Sans consulter le Comité d'établissement, sans avertir l'Inspection du travail, et en faisant usage de faux, puisqu'elle inscrit sur le registre du personnel « départ volontaire », elle le licenciera. La justice a entériné.

Chez Rhône-Poulenc, 10 délégués (8 C.G.T. et 2 C.F.D.T.) ont été sanctionnés en janvier 1976, de deux jours de mise à pied, pour avoir effectué une collecte de solidarité pour les grévistes d'un autre établissement de Rhône-Poulenc à Chalampé, dans le Haut-Rhin.

« Le règlement intérieur interdit les collectes dans l'usine », devait déclarer la direction. Comme il interdit aussi le droit des syndicats de réunir leurs adhérents dans d'autres lieux que la salle de conférences; le droit des délégués de rendre compte de leur mandat en réunissant les travailleurs d'un atelier; le droit des délégués de discuter les revendications directement avec la direction, etc.

Chez Peugeot-Sochaux : en 1970, Peugeot met en place des bons de délégation. Depuis, les délégués doivent attendre qu'un agent de maîtrise leur remette un bon de délégation signé. Il y a donc autorisation préalable de l'employeur qui délivre en fait, au délégué, une autorisation de circuler dans l'entreprise. Nous sommes en pleine illégalité, car rien n'oblige un délégué à se soumettre à une telle inquisition. Il est seulement tenu d'avertir son chef de son absence à son poste de travail.

De plus, le délégué est arrêté constamment par la maîtrise, au cours de ses déplacements dans l'entreprise, et doit présenter son bon. L'organisation du travail est telle que les délégués doivent se rendre très souvent dans l'usine en dehors de leurs heures de travail : la direction les oblige à prendre un bon de délégation en défalquant ainsi les heures passées dans l'usine sur leur contingent alloué pour le mois. Enfin, les prises de parole dans l'enceinte de l'usine sont interdites.

Appelé à juger ces entraves à la liberté syndicale, le tribunal correctionnel de Montbéliard tranchait, le 18 juin 1976, d'une manière particulièrement ferme. Avec soixante-dix « attendus », le « sieur Delubac Jacques », directeur du personnel et des relations sociales, était déclaré « coupable des délits d'entrave à l'exercice du droit syndical, d'entrave à l'exercice régulier des délégués du personnel et de prise en considération de l'exercice d'une activité syndicale pour arrêter sa décision en ce qui concerne l'octroi d'avantages sociaux et les mesures de discipline des personnes précitées, prévus et réprimés par les articles L. 421-1, L. 412-4, L. 461-3, L. 462-1, L. 412-2 et L. 461-3 du Code du travail... » Le même jour, sur plainte de la C.F.D.T., le même tribunal condamnait un certain nombre de cadres de « Peugeot » pour « entrave au fonctionnement du Comité d'établissement et, pour l'avenir, à la libre désignation de ses membres ». Les attendus du jugement étaient une fois encore particulièrement instructifs. Peugeot interdisait aux membres du Comité d'établissement et aux délégués du personnel, d'accéder aux « secteurs confidentiels », et de discuter avec les membres du personnel. Peugeot interdisait la diffusion du journal du comité dans l'enceinte de l'établissement. Peugeot, enfin, surveillait d'une manière « inquisitoire et abusive » les délégués au cours de leurs déplacements.

Aux Assurances du groupe de Paris, des avertissements ont été infligés à des délégués du personnel ou à des délégués syndicaux pour « harangue au personnel au travail et distribution de tracts », pour collectes, pour « violences psychologiques à l'encontre du personnel ». En février 1976, un délégué du personnel s'est vu retenir 1 256,71 F sur sa paie de janvier pour dépassement d'heures.

M. Gaillard lui-même, directeur de la S.I.T.E.R., et qui recruta les « paras » de Saint-Etienne, se fait condamner, le 12 février 1975, pour atteinte à l'exercice régulier des fonctions de délégué du personnel. La fréquentation conjointe d'hommes du monde et d'hommes de main, a donné à M. Gaillard de l'assurance et du franc-parler. Bernard Thomas n'en revient pas encore, de s'être entendu dire, lui et ses camarades : « Je vous emmerde tous les trois, et votre plainte, vous pouvez vous la " carrer dans le c... ", " je vous donne un conseil, changez de crémerie ", etc.

M. Gaillard, il est vrai, travaille en étroite liaison avec la C.F.T., avec Berliet, avec Peugeot. Berliet et Peugeot se sont fait condamner, comme Gaillard, pour entraves à la liberté syndicale.

Claude Blain, par contre, ancien légionnaire, militant C.F.T. à Strasbourg, n'a pas osé porter plainte contre son patron et son « syndicat ». Délégué C.F.T. du personnel, il a pourtant été licencié de la Général Motors, le 30 mars 1973... après accord entre la direction du personnel et Albert Schœner, secrétaire confédéral C.F.T.

L'exemple vient encore une fois de haut : le gouvernement donne le ton, en autorisant, malgré l'opposition de l'Inspection du travail, le licenciement des vingt-quatre délégués de l'entreprise S.O.P.A.A., dans l'Artois, ou en faisant inculper quatre délégués du personnel de l'entreprise Poclain, pour vol et séquestrations.

Le patronat, qui s'attaque d'abord aux délégués, n'hésite pas cependant à affronter les militants.

En septembre 1975, le syndicat C.G.T. des usines Citroën de Rennes distribue aux portes de l'usine un tract ronéotypé sur papier jaune. Il y est dit :

« Cela se passe à Rennes, aux usines Citroën, à quelques jours des élections de délégués du personnel qui doivent avoir lieu, le 10 septembre.

Premier exemple : M. Le Dall travaille chez Citroën, il est syndiqué C.G.T. Un jour, il est appelé chez Tanguy, son agent de secteur. Voici la conversation :

TANGUY. — Monsieur, vous êtes syndiqué à la C.G.T. Cela n'est pas bien chez Citroën. Ce n'est pas autorisé, et vous savez, ce sont tous de sales communistes.

LE DALL. — Cela ne vous regarde pas, je peux me syndiquer où je veux.

TANGUY. — Vous pouvez chercher du travail ailleurs.

Deuxième exemple : Mlle Grodois est syndiquée C.G.T., depuis peu, mais la direction le sait déjà. La direction a des doutes, les avertissements et mises à pied pleuvent, et quelque temps après elle est licenciée pour motif de sécurité.

Troisième exemple : Un travailleur fait acte de candidature sur la liste C.G.T., aussitôt il est appelé au bureau de l'agent de secteur. Trois individus l'attendent (...) Pendant plus de cinq heures, il subit une séance de pressions, intimidations et menaces. A bout de nerfs, il craque et démissionne.

Quatrième exemple : Le 3 septembre, la C.G.T. diffuse un tract dans l'entreprise; il y a quatre militants C.G.T., la direction envoie ses hommes pour provoquer les délégués et empêcher la diffusion. Ils sont plus de dix (...) Le 4 septembre, c'est le même scénario (...). »

A ces exemples parmi tant d'autres, ajoutons-en quelques-uns.

Citroën encore, et son usine de Cormelles-le-Royal. Mireille Bouvet, écrit son mari Daniel, « fait la connaissance de Désiré, camarade de chaîne. Ils sympathisent tous deux et prennent l'habitude de bavarder, et de boire leur café ensemble. Elle constate qu'à partir de ce jour, elle est, de la part de la direction, l'objet d'une surveillance particulière. Ce sont les embêtements qui commencent. Elle ne travaille plus jamais à la même place, un jour ici, un jour ailleurs (...) la raison de ces brimades, elle ne l'apprend que plus tard : Désiré, son camarade, est délégué de la C.G.T., et la direction voit d'un mauvais œil que, dès son entrée à l'usine, une ouvrière se lie d'amitié avec un délégué C.G.T. (...) On fait comprendre à ma femme qu'il vaudrait mieux pour elle qu'elle mette fin à cette camaraderie. Naturellement, Mireille ne tient pas compte de ces menaces.

« Alors les pressions s'accentuent. Elle ne peut plus faire un pas sans qu'on lui en demande la raison : " Où allez-vous ? Pourquoi cessez-vous de travailler ? " Elle est surveillée, entourée, chacun de ses pas est compté (...) on finit par la muter dans un autre atelier... »

Les mêmes phénomènes se reproduisent chez Simca, autre fief de la C.F.T. : « Au poste de travail, il ne faut pas parler à un délégué C.G.T. sous peine de recevoir un avertissement avec amputation sur le salaire, ou mutation, changement de poste dans un lieu où le travail est encore plus pénible; promotion compromise, pas d'augmentation, etc. »

Un témoignage devant le tribunal de Poissy, le 18 novembre 1974, illustre particulièrement bien le phénomène des mutations : « M. El Hadj Baidi travaillait au B 3, chaîne 20 depuis huit ans, sans changer. Au mois de mai ou de juin 1974, il a été muté à la chaîne 24. Il travaille en 2 × 9. Le 25 septembre 1974, il a été mis à pied jusqu'au 8 octobre inclus. Il a repris son travail le 9 octobre 1974. Depuis cette date, il a sans cesse été muté. Après avoir pendant deux jours vu au cinéma de l'entreprise comment il faut travailler, comment il faut monter les pièces :

« M. Baidi a été muté au B 5 (presses) pendant trois jours, puis envoyé un jour au bureau des mutations; muté au B 2 (chaîne moteurs) pendant un jour et demi, puis envoyé au bureau des mutations; muté au B 3 (à la plonge) pendant trois jours, puis envoyé un jour au bureau des mutations; muté au B 3 (peinture, lavage) deux jours, puis envoyé un jour au bureau des mutations; muté au B 3 (ferrage pinces) deux jours.

« Le mardi 24 octobre 1974 au soir, M. Baidi a été mis à pied. Il a été envoyé une fois de plus au bureau des mutations (cinquième fois en moins d'un mois) où il lui a été dit : " Beaucoup de chefs qui travaillent avec toi disent que tu n'es pas bien et que tu n'y arrives pas. " M. Baidi a répondu : " Monsieur, ce n'est pas possible de travailler un jour ou deux dans un poste que je n'ai jamais connu, et où je viens d'arriver. " Il lui fut alors répondu : " Bon, on va voir ça avec le chef du personnel, repars et attends la lettre recommandée. " M. Baidi a eu deux avertissements fin septembre, le même jour, parce qu'il n'y " arrivait pas ".

« Il avait eu le tort d'adhérer à la C.G.T. »

Tout au contraire, certaines entreprises n'hésitent pas à concentrer certains ouvriers dans un même secteur, des sortes de « ghettos syndicaux » pour éviter la prolifération d'idées qu'elles jugent néfastes, et rendre les contacts avec les autres travailleurs plus difficiles. Ou, plus subtilement, si elles concentrent ces travailleurs à des postes relativement faciles, c'est pour faire naître, chez d'autres ouvriers, une convoitise légitime dont elles sauront profiter. En donnant, dans ces cas exceptionnels, à des militants de la C.G.T. ou de la C.F.D.T., des postes confiés généralement à des syndicalistes maison, ou en créant des postes inutiles (ainsi, chez Shell à Petite-Couronne), la direction de ces entreprises brouille les cartes. Le discrédit s'installe sur les organisations syndicales ouvrières et le patronat en tire profit.

Mais il va encore plus loin, lorsqu'il fabrique des faux contre les grandes centrales syndicales, en se gardant bien de signer du nom d'une de ces centrales. La direction des établissements Brauche, à Marseille, a tenté ce genre d'expérience, en mai 1976, dans l'espoir d'affoler un peu ses employés. Le piège était tout de même trop grossier :

SYNDICAT DES TRAVAILLEURS DES TRANSPORTS
ET TRANSIT

**MOBILISATION
DES
TRAVAILLEURS**

Face à une direction de combat qui ne veut pas admettre nos légitimes revendications, il faut agir...

Développons l'action par des arrêts de travail partout pour faire céder le patronat.

IL FAUT BRISER LES RESISTANCES

Nous ne craignons pas le combat et devant la menace d'une reprise de l'activité, bloquons toute expansion en créant :

LE DESORDRE,

LA CONFUSION

Il faut casser la baraque. Si la société s'écroule, nous resterons confiants.

CHANGER LA SOCIETE

On aura droit, comme les autres, au chômage, et on pourra clandestinement intensifier la lutte.

Section Syndicale,
AGENCE DE MARSEILLE.

Franchissons un certain nombre de paliers dans cette chasse au militant. Après l'étage des mutations, vient celui des pressions. Daniel Bouvet, délégué C.G.T., se voit proposer 2 800 F par son chef de service, un mois de salaire et ses congés payés, s'il part de l'usine.

A Mulhouse, les nouveaux candidats aux élections chez Peugeot ont été systématiquement convoqués par la direction ou la maîtrise du secteur. On s'y étonne d'apprendre qu'ils étaient à la C.G.T. : « On avait justement une promotion pour vous », et puis « la C.G.T., c'est communiste », etc.

Presque partout, les fouilles sont habituellement pratiquées à la sortie des usines. A Mulhouse et à Vesoul, Peugeot emploie un moyen supplémentaire de pression : les perquisitions à domicile. Aussi exorbitant que cela puisse paraître, cette entreprise s'est maintenant arrogé le droit, jusqu'ici réservé, nous semble-t-il, à la police — et dans des cadres juridiques bien précis. Peugeot se place ainsi hors la loi, sans que s'émeuvent les forces de l'ordre.

Marc Meillan, responsable C.G.T. des Métaux, nous en parle :

« De nombreux travailleurs sont les victimes de ces perquisitions. Elles sont effectuées par les gardes de Peugeot sur dénonciations par lettres anonymes. Les gardes vont chercher le travailleur à son poste de travail. Ils lui font signer un papier acceptant la perquisition, et l'emmènent chez lui, pour la faire sur-le-champ. Si le travailleur est réticent, des menaces lui sont faites indiquant que c'est la police qui l'effectuera avec un mandat de perquisition. Et dans les petits villages, avoir la police à domicile, c'est infamant.

« Dans un secteur de l'usine, l'outillage sud, un de nos meilleurs militants vient d'en subir une. Une procédure de licenciement est engagée par Peugeot. Il a été trouvé chez lui vingt-huit forets et trois fraises récupérés à la poubelle et un moteur d'essuie-glace. On l'accuse — sans preuve — d'avoir volé des fraises de prototype. »

André Muré, responsable de l'U.S.T.M. du Haut-Rhin, évoque un autre cas :

« Un travailleur avait fait réparer sa voiture, et la direction Peugeot en a été informée. Il a été contacté par les gens du gardiennage qui, très gentiment, très calmement, l'ont entretenu qu'il y avait des vols dans l'entreprise, un petit allume-cigare par-ci, un moteur d'essuie-glace par-là. Et puis ils lui ont parlé des réparations de voitures, qu'il avait dû en profiter pour... comme tout le monde ! Le gars a reconnu, pour avoir la paix. On lui a fait signer une feuille en lui disant : “ On va arranger ça puisque tu as avoué; on va aller chez toi, pour vérifier. ” Ils se sont présentés à trois, à cinq heures du matin... Le gars avait une facture du garagiste, ils ont quand même fouillé partout, et on trouve toujours quelque chose, une clef tordue ou loupée qui a été jetée, puis récupérée. C'est normal dans une région où se fait tout l'outillage “ Peugeot ”. Mais cela prouve aussi que pour Peugeot le travailleur est un voleur avant tout. »

Troisième étage : les menaces. Déposition de Lakhal Abdel-Kader, ouvrier chez Chrysler :

« Dans les cars, ils cherchent à se battre avec moi. Au travail, ils viennent souvent me voir pour m'insulter et m'énerver. Ils cherchent par tous les moyens à me provoquer pour m'obliger à me battre... »

Chez Chrysler, toujours... Un candidat C.G.T., M. Akki, est provoqué dans l'entreprise : grossières insultes, jet de crachats sur la figure, menace de mort de la part de Zloczewski (C.F.T.). Plainte déposée. Le 1er décembre, menaces de mort de Nait et Tounti contre Chaieb. Le 7, menaces de Nait contre M'Bareck. En tout, de mai 1975 au 1er mars 1976, quinze menaces, y compris de mort, contre des militants C.G.T.

Quatrième étage : les agressions. Le 21 juillet 1974, Ahmed Hocine est agressé chez Chrysler pendant son temps de travail et à son poste de travail, par les C.F.T. Mansouri, Millard et Prioset. De plus, ils lui prennent son portefeuille et lui volent sa carte C.G.T. Le 7 octobre, Heleno-Alves est frappé dans une cabine de peinture. Le 18 juillet 1975, Chaieb est agressé par un commando C.F.T. identifié, et doit subir une hospitalisation de près de deux mois. Le 21 juillet, Lafdil est sauvagement agressé dans l'entreprise par Tounti, militant C.F.T. Il est dans l'incapacité de travailler pendant plus de deux mois. En février 1975, tentative de meurtre sur Mokhtar. Un autre membre de la C.G.T., Lakhal, a été jeté d'un train entrant en gare... Un autre encore, a été frappé à la figure, avenue du Maréchal-Juin à Mantes-la-Jolie, par des militants C.F.T. qui lui ont dit aussi : « Nous te tuerons, un de ces jours, si tu continues avec ta C.G.T... »

Cinquième étage : les enlèvement et les séquestrations. S'il est assez difficile d'enlever et de séquestrer des ouvriers français, le risque est moins grand avec des étrangers qui vivent seuls et souvent en foyer géré par l'usine. Abdel-Kader Lakhal a été ainsi séquestré pendant vingt jours par ses employeurs, la société Chrysler, dans la petite chambre d'un foyer. Les « prises de corps » ne peuvent cependant jamais passer inaperçues, la solidarité ouvrière exerçant une vigilance de tous les instants. D'autres méthodes ont été trouvées pour se débarrasser de militants syndicaux particulièrement actifs. Des rapports excellents semblent s'être créés, à cette occasion, entre la police française. la police marocaine et les directions de Simca, Peugeot et Kléber-Colombes. A la suite des vacances d'été 1973, des syndicats C.G.T. ont constaté la disparition de plusieurs travailleurs marocains immigrés en France. Chez Kléber-Colombes, quatre ouvriers avaient été arrêtés, et chez Peugeot un autre. L'un d'eux, libéré, nous raconte son incarcération :

« Le 5 septembre, je me rends à l'aéroport de Nouaffer, à Casablanca, à 6 h 30 du matin. J'étais dans l'avion. A cinq minutes du décollage, j'ai été appelé au micro. Je me suis présenté à la personne qui m'appelait, ceci toujours à l'intérieur de l'avion. Il m'a demandé si j'avais des bagages. J'ai dit oui.

« Il m'a dit de les prendre et de descendre de l'avion. Il m'a emmené au poste de douane du terrain d'aviation et de là au commissariat de Casablanca. Ce commissariat s'appelle El-Maaris. Demande de renseignements, d'identité. Ils m'ont retenu deux jours. Le troisième, les yeux bandés, et menottes aux mains, ils m'ont emmené au commissariat du 2e Bureau, à la sortie de Casablanca, en allant dans la direction de Rabat. Si je peux situer approximativement l'endroit, c'est qu'il y a un zoo dans ces environs, et j'ai perçu plusieurs fois le cri des animaux. Là, j'ai été détenu pendant soixante-quatorze jours, avec constamment les menottes aux mains et les yeux bandés, dans une chambre de 4 m^2 environ, où l'on était douze personnes. Droit à la douche, une fois par mois. Coiffeur une fois par mois (complètement rasé). Nourriture le matin, un verre de thé et une lèche de pain. A midi, une poignée de petits pois à l'eau. Le soir, un peu de semoule avec une lèche de pain.

« On était couché à même le sol, avec une couverture. Il était constamment interdit de se mettre debout. Pour aller aux W.-C., il fallait appeler, et on nous guidait. On nous appelait par numéro. J'avais le numéro... J'ai subi un interrogatoire le quarante-quatrième jour, à deux heures du matin. On m'a donné du café et des cigarettes. On m'a demandé si j'avais été étudiant. J'ai répondu par l'affirmative. Que fais-tu actuellement en France ? Je suis ouvrier chez... Que fais-tu pendant tes loisirs ? Avec qui sors-tu ? As-tu des amis français ?

« Adhères-tu à un parti politique ? J'ai dit non. Ils m'ont répondu : " On fera une enquête, on verra. " Cinquante-quatrième jour : nouvel interrogatoire, mêmes questions. Soixante-quatrième jour, nouvel interrogatoire, mêmes questions. Ils m'ont relâché ce même jour, en insistant pour qu'à mon retour je ne dise rien. Ils m'ont recommandé de me faire faire un certificat médical pour expliquer mon absence. On m'a emmené dans une voiture, les yeux bandés et menottes aux mains. Après plusieurs kilomètres, ils m'ont enlevé menottes et bandeau sur les yeux. Nous étions dans une *Fiat 125* noire. Ils m'ont déposé au centre ville de Casablanca. Très amaigri, je suis retourné dans ma famille. Ils étaient en souci et au courant de mon arrestation depuis quatre jours, par mes camarades de France qui avaient réussi à trouver une filière pour les avertir. Depuis le début, ils ont cherché à le faire par courrier et télégramme, mais cela ne parvenait pas à ma famille, soit étant intercepté par la police politique, soit retourné à l'envoyeur. Je restais deux jours dans ma famille, le troisième, je suis entré à l'hôpital de Fez. Cet hôpital s'appelle El Ghassani; ils m'ont soigné, retapé physiquement, puis opéré des hémorroïdes. Le 28 décembre, j'ai pris l'avion à Casablanca, pour rentrer en France. Actuellement..., on ne veut pas me réembaucher, prétextant que j'étais absent sans motif, et sans avoir averti l'entreprise. Pendant ma détention, j'ai connu un délégué de chez " Simca ". Il était dans ma cellule. Il n'a pas donné son nom, parce qu'il est interdit de parler, mais il m'a fait comprendre que plusieurs de ses camarades avaient été arrêtés en même temps que lui. »

Le consulat marocain confirmera les arrestations. Le ministère des Affaires étrangères français s'est déclaré dépourvu de moyens d'actions juridiquement fondés. Et en juillet 1976, de nouvelles arrestations et séquestrations se produiront.

On en compte quatre-vingt-trois.

A Me Charles Ledermann, mandaté par la C.G.T. pour se rendre au Maroc, afin de tirer ces hommes des geôles marocaines, le Procureur général du Roi a dit : « C'est impossible de libérer ces hommes, surtout au Maroc. S'ils ont été arrêtés, c'est pour des affaires intérieures marocaines. » Mais les jours suivants, il faisait quand même libérer deux travailleurs, Chabouma et Chaieb, auxquels on reprochait leur activité à la C.G.T. en France.

Un exemple encore : en avril 1976, un travailleur agricole marocain, militant C.F.D.T., qui manifestait dans l'Hérault avec d'autres ouvriers également marocains, était interpellé par la police de M. Poniatowski, qui saisissait sa carte syndicale et le menaçait d'expulsion et de dénonciation aux autorités marocaines.

Début juillet ce travailleur recevait du Maroc un télégramme lui annonçant la mort de son père. Il partit aussitôt. A son arrivée, il trouvait celui-ci bien vivant mais était arrêté par la police marocaine. Enfermé dans une cave, il était alors torturé à l'électricité à quatre reprises, entre le 12 et le 14 juillet. Libéré, il était arrêté à nouveau, pour une durée de quatre jours, pendant lesquels il fut à nouveau torturé à l'électricité à sept reprises, et plongé dans des baignoires d'eau glacée. Au cours de ces « interrogatoires », les inspecteurs marocains lui présentèrent un dossier des grèves de 1976 dans l'Hérault. Un dossier complet, avec une série de photos et de noms de syndicalistes, tant français qu'immigrés. Avant d'être relâché, on lui proposa de collaborer à l'Amicale des Travailleurs et des Commerçants marocains en France, officine policière et officieuse du régime marocain. En cas d'acceptation, toutes facilités pour son travail et son séjour en France lui étaient assurées.

Combien apparaissent dérisoires les déclarations que m'avait faites M. Durafour, alors ministre du Travail, lors d'une délégation à propos de Chrysler, où il m'avait fait part du souci du gouvernement français de ne pas intervenir dans les affaires d'un pays voisin, en l'occurrence le Maroc. Car c'est à l'évidence le gouvernement lui-même qui, par l'entremise de son ministre de l'Intérieur, fournit à la police marocaine tous les dossiers dont elle a besoin, y compris ceux de travailleurs français. Et il n'y a que le gouvernement qui puisse donner aux policiers marocains la possibilité d'opérer en territoire français, en collaboration avec l'Amicale des Travailleurs et des Commerçants marocains en France. Un véritable dispositif est ainsi mis en place entre les polices des deux pays, les directions d'entreprises et la C.F.T. pour assurer une surveillance constante des travailleurs marocains et les soumettre à des violences qui peuvent aller jusqu'à la torture...

Reste enfin le sommet de l'échelle, les injures publiques, les allégations diffamatoires et les machinations. Tout commence le plus « simplement » du monde : mutations, menaces, agressions. Alfonso Camposeo, ouvrier italien de trente-six ans, employé chez Citroën à Levallois, délégué C.G.T., se fait dire par M. Thernissien : « Rentre chez toi, sale rital; fous le camp, raton, étranger, tu viens semer la pagaille avec les autres bicots... » Il porte plainte. Tout s'éteint. Quelques mois plus tard, un tract circule dans l'usine :

Ballade pour un « Campozero ».

De ton pays tu es venu
On peut l'affirmer, le « cul nu »
Pays où l'anarchie règne depuis longtemps
Camposeo, ici, voulut en faire autant.
Prétentieux, il voulut faire la loi
Dans les usines de Levallois.
Tu te vantes d'être un vrai prolétaire
Mais t'es quand même propriétaire,
Toi l'affreux larbin d'un Duclos fascisant,
Entre ses mains t'es un jouet amusant
Camposeo, triste et infâme individu !
Ne sens-tu pas qu'ici la partie est perdue ?

Orgueilleux, vaniteux, arriviste,
Tu es considéré comme un joli fumiste.
« Camposeo-coco », tu n'es plus rien.
Aux élections, t'es battu bel et bien.
Même tes amis d'atelier t'ont renié,
Quarante-sept fois ils t'ont rayé.
T'aurais aimé qu'ton mandat dure,
Mais tout le monde t'appelle « ordure ».
Camposeo, ex-délégué...
A tout jamais t'es relégué.
T'es une crapule, t'es une fripouille !
Pars donc chez toi manger tes nouilles !!
Au lieu de nous casser les...

C'est l'étonnement. Mais la même tactique a déjà été employée à Rennes, chez Citroën; Michel Pilorgé, délégué C.G.T., a trouvé collé sur son vestiaire ce petit mot :

« Paris, le 12 janvier 197 ,

« Mon cher PI-PI,

« Ton camarade Singuille te prévient que la faucille et le marteau vont disparaître du drapeau *ROUGE* et seront remplacés par des morpions, parce que, eux, adhèrent mieux aux parties.

« Ton camarade,
Georges SIN-SIN-SINGLE. »

Le 22 octobre 1975, *l'Aurore* publie un court entrefilet :

« Jolie Léonora,

« Demain soir rassemblement revendicatif organisé par le P.C., à la Porte de Versailles. Travailleurs et travailleuses, militantes et militants sont invités à venir nombreux pour écouter la bonne parole de Georges Marchais. Mais il fallait trouver une femme pour se joindre aux cinq orateurs mâles, une femme plaisante, à la voix forte, mais au sourire séduisant. Après de laborieuses recherches, le P.C. a déniché l'oiseau rare : une ouvrière de chez Chrysler, qui répond au joli prénom de Léonora. A quoi Léonora Tréhel, simple " travailleuse ", doit-elle d'être ainsi mêlée avec le " beau monde " du Parti communiste... Marchais, Andrieu, Catala et compagnie ?... A ses qualités propres... intelligence, beauté ?... ce n'est pas lui être désagréable que de dire que cela ne suffit sans doute pas : elle a seulement la " chance " d'être employée chez l'ogre " Chrysler-France " pour lequel il faut faire de la publicité à l'envers... inutile de commenter ! »

« Jolie et charmante Léonora » qu'un tract signé du Parti communiste révolutionnaire (marxiste-léniniste) et qui sent le faux à plusieurs mètres, qualifiera de « femelle renégate, italienne, qui trompe quelques Arabes apatrides qui ont renié (*sic*) leur pays et leur foi, et nargue les ouvriers dans les chaînes. Elle ne sent pas la sueur, elle ! »

Le tout en capitales.

Mais il est encore d'autres moyens pour tenter de convertir les militants à la passivité syndicale. Cela se passe à l'aéroport Charles-de-Gaulle, à Roissy-en-France.

Dans la semaine du 5 au 11 avril 1976, des équipages d'Air France — dont certains du *Concorde* — ainsi qu'une cinquantaine de passagers, ont été victimes d'une intoxication alimentaire, pour avoir consommé des repas confectionnés par la société Servair, filiale d'Air France. La Confédération française du Travail, majoritaire dans cette entreprise, a publié aussitôt un tract au titre flamboyant : « Prenons nos responsabilités », à l'articulation clairvoyante : « De quoi s'agit-il ? qui est en cause ? que peuvent être les conséquences ? » et à la conclusion péremptoire : « Que faut-il faire ? 1) Assurer une désinfection et un nettoyage parfait des locaux. 2) Inciter à la propreté corporelle. 3) Interrompre immédiatement l'activité de toute personne porteuse de germes pour lui permettre de se soigner et éventuellement s'en séparer si elle est incurable (...). Le médecin, parce qu'il en a la responsabilité est le seul à se prononcer sur l'aptitude du salarié. Il n'a pas (...) à dévoiler les motifs de l'inaptitude car il est tenu au secret médical. »

Jean-Pierre Fouble, délégué du personnel C.G.T. est, conclusion logique, licencié. Il était porteur — dit-on — de staphylocoques et de streptocoques hémolyptiques, responsables présumés des intoxications. Il ne sera pas le seul, et d'autres militants de la C.G.T. seront licenciés pour les mêmes raisons, ce genre de microbe ayant pour eux, à l'évidence, une affection particulière ! A chaque fois, M. Dimitriu, le médecin patronal, constatera la présence de germes, à chaque fois le médecin expert constatera le contraire. Mais les licenciés ne seront pas réembauchés.

Alors à chaque fois qu'a lieu une visite des contrôles vétérinaires, c'est un branle-bas de combat qui n'est pas sans évoquer la visite d'un général dans une caserne. Il suffirait d'ailleurs de suivre la courbe des intérimaires embauchés et ses fluctuations pour s'apercevoir qu'elle correspond à ces visites. Alors, pour varier sans doute les plaisirs du travail, un salarié fait dans la même journée, soixante-cinq repas et son ménage. Il vide un poulet puis une poubelle, il trie des haricots puis du linge sale, il lave des légumes, puis le carreau de son « atelier ». C'est la cuisine « trois étoiles » !

« L'usine est une prison, une machine à broyer les hommes, une fabrique de peur. » Ces fortes paroles ne reflètent pas, malheureusement, toute l'étendue de la réalité. Car l'usine déborde sur la vie tout entière de celui qui y travaille, et plus encore, sur celle du militant. Le « Charlot » des « Temps modernes » est encore une réalité pour la France d'aujourd'hui. L'usine veut PRENDRE la vie tout court. L'employeur contrôle tous les instants. Il organise les loisirs, il vend l'habillement et la nourriture, loue l'appartement, il soigne, cherche même à modeler ses ouvriers à l'image de son profit. Dans sa volonté d'accaparement, il veut rompre à tout prix la fibre de la liberté individuelle, et a, pour cela, des moyens importants.

Il est, en effet, des tentations étranges, qui poussent l'homme à écraser l'homme dans des machinations sans fin. Et ce qui vient maintenant, n'est même plus digne du roman policier.

Le 9 décembre 1969, vers 13 h 15, un taxi s'arrête devant le domicile de Simone Guerlavas, secrétaire générale de l'Union départementale C.G.T. d'Ille-et-Vilaine. Le chauffeur descend de son véhicule, sonne et remet une raquette mortuaire pour les obsèques du mari de Mme Guerlavas. Les fleurs ont été commandées par téléphone, dans la matinée, et la facture envoyée à l'Union départementale C.G.T.

M. Guerlavas ne fut pas enterré l'après-midi, parce qu'il n'était pas mort. Quelqu'un savait que M. Guerlavas était à l'extérieur de Rennes ce jour-là.

On avait sans doute voulu tout simplement « intimider » sa femme qui menait une lutte sans relâche pour défendre les travailleurs, spécialement chez Citroën, investi par les commandos de la C.F.T. Comme on a voulu intimider Maurice Millereau et Gérard Mahaud, délégués C.G.T. et C.F.D.T. de Framatome;

Ginette Krehchmar et Maurice Caillois, délégués C.G.T. de la S.N.F.A., Yvan Pallaro, ouvrier chez Peugeot, Lucien Sordet, délégué C.G.T. de Kône-Westinghouse.

La société Framatome, contrôlée par le groupe Creusot-Loire, emploie à Courbevoie mille trois cents ingénieurs, cadres et techniciens. Elle fabrique, en exclusivité, sous licence Westinghouse, les réacteurs nucléaires qui équiperont les centrales atomiques de l'E.D.F.

Maurice Millereau, dessinateur, y est délégué C.G.T. Il a porté sur les fonts baptismaux la jeune section syndicale, en mars 1975. En mai, les employés cessent le travail deux heures, pour leur salaire et leur classification. Un journal *C.G.T.-Info,* sort régulièrement. Le 5 juin au matin, avant l'arrivée du personnel, un attentat par explosif endommage gravement le service informatique de l'entreprise, à Courbevoie. Le journal *Minute* émet l'hypothèse que l'explosion « n'a servi qu'à camoufler un vol de mémoires ultra-secrets sur les dispositions prises pour assurer la sécurité des centrales mises en chantier par ce groupe », et ajoute que l'attentat a été revendiqué par un soi-disant « commando Guermandia-Angela-Luther ». On parle d'un milliard de francs de dégâts. La presse locale du député républicain indépendant, Charles Deprez, lie cet acte à la grève. Le mardi 10 juin, de nouvelles dégradations sont commises dans les locaux. La société Framatome fait alors appel à une société de gardiennage, l'A.C.D.S., qui multiplie les contrôles et les rondes. Elle installe aussi d'anciens militaires à l'accueil, au standard, au telex et à l'entretien. Elle engage enfin des intérimaires auprès des sociétés S.I.T.E.R. et I.T.E.L. Certains de ces intérimaires ont un comportement étrange. Ils sont affectés dans les services où se trouvent les délégués syndicaux et les délégués du personnel et écoutent plus qu'ils ne travaillent. Pendant le week-end du 17 au 20 octobre, les tiroirs du bureau de Millereau sont « visités ». Des cahiers de notes, des tracts, des projets disparaissent. Millereau porte plainte contre X. La section C.G.T. décide alors de dénoncer cet état de fait, de parler un peu du rôle de la S.I.T.E.R. chez Peugeot ou chez Berliet, et pour cela de sortir un journal.

L'épouse de Millereau reçoit, chez elle, la veille, un coup de téléphone; au bout du fil, la femme d'un dessinateur intérimaire de Framatome, collègue de Millereau : « Si le tract est distribué, mon mari risque d'être renvoyé, j'ai des enfants. Je ne peux répondre des actes de mon mari. » Michou Millereau a, elle aussi, des enfants. Elle comprend, rassure, raccroche l'appareil et s'étonne. Qui a bien pu prévoir le tract et parler de son contenu ?

Chaque soir, chaque nuit, chaque matin, le téléphone sonne. Lorsque Michou Millereau ou Isabelle, sa fille, répondent, elles entendent : « On va foutre en l'air votre mari, on va lui faire sa fête; ses pressions doivent cesser contre la S.I.T.E.R., etc. » Le 13 janvier, Maurice porte plainte contre X., une nouvelle fois. Le 13 encore, il reçoit une lettre des établissements Mahaud-Pichon, quincaillerie en gros, lui demandant de régler par chèque un arriéré de 456,78 F. Elle est signée par Gérard Mahaud; Gérard Mahaud est délégué C.F.D.T. de Framatome, et il ne tient pas une quincaillerie. Mais il a reçu à son adresse, vingt-deux réponses de sociétés diverses qui n'ont pas retrouvé dans leurs comptes traces de cet impayé, et dix-neuf retours « n'habite pas à l'adresse indiquée ». Le 19 janvier, un tract d'un « front antimarxiste » est distribué aux portes de l'entreprise.

Gérard Mahaud y est traîné dans la boue. Il est accusé de trafiquer, de voler et d'avoir été renvoyé du lycée, « pour s'être fait surprendre dans les toilettes de l'établissement avec un petit camarade, dans une posture qui ne prêtait pas à équivoque ». Le tract a été imprimé, « évidemment », par l' « imprimerie Millereau ».

Pour les deux hommes, les ficelles sont grosses. Tout n'est pourtant pas fini.

Un montage pornographique est glissé sous les essuie-glaces des véhicules des collègues de Mahaud ou envoyé à ses voisins. Mahaud en est l'auteur et l'acteur.

Les 20 et 21 janvier 1976, des petites annonces paraissent dans le *Parisien-Libéré, l'Humanité, France-Soir, L'Aurore* et les *Affiches Parisiennes*. Leurs textes sont légèrement différents, mais la personne à contacter est la même : Maurice Millereau. « Téléphoner après 19 heures ou sur place, samedi et dimanche, de 9 heures à 20 heures. »

Huit jours de coups de téléphone incessants; deux jours de visite sans interruption. L'annonce du *Parisien-Libéré* est, en effet, alléchante :

> « Rue Saint-Honoré : part. loue direct. cse décès, beau 4 p. ref. neuf, lib. de ste, compr. séj. sal. 2 ch. s.d.b, W.-C., cuis., cav. moq. tél. asc. 2ᵉ ét. s. rue sup. 112 m², loy.

1 500 F + charges. Tél... apr. 10 h ou sur place sam. dim. de 9 h à 20 h. M. Millereau... rue Saint-Honoré, Paris-Ier, ag. s'abstenir. »

Mais elle ne correspond pas tellement à la réalité. Maurice, sa femme et ses enfants, habitent au cinquième étage d'un immeuble noirci, et il a fallu toute leur ingéniosité pour faire de leur appartement un foyer agréable. On est bien loin des 112 m^2, du 2e étage, de l'ascenseur. Et les visiteurs qui s'essouflent, malgré l'avis placardé au bas de la cage d'escalier, ne sont pas heureux.

Le 2 février, les Millereau reçoivent, pour examen gratuit, l'*Encyclopedia Universalis*. Le Club français du livre enverra la photocopie du bon de commande et, avec ses excuses, 9,30 F en timbres-poste, pour les « frais de réexpédition de ce volume ». Le 7 février, Paulette Albertin, commissaire-priseur à Langres, menace de poursuivre Maurice Millereau pour non-paiement de cinq millions d'aval sur vente du briquet du général de Gaulle qui doit être adjugé aux enchères, au profit de la lutte contre le cancer. Me Albertin fera parvenir l'offre d'achat. La lettre avait été mise à la boîte à Sainte-Geneviève-des-Bois. Entre le code postal et « Paris » figurait un astérisque, comme sur toutes les factures adressées aux Millerau et à Gérard Mahaud. Et la machine à écrire était la même...

« Je m'appelle Ginette Krehchmar et travaille depuis 1961 à la S.N.F.A., à Ivry (filiale de Bronzavia). J'étais employée au service du personnel, lorsque je me suis présentée comme candidate libre au deuxième tour des élections du Comité d'entreprise. Sur le moment, il n'y eut pas de problème. Puis, avec mes collègues élus, nous avons décidé d'adhérer à une formation syndicale représentative, et nous avons opté pour la C.G.T. C'est à ce moment-là que mes ennuis ont commencé... »

Un nouveau chef du personnel a été embauché. Il s'appelle Lethimonnier. Michel Lethimonnier. Il vient de la S.I.T.E.R. Ginette travaille dans son bureau. Elle n'a pas le droit d'en sortir. Elle étouffe ou elle a froid. Elle est surveillée. Un magnétophone tourne dans son tiroir pour voir l'effet des coups de téléphone anonymes qu'elle reçoit. Lethimonnier est face à elle, tirant sur son cigare, pour « désinfecter l'atmosphère ». « Lethimonnier, dit Ginette Krehchmar, était professionnellement un incapable. Ignorant la législation sociale. Détraqué. Jamais en place. Passant des coups de fil bizarres, faisant allusion à des “ descentes ”, à Mulhouse, par exemple. Il voulait changer seul le règlement intérieur de l'usine. Il voulait instituer l'alcool-test, pour les ouvriers. Moi, je ne disais rien. Je ne voulais pas céder à ce chantage nerveux. C'était dur. Terrible, par moments. D'autant plus que, parallèlement, mon mari recevait fréquemment, sur son lieu de travail, des coups de téléphone, également anonymes, lui disant qu'il n'était pas un homme, que sa femme ferait mieux de s'occuper de lui, de ses chaussettes, plutôt que de s'occuper de syndicat. On lui disait que “ je devais laisser tomber ”.

« Nous n'avons jamais pris ces menaces au sérieux mon mari et moi, sauf lorsqu'on l'a prévenu “ de ne pas oublier qu'il avait une petite famille, une fille — Corinne, treize ans — une maison de campagne ”.

« Pour nous protéger, nous avons, par mesure de dissuasion, déposé en juin 1975 une plainte auprès de M. le Procureur de la République du Val-de-Marne. Le gardien de l'entreprise m'a dit qu'il avait parié avec le chef du personnel et un cadre de l'entreprise, que mes nerfs ne résisteraient pas et que je serais obligée de quitter l'entreprise. L'enjeu de ce pari était du champagne. Mon mari est tombé malade. Il a perdu 17 kilos. Moi, je me suis arrêtée dix jours pour me reposer et récupérer un peu. Le premier jour de mon arrêt, un ambulancier s'est présenté à mon domicile, à 12 heures, on lui avait précisé par téléphone de passer me prendre pour me conduire à l'hôpital. Puis ce fut un médecin de Valenton qui avait reçu un appel identique. J'ignore encore si d'autres personnes furent dérangées inutilement, car je suis aussitôt allée trouver le médecin de la Sécurité sociale à qui j'ai demandé de quitter le Val-de-Marne, pendant la durée de mon arrêt. Autorisation qui m'a été accordée. Je reçus alors deux lettres de la société, me précisant que je ne serais pas réglée pendant ma période d'arrêt, puisque je ne me prêtais pas au contrôle Securex. Car un “ médecin ” ou soi-disant tel, Securex, devait également passer à mon domicile. J'ai reçu aussi une lettre du P.C.F. me félicitant d'avoir adhéré et une autre de l'U.D.R. pour m'inviter à des réunions. En même temps, la femme d'un délégué recevait un coup de fil lui disant qu'il avait une maîtresse, et donnant mon signalement. La femme d'un autre recevait un montage photo pornographique me représentant. Je signale, en passant, que la photographie utilisée est celle que j'avais fait faire spécialement pour la S.N.F.A., que j'avais remise en main propre au chef du personnel, qui avait exigé que tout le personnel de l'entreprise lui fournisse deux photos d'identité.

« Un tract était distribué au début de juillet 1975 par des inconnus, à l'entrée de l'usine, à l'embauche du matin; dans ce tract — qui avait pour but de me détruire dans l'idée des gens de l'usine — il était précisé que j'étais une ancienne religieuse défroquée, une refoulée sexuelle, etc. A la rentrée des vacances 1975, le chef du personnel n'avait pas eu son contrat de travail renouvelé. Il y a eu une période d'accalmie. Puis, dernièrement, en prévision sans doute des élections des délégués du personnel qui doivent avoir lieu début juillet, une distribution, à l'entrée de l'usine, toujours par des inconnus, d'un tract répugnant, absolument diffamatoire, a eu lieu. J'ai déposé une nouvelle plainte auprès de M. le Procureur de la République. »

Ce tract est signé d'une « organisation patriotique pour la défense de la démocratie », et imprimé (bien sûr) par une organisation « proche » de la C.G.T.

En voici l'extrait le plus révélateur :

« SIMPLE QUESTION ?

« Faut-il croire certaines personnes lorsqu'elles affirment qu'en 1957, une certaine Ginette Dumarquez se fit subtiliser (malgré elle ?)... lors d'un trajet magasin-banque, la somme de 1 658 F anciens, somme représentant le montant de la recette du magasin de chaussures dans lequel elle exerçait la profession de vendeuse ? Est-il exact qu'elle fut gardée à vue pendant trente-six heures par la police afin de s'expliquer sur cette étrange agression dont elle fut victime, sans qu'elle fût frappée, comme de bien entendu, et dont, faute de preuves formelles, la police n'a jamais pu mettre la main sur le ou la coupable. Selon les mêmes sources, et généralement bien informées, il apparaîtrait qu'une certaine dame Krehchmar cache sous des airs pudiques un tempérament de feu. Est-il exact que sous le couvert de bons de délégations extérieures, elle se fit sauter à plusieurs reprises au cours de l'an de grâce 75 par l'ex-chef du personnel, prénommé Lethimonnier, dans un hôtel sordide de la place Gambetta ? Il est vrai, qu'avant Lethimonnier, trois autres cadres lui sont passés dessus, dont l'un exerce maintenant à

Chelles, et les deux autres toujours à Ivry, sans en oublier deux autres à Bronzavia. Pour quelle raison, cette pouffiasse, qui semble haïr au plus haut point tout ce qui porte une blouse blanche, s'envoyait-elle en l'air avec des cadres ? NYMPHOMANE, PUTAIN OU ARRIVISTE ? LA QUESTION EST POSÉE. Il est vrai que la divergence principale entre GIGI LA CROQUEUSE DE ZIZIS et les cadres de la S.N.F.A. est peut-être purement d'ordre politique ou philosophique, mais comme l'a dit le poète PASCAL : " Qu'importe le flacon pourvu qu'on ait l'ivresse " ou bien encore, comme la consœur de GIGI, une nommée ULLA : " Il y a plus de philosophie dans un zizi que dans le Programme commun. " En vertu de quoi, nous demandons à l'ensemble des travailleurs d'exiger de la direction le départ de l'égérie de la C.G.T., prénommée Krehchmar, car les travailleurs de la S.N.F.A. méritent bien autre chose qu'une voleuse, doublée d'une nymphomane ou d'une putain, pour les représenter dignement... »

Dans la même entreprise, Maurice Caillois, délégué C.G.T., est aussi l'objet d'un certain nombre d'attentions.

Il reçoit des « Trois-Suisses », sans les avoir commandés, une table basse carrée « sapin », un fauteuil relaxe « écru », un lampadaire, trois boules « blanc ». Une proposition pornographique est envoyée à sa femme. En février 1976, son logement est mis en vente par annonce. Quelques jours plus tard, les Pompes funèbres lui demandent confirmation pour un convoi qu'il aurait commandé. Le même soir, un employé des Pompes funèbres se présente avec de la carbo-glace à son domicile, pour la conservation d'un corps. Les colis affluent. Un tract injurieux est distribué, ou plutôt jeté à la porte de son usine d'une voiture en marche. Ses occupants sont des employés S.I.T.E.R...

Millau, le 29 mai 1976,

« Messieurs,

« Je ne comprends absolument rien aux lignes ci-dessus. Je n'ai pas l'honneur de connaître votre firme, et je ne vois aucune relation, aucun contact avec elle. Je n'ai jamais rien commandé chez vous. Je n'ai rien reçu d'ailleurs, ni marchandise, ni facture. Dans ces conditions, je fais retour de vos lignes. Il doit y avoir une erreur quelque part... Seuls, mon nom, mon adresse sont justes...

« Voulez-vous, s'il vous plaît, nous adresser le duplicata de votre facture et nos références, si vous en avez connaissance : date d'accident et numéro du sinistre... »

M. Fossemalle, à Millau, et les Etablissements Lorenzi, à Bastia, s'étonnent tous deux de recevoir des rappels de factures. L'un d' « Yvan Pallaro, jambons extra-fins, blancs et fumés, cuits et crus façon York et Bayonne », l'autre du « Garage Pallaro, concessionnaire exclusif Skoda-Lada ».

Les Etablissements Larive, à Toulouse, n'ont pas répondu, eux, à la lettre des « Papeteries Pallaro, tous les papiers, toutes les fournitures de bureau pour industries, administrations et banques ». Sans doute, pourtant, ne savaient-ils pas qu'Yvan Pallaro est ouvrier chez Peugeot et membre de la C.G.T. et qu'il n'est pour rien dans la centaine de lettres adressées à des particuliers les sommant de rembourser des arriérés ou « faute de recevoir leur règlement sous huitaine, la Société Pallaro serait contrainte de remettre cette facture à son service contentieux ». Et ces lettres sont signées, pour la plupart, Paul Brandt, délégué C.G.T. de Beaulieu-Peugeot.

En juin 1976, nous avons rencontré Yvan Pallaro à Beaulieu. Il recevait encore des livraisons de caisses de champagne, du matériel ménager ou de jardinage. Au nom de ses parents. Des parents qu'il venait de quitter quelques mois plus tôt et qui n'ont pas, au début, très bien compris ces dépenses inconsidérées, ni les accusations des « chevaliers du coup de balai » qui affirmaient que leur fils avait une maîtresse. « C'était très bien monté, dit-il, ma mère a craqué. Ils ont cherché à m'atteindre, mais surtout à frapper l'organisation. Tu comprends, la C.G.T. devient un syndicat qui se renforce ici et il était bien nécessaire d'y mettre une barrière. Enfin moi, c'était un moyen qu'ils avaient pour faire barrière. Un moyen original... »

C'est sans doute dans le même but que Lucien Sordet, responsable syndical de Westinghouse (la même société que Framatome) a reçu, suite à sa commande, un rappel pour sa souscription aux 11 médailles d'or frappées par Le Connaisseur, Société française d'Editions de Collections, à l'occasion du cinquième anniversaire de la mort du général de Gaulle. C'est sans doute pour la même raison que tout le personnel de la société a reçu, par courrier, un tract dénonçant « la bande à Sordet ». Et c'est sans doute pour des causes semblables que Lucien Sordet a été licencié pour fautes professionnelles qualifiées...

Ces quatre affaires ne sont pas seulement semblables. Leur origine est commune. Les coups sont exécutés par les mêmes personnes. La méthode est la même. Le vocabulaire est le même. Matériellement, c'est le même dessin et la même typographie qui illustrent les fausses factures de Framatome à Peugeot. Plus, c'est la même référence qui est utilisée pour rappeler un arriéré de Pallaro ou de Mahaud et la plupart des lettres sont envoyées du même endroit. Enfin, point commun à toutes les entreprises où se développe ce type d' « agressions » : l'utilisation de la main-d'œuvre intérimaire de la S.I.T.E.R.

J'allais clore ce chapitre lorsque j'ai appris le suicide, à Berlin, le 24 août 1976, de M. Blanc. Georges Blanc n'a absolument rien de commun avec son homonyme de la C.F.T. C'est un militant de la C.G.T. qui travaille au Groupement de Contrôle radio-électrique (G.C.R.), organisme chargé de l'écoute des émissions radio du monde entier pour l'Etat. Il s'est pendu à une fenêtre de sa maison, dans « l'enceinte » du S.D.E.C.E., le Service de Documentation et de Contre-Espionnage français installé dans l'ancienne capitale allemande. Deux jours avant, il téléphonait à sa femme restée en Bretagne pour terminer ses vacances : « Ma chérie, cela continue, ils m'en font voir de toutes les couleurs, c'est difficile de tenir dans de telles conditions. M. T... est dans le même cas que moi... » Mme Blanc était encore plus inquiète après cette conversation qu'elle ne l'était avant, car les pressions sur la famille duraient depuis deux ans.

Georges Blanc est rentré à Berlin le 16 août, et son ami T... a préféré veiller sur lui. Ce jour-là, la direction du S.D.E.C.E. lui a signifié à nouveau, avec une brutalité hors du commun, qu'il lui fallait partir immédiatement avec ses meubles, s'il persistait à refuser son intégration dans le nouveau service. L'intégration, pour Georges Blanc et ses collègues, cela veut dire l'abandon de leurs droits de fonctionnaires, politiques et syndicaux notamment. Le refus de l'intégration, cela veut dire la mutation *sine die*, n'importe où, le reclassement inexistant, l'abandon de l'éthique de toute une vie. Et que deviendra le fils de M. Blanc, qui, à seize ans, est un brillant élève de terminale au lycée de Berlin.

Le 23 août, M. T... n'a pu aller voir son ami. Le lendemain, il se précipite, inquiet de ne l'avoir vu au travail. Il sonne à la porte du logement. Le silence. L'inquiétude. Il se penche pour regarder par la fente de la boîte aux lettres découpée dans la porte et s'appuie contre le battant. La porte s'ouvre, seule. M. T... entre. Il trouve son ami pendu à l'espagnolette d'une fenêtre, mort.

Georges Blanc s'est pendu, et, pour se pendre, il lui a fallu une volonté extraordinaire : La poignée de la fenêtre lui arrive à la hauteur de la poitrine...

Il y a deux lettres sur la table. L'une est sous enveloppe, pour sa femme et son fils : « Pardonnez-moi, mes chéris. » La seconde ouverte à tous, explique : « C'est volontairement, ne pouvant plus supporter les tracasseries qui me sont faites que je me donne la mort. Je désire être inhumé au cimetière français de Berlin. » La main n'a pas tremblé pour écrire et signer ces mots.

J'ai appris tout cela de la bouche d'Henry Berry, secrétaire général de la Fédération nationale des Travailleurs de l'Etat, qui s'est rendu aussitôt à Berlin. Il y a été suivi, pas à pas, par deux agents du S.D.E.C.E., B... et M... Il a trouvé, dans les époux T..., un homme et une femme profondément choqués par la mort de leur ami et les circonstances qui l'ont entourée. Dès le moment où ils ont découvert le cadavre, ils se sont adressés à la direction du G.C.R. : « Nous viendrons à la fin du poste. » Telle est la seule réponse de routine qu'ont pu donner les agents de service... Henry Berry a été frappé par l'univers carcéral où vivent les T... et où a vécu Georges Blanc. Mais il a compris que M. Blanc restait à Berlin pour son fils.

A Berlin, il a appris aussi qu'il y avait une autre victime. Elle se nomme Claudine Sokolowski et demeure à Beaume, près de Sarlat. Elle travaille dans un centre du G.C.R. et s'est trouvée placée dans les mêmes conditions que M. Blanc. Elle a choisi, pour mettre fin à ses jours, le revolver.

Plusieurs autres fonctionnaires du G.C.R. sont victimes des mêmes pressions exercées en toute illégalité par le S.D.E.C.E. Depuis l'élection du Président de la République, en 1974, toute une réorganisation a été décidée par le Gouvernement. Les moyens d'écoute radio et d'espionnage ont été encore plus concentrés à l'Est. C'est l'enterrement définitif de la stratégie dite « tous azimuts ».

En passant de la dépendance du Premier ministre à celle du ministre des Armées par leur intégration au S.D.E.C.E., les travailleurs du G.C.R. entrent dans un monde dont ils n'apprécient guère la vie. Mais que faire d'un côté lorsqu'on risque de perdre tous ses droits acquis; comment résister de l'autre à un espionnage continuel, à des pressions, à des vexations, des menaces; comment résister à cette machination qui trouve sa sève dans des organismes trop souvent en marge de la société. Il y a déjà deux morts du côté des travailleurs de l'Etat, dans leur lutte pour la liberté.

Chapitre 4

LE RECRUTEMENT

Laurent Negro, Michaël Grunelius et Philippe Foriel-Destezet sont de jeunes marchands d'hommes. Comme Michel Delfau, A.-J. Gaillard et Robert Caudron. Les uns préfèrent la pêche, la chasse, le ski et le tennis. Les autres, les bistrots des Halles et de la Bastille, où ils côtoient paras retraités, présidents en goguette, et tueurs déclassés. Les uns sont directeurs de Bis, Manpower, Ecco et ont bureaux sur rue. Les autres logent dans les arrière-cours des grandes usines. Ils s'occupent tous de « travail temporaire ».

En décembre 1974, on comptait plus de 1 000 entreprises de travail temporaire, gérant 2 500 établissements. Le centre de leur toile est incontestablement Paris et leur relais provincial le mieux établi Lyon. Quant aux autres points, ils recouvrent des zones très industrialisées ou les grands centres urbains.

Quelques ouvriers et employés ont cédé facilement au mirage de l'intérim : c'est une solution souvent commode pour trouver du travail dans l'attente d'un emploi stable ou pour éviter de passer trop de temps dans un même poste. Beaucoup ont été contraints au travail intérimaire, surtout en période de chômage. Pour le patronat, les avantages se calculent autrement : l'intérim diminue les coûts de gestion du personnel. C'est un moyen de déplacer les conséquences des fluctuations économiques et d'éviter certaines obligations légales. Pour les petites entreprises, l'embauche d'intérimaires permet, par exemple, de ne pas dépasser le seuil des cinquante salariés au-dessus duquel la création d'un comité d'entreprise et la reconnaissance d'une section syndicale sont obligatoires. Enfin, ils l'avouent sereinement, l'emploi des travailleurs temporaires atténue les risques de conflits sociaux. En janvier 1976, *Le Nouvel Economiste* ne mâchait pas ses mots : « Les avantages pour l'industrie sont loin d'être négligeables : l'intérimaire, menacé d'un renvoi à la moindre incartade, est beaucoup plus " sage " que le travailleur permanent. Et s'il se révèle compétent, il ne reste plus qu'à l'embaucher. » La présidente-directrice générale d'une société d'intérim, Immédiat-Poly-Bureau, ne cachait cependant pas qu'elle était obligée de « porter une attention particulière à la sélection. Il nous faut en effet n'engager que du personnel possédant une qualification indiscutable et une grande facilité d'adaptation. Si la qualification est aisée à déceler par les moyens modernes — examens et tests — par contre la recherche de la faculté d'adaptation immédiate constitue une tâche originale que les entreprises de travail intérimaire remplissent avec le succès qui est dû à leur expérience ».

En mai 1973, la direction Berliet décide de créer sa propre agence de travail temporaire. Elle désigne un maître-d'œuvre, M. Bocquillon, bras droit de M. Bregeon, directeur général du personnel — nous n'avons pu totalement prouver cela il est vrai, devant les tribunaux — qui prend divers contacts et provoque un certain nombre de réunions. Un bilan de l'action des sociétés employées est dressé. Il est, dans l'ensemble, favorable. Certaines « bavures » pourtant sont à redresser, car la conception Berliet de l'emploi des travailleurs temporaires est bien précise :

« LES BUTS POURSUIVIS. — Par l'intermédiaire de la société :

a) *Création d'un groupe de réflexion, totalement indépendant du Syndicat.*

b) *Placement des responsables du Syndicat, dans tous les secteurs.*

Dans la phase initiale, la société devrait placer 300 à 400 personnes, environ. Parmi cet effectif prévu : *30 devraient devenir des responsables et des organisateurs du Syndicat.* Ils seraient répartis dans tous les ateliers de Vénissieux, D.E.R., et usine Ponts. Ceci, dans un premier temps, et étant susceptible d'extension future, à envisager plus tard après avoir fait le point des résultats réellement obtenus. *30 autres personnes devraient servir à la constitution du groupe de réflexion,* sans qu'il y ait d'interférence possible entre eux et les 30 précédents. Le cumul des deux fonctions précitées n'est donc pas possible.

50 *autres, différents encore des premiers, serviraient à encadrer les* 290 *restants.* Ces 50 personnes apporteraient des renseignements sur :

— le travail;
— ce qui se passe dans les ateliers;
— etc.

En outre, une dizaine, parmi ces 50, devraient se répartir entre la C.G.T., la C.F.D.T., le P.C., le P.S.U., le Parti socialiste. »

Deux missions fondamentales sont donc attribuées à la nouvelle société : la création, ou plutôt le renforcement, du syndicat maison; l'espionnage des organisations politiques et syndicales. Car c'est dans ces domaines que Berliet n'est pas particulièrement satisfait des hommes qui lui ont été loués par ses entreprises intérimaires attitrées : celles de Gaillard. C'est d'ailleurs la période où, grâce à l'action de la C.G.T., l'opération « syndicat-maison » prend du plomb dans l'aile. Le trafic de Berliet avec les sociétés d'intérim est dénoncé avec vigueur devant tous les travailleurs, au comité central d'entreprise. Il faut trouver d'autres moyens, d'autres formules. Un responsable Berliet élabore donc de nouveaux projets. Il critique d'abord la C.F.T. pour ses divergences puis pour son organisation :

« Il existe déjà le Syndicat, et celui de Berliet n'est pas d'accord avec le même de Paris, le secrétaire général n'a pas été élu, et désire une bonne scission, et il n'existe pas un seul militant vraiment qui ait la foi en lui. »

« Depuis dix-huit mois, on a constaté qu'on n'avait pas progressé. Pire encore : nous pouvons même affirmer qu'il y a eu une véritable régression, au niveau des effectifs. Cela semble être motivé, pour 80 % au moins, par le manque de véritables responsables.

« Or, qu'a-t-on fait pour la formation des délégués ? Rien, si l'on excepte quelques réunions gastronomiques.

« Comment est la démocratie, dans le syndicat ? Elle est nulle.

« Et l'apolitisme ? Inexistant.

« Le recouvrement des cotisations, critère important pour la représentativité ? On n'y attache pas l'importance qu'il faudrait. »

Sur le plan de l'action syndicale C.F.T., la critique est tout aussi vive :

« *Exemple :* Feuillat, où les réponses évasives à des revendications justifiées, qu'il ne serait ni difficile ni coûteux de satisfaire, ainsi que les nombreux atermoiements, volontairement répétés, ont abouti, en moins d'un an depuis la représentativité, aux conséquences catastrophiques que l'on connaît actuellement. »

Le bilan n'est donc pas convaincant pour le syndicalisme C.F.T. Depuis août 1972, l'ardeur a fait place au désenchantement. L'appel au personnel Citroën n'a guère été suivi d'effet. Les conseils de Blanc ou de Fiorentino n'ont pas l'air d'avoir porté leurs fruits. Les travailleurs de Berliet ont remarquablement résisté à l'intoxication et Marcel Michaut, qui n'a déjà plus prise sur les événements, est sur le point d'être congédié. Reste l'action des intérimaires dans l'espionnage : là encore, le responsable de Berliet ne porte pas un jugement favorable. Il y a des fuites.

« Depuis deux ans déjà, on n'a fait que des erreurs, dans le domaine de la discrétion. Chacun d'entre nous porte sa part de responsabilité. Les fuites sont devenues courantes, malgré les précautions prises. Selon toute probabilité, il en sera de même dans la nouvelle société, car, en étudiant la « loi des grands nombres », on peut raisonnablement estimer que les mêmes causes produiront les mêmes effets. D'ailleurs, dans une chaîne, il suffit d'un seul maillon cassé pour rompre l'équilibre de tout l'ensemble. Dans le domaine de la discrétion, c'est pareil. Il faut une seule secrétaire, d'expérience et de dévouement pur, ayant la confiance à cent pour cent, et qui garde son poste à vie. Ne pas en changer tous les trois mois, comme on changeait de ministères avant 40. Sinon, les secrets s'envoleront avec ceux qui partent. »

La nécessité de créer une société de travail temporaire, propre à Berliet paraît ainsi fondée.

« Dans la conjoncture actuelle, il est apparu opportun d'envisager à brève échéance la création d'une société de personnel intérimaire, différente en certains points des sociétés existantes de ce genre, et capable de satisfaire à la demande sans cesse croissante, dans ce domaine, et émanant des usines B..., notamment. On ne s'embarque pas, à l'aventure, dans la réalisation d'un projet d'une aussi grande envergure. L'effectif total du personnel à embaucher (et, par conséquent, à payer) pourrait atteindre, en effet, et même ultérieurement dépasser, le nombre élevé de plus de mille personnes. Ceci, avec toutes les responsabilités que cela comporte : litiges concernant les salaires, accidents éventuels du travail, déclarations auprès de l'Inspection du travail, etc.

« Or, une première société de ce type avait déjà été pressentie, dans le même but, et le projet était déjà en voie de réalisation, lorsqu'un fait nouveau est intervenu, qui était de nature à motiver ainsi le présent projet, et à mettre en compétition les deux sociétés ainsi rivales. Ceci, dans les premières semaines qui suivirent l'implantation de la première société... »

Le 1er mai 1973 en effet, Robert Caudron, employé, et Paul Jack, industriel, ont déposé les statuts d'une société à responsabilité limitée ayant pour objet « la recherche, l'étude, le placement et la mise à la disposition des industriels et des commerçants de toutes catégories de main-d'œuvre d'ordre professionnel, industriel ou commercial, à Paris ou en province, à titre temporaire ou pour une durée prolongée.

« Et généralement toutes opérations d'ordre commercial ou industriel se rattachent directement ou indirectement à la main-d'œuvre et à l'emploi. » Cette société a pris le nom de Société d'études et de régie du travail, et pour sigle : S.E.R.T.R.A.

Robert Caudron est déjà l'homme d'une société de travail temporaire : I.T.E.L. I.T.E.L. est une société de Gaillard.

Paul Jack est aussi un homme d'I.T.E.L. Mais il est plus connu comme directeur d'un restaurant des Halles, « La Tour de Montlhéry ».

Berliet, pour diriger sa nouvelle société, qu'elle envisage d'appeler S.E.R.T.R.A., pense faire appel à un certain M. C... Serait-ce Caudron ?

Ni S.E.R.T.R.A.-Berliet, ni S.E.R.T.R.A. tout court ne verront le jour.

Paul Jack est sans doute devenu l'un des adjoints de Gaillard. Il a dû exercer ses fonctions à Paris et contrôler, pour la S.I.T.E.R. les intérimaires de Framatome, avant de rejoindre à Charnay-lès-Mâcon, le siège de la « couverture » de S.I.T.E.R., une entreprise d'accessoires automobiles qui exposa, entre autres menus objets, au Salon de l'Auto 1976, des galeries porte-cycles.

Robert Caudron est aussi rentré à la S.I.T.E.R.

Cet ancien membre du S.A.C., affecté au service de surveillance de Peugeot, a effectué un stage chez Berliet. « Il est passé chez Berliet, nous dit Michaut, vers février 1973, comme chef de mission, sur la demande expresse de Bregeon, puisque Feuvrier lui en avait parlé. Il venait de Peugeot-Mulhouse où il était chef du bureau I.T.E.L. Il n'a jamais appartenu en titre au personnel Peugeot. Mais pour son travail à I.T.E.L., il avait et une carte du personnel, et un laissez-passer Peugeot. Les mêmes avantages lui sont restés chez Berliet. Il a eu un bureau au-dessus de l'infirmerie. »

La S.E.R.T.R.A. est devenue G.E.C.O.-S.E.R.T.R.A. sous la houlette de M. Seigneuret Junior, à Montrouge. Elle insère même des placards publicitaires dans *Feu-Vert* l'organe mensuel de la Fédération nationale indépendante des cheminots, affiliée à la C.F.T.

Mais Gaillard et la S.I.T.E.R. ont « emporté le morceau ».

La Société industrielle de travaux d'études et de régie (S.I.T.E.R.) a ouvert ses bureaux à deux pas du parc Monceau, rue de Courcelles à Paris. C'est un quartier agréable et bien fréquenté. La concurrence d'autres entreprises intérimaires y est quasiment nulle. On a peine à imaginer des travailleurs nord-africains venant se faire embaucher ici pour aller travailler comme O.S. chez Peugeot ou Berliet. C'est le quartier des hommes d'affaires, des femmes de ménage espagnoles et des jeunes filles au pair. Cette tranquillité a dû finalement nuire aux intérêts de la S.I.T.E.R. Le 116, rue de Courcelles est maintenant occupé par « Novatherm, vol, feu, sécurité, protection mécanique et électronique ». Mais le numéro de téléphone n'a pas changé. La patronne, fort aimable nous a dit que la S.I.T.E.R. avait déménagé et s'était installée rue Lesueur. Un quartier encore plus tranquille !

Entre l'avenue Foch et l'avenue de la Grande-Armée, la S.I.T.E.R. occupe maintenant un pied-à-terre réduit et ne fait pas dans le recrutement d'intérimaires. Elle fabrique des accessoires automobiles dans son usine de Charnay-lès-Mâcon.

13, rue des Petits-Champs, Charnay-lès-Mâcon, Saône-et-Loire, le département des accessoires autos de la S.I.T.E.R. On indique brièvement que le siège social de la S.I.T.E.R. est à Bordeaux. A.-J. Gaillard y est représentant, disent certains, pour plus de 700 000 F par an en 1974. C'est un salaire coquet pour un tel emploi, et bien des V.R.P. doivent se demander comment il parvient à un tel résultat !

29, rue de Montbazon, Bordeaux : Anne-Marie Cerbourg,

Marguerite-Marie Chasteau, la société Ateliers de la Durance et M. Jean Augé ont formé le 2 novembre 1972 une S.A.R.L. dénommée S.I.T.E.R., ayant pour objet, « l'exécution de tous travaux en régie ou à forfait dans le commerce, l'industrie de toutes sortes, etc. ». Pas l'ombre de travail temporaire.

Pourtant Berliet à Lyon a bien embauché du personnel S.I.T.E.R. C'est à n'y rien comprendre.

Lyon, 20, rue Creuzet, siège de la succursale S.I.T.E.R. Bruno Guérard, inspecteur du travail, dépose auprès du tribunal de grande instance de Lyon :

« Le 18 juillet 1973, j'ai dû retourner à l'agence S.I.T.E.R. afin de poursuivre mon enquête sur les activités de l'entreprise intérimaire et de rencontrer M. Gaillard qui devait me recevoir en tant que représentant de la direction; au cours de ma visite, M. Gaillard m'a indiqué que la S.I.T.E.R., ainsi que trois autres de ses sociétés, agissaient en France et dans d'autres pays étrangers notamment dans le secteur automobile, qu'il s'efforçait de fournir aux entreprises du personnel sérieusement sélectionné et très stable; pour s'assurer de cette stabilité, il disposait de certains moyens; en premier lieu il s'efforçait de ne recruter qu'en dehors de Lyon le personnel placé à Lyon, c'était pour l'essentiel des émigrés logés et employés par ses soins après avoir été amenés sur place; en second lieu il faisait faire une enquête sur chaque salarié, il avait notamment des relations avec certains services des Renseignements généraux, et il s'est vanté d'avoir des informations sur les opinions syndicales de tous ses salariés...

« Au cours de cet entretien, M. Gaillard m'a en outre déclaré qu'il avait été introduit auprès des Etablissements Berliet dans les circonstances suivantes : à l'occasion d'une réception réunissant des chefs du personnel et des directeurs d'entreprises, un ancien général, chef du personnel des Etablissements Peugeot, l'avait présenté à M. Bregeon, en lui indiquant que les Etablissements Berliet avaient aussi des problèmes et que la S.I.T.E.R. pouvait leur rendre des services; suite à cet entretien la S.I.T.E.R. a créé une antenne à Lyon. En outre, au cours de la conversation, M. Gaillard s'est vanté de s'être refusé à déclarer à l'Inspecteur du travail de Paris, compétent pour son agence parisienne, le nombre de salariés qu'il avait envoyés aux Etablissements Peugeot à Saint-Etienne, au moment où certains incidents se sont passés dans cette usine.

« Il m'a enfin déclaré qu'il ne voulait rien avoir à faire avec des problèmes syndicaux, et qu'apprenant que j'avais été reçu par M. Fabry, il était intervenu le jour même auprès de la direction des Etablissements Berliet et avait obtenu le départ immédiat de M. Fabry (responsable C.F.T.-Berliet).

« Alors que j'attirais l'attention de M. Gaillard sur les conséquences de la nouvelle loi du 5 juillet 1973 qui assujettissait à mon sens de façon définitive son entreprise aux règles des sociétés intérimaires, M. Gaillard m'a déclaré qu'il était bien placé pour contester mes déclarations étant donné ses liens avec le Parlement; il m'a notamment montré une carte de membre de commission à la Chambre des députés, et m'a conseillé de me renseigner auprès de mes responsables hiérarchiques avant de poursuivre l'affaire.

« Le 9 janvier 1974, j'ai eu un nouvel entretien avec M. Gaillard, rue Creuzet, pour achever un contrôle sur l'emploi irrégulier d'étrangers dans le Rhône aux usines Berliet, alors qu'ils étaient titulaires d'un titre de travail valable pour d'autres départements, et pour poursuivre mon enquête sur des missions d'intérimaires dépassant une durée de trois mois. Ces faits ont donné lieu à deux procès-verbaux. J'ai pu constater que les seuls salariés de nationalité française employés par l'agence de Lyon et figurant sur les registres étaient un mécanicien diéséliste, M. Prévost, MM. Comergnat, Rouzaud et Vergne, responsables administratifs de l'agence et deux frères Cypriano qualifiés de responsables de l'embauche pour les chantiers de France.

« Par ailleurs, toutes les constatations que j'ai pu faire sur les registres m'ont permis de penser que la société S.I.T.E.R. à Lyon ne travaillait que pour les différents établissements de la société Berliet. »

M. Gaillard ne lésine pas sur les menaces, aussi bien à l'encontre de l'inspecteur du Travail, qu'à l'encontre des militants C.G.T. de son comité d'entreprise, ou des membres de la C.F.T.-Berliet. Il n'hésite pas à faire état de ses amitiés au parlement et de ses soutiens au gouvernement, tant au ministère de la Justice qu'à celui de la Fonction publique.

La S.I.T.E.R. a donc trois sociétés en France et à l'étranger.

Michel Rouzaud, comptable à la S.I.T.E.R., se souvient qu'en effet « un car Volkswagen est arrivé de la S.I.T.E.R.-Allemagne. Il transportait des Français, qui ont « baragouiné » avec un fort accent allemand, tout au moins sur le plan phonétique, afin de faire croire qu'ils étaient Allemands. Ils ont été chargés du nettoyage de locaux chez Berliet sous couvert d'une société, L.U.N.I.C., dont Albert-Jean Gaillard était le principal actionnaire ». Il y est aussi directeur commercial adjoint et conseiller technique aux appointements annuels de 12 129 F.

République fédérale allemande. La firme S.I.T.E.R. a loué un appartement à Francfort, Eschenheimerlandstrasse, non loin du centre. Ni plaque, ni enseigne sur la façade de la maison. On lit seulement le nom sur une boîte aux lettres dans l'entrée de l'immeuble. Au téléphone, c'est un Français qui décroche et qui parle bien l'allemand :

« — J'ai appris que votre firme transmettait de la main-d'œuvre en France ?

« — Où avez-vous appris ça ?

« — J'ai travaillé à Lyon pas mal de temps, et j'ai entendu dire cela.

« — Quelle est votre qualification ?

« — Ajusteur.

« — Je pourrais vous avoir quelque chose chez Peugeot.

« — Sans être indiscret, j'aimerais savoir quelle est votre activité pour savoir à qui j'ai affaire, je n'ai eu que votre numéro de téléphone. Je pourrais passer chez vous pour discuter salaire ?

« — Nous ne sommes qu'un tout petit bureau. Le mieux serait de vous adresser directement à l'entreprise I.T.E.L., 38, rue Hermel à Paris. »

Face à l'église de Notre-Dame-de-Clignancourt, la façade noire et pauvre de l'entreprise I.T.E.L., n'a rien d'engageant. La vitrine est sale. Le papier mural, qui se veut gai ne fait qu'accentuer le contraste. Les chaises sont en plastique. Ni fleurs, ni moquette, ni bureau de bois ciré. La devanture voisine est du même aspect. C'est celle de L.U.N.I.C. Aucune affiche demandant des ouvriers ou des employés n'est collée à la devanture. C'est le royaume de la petite annonce et du téléphone.

Dernier point : Jacques Lhopital, commissaire divisionnaire, chef de la Sûreté de Saint-Etienne reçoit la déposition de Jean Charrel, directeur de l'usine Peugeot Saint-Etienne. Rappelez-vous : l'attaque de l'usine ! Charrel conseille, pour plus ample information sur certains hommes des commandos, de s'adresser à la société S.I.T.E.R. « dont le siège social est à Paris, 38, rue Hermel ».

Tout est clair désormais. M. Gaillard règne sur un empire de bureaux aux dénominations diverses. Mais les hommes qu'il engage pour S.I.T.E.R., L.U.N.I.C. ou I.T.E.L. sont tous des gens dangereux.

Suivons l'itinéraire de quelques cadres de ces trois entreprises de travail temporaire.

Alphonse Kohler est chef de chantier pour 3 700 F mensuels; Michel Lethimonnier est responsable de chantier pour 3 600 F mensuels; Alain Cypriano est adjoint de Gaillard à la S.I.T.E.R. pour 12 000 F mensuels; Alfred Fabry est attaché commercial pour 3 500 F mensuels.

Ces quatre hommes, au passé et aux activités différents, montrent à quel point une société intérimaire peut être un carrefour primordial pour « l'underground » patronal.

Nous avons déjà parlé d'Alphonse Kohler au début de ce livre. Ancien fonctionnaire des Renseignements généraux, il travaille dans la « vérification » pour les « chantiers » de Gaillard. Ses relations avec son ancien service et avec le Général Feuvrier, de chez Peugeot, sont excellentes et efficaces. Kohler est la caution policière de Gaillard. Il traite directement avec le directeur du cabinet du directeur des Renseignements généraux, et les policiers de Lyon; c'est lui aussi qui présente Feuvrier à Gaillard. Et Feuvrier présentera Gaillard à Berliet.

Michel Lethimonnier, né à Paris en octobre 1945, fut un moment le responsable des intérimaires employés par Peugeot à Mulhouse. C'est à ce titre qu'il signe un règlement en arabe, précisant, qu'au sein des usines, le travailleur ne peut fumer et ne peut y faire pénétrer des journaux ou des publications... En septembre 1974, Lethimonnier devient « chef intérimaire » du personnel de la S.N.F.A. Ginette Krehchmar doit subir ses vexations continuelles. Un an plus tard, il est muté à S.I.T.E.R.-Mâcon, et il se fait arrêter à Lyon. Le télégramme en clair qu'envoie à la direction départementale de la Police urbaine à Lyon la direction générale de la Police nationale à Paris résume bien la situation :

« Les employés de la Compagnie d'Exploitation des Services auxiliaires ferroviaires, société chargée de fournir la restauration des grands rapides, ont déclenché hier matin une grève de quarante-huit heures.

« Hier vers 14 h 15, trois individus, Rateau, Brant et Lethimonnier, se faisant passer pour des policiers, ont interpellé deux agents S.N.C.F. et provoqué la réaction de M. Simplet, sous-chef de gare, qu'ils ont alors frappé à la face en utilisant un poing américain, puis poursuivi jusqu'à une station-service où ils l'ont rejoint et frappé à nouveau. L'alerte a été aussitôt donnée, les agresseurs ont été retrouvés peu après par deux motards, et dans leur véhicule, propriété de l'employeur de Lethimonnier, on a découvert un poing américain, une matraque japonaise, une casquette de C.R.S. et deux combinaisons C.R.S. de maintien de l'ordre. »

Lethimonnier fut condamné à six mois de prison avec sursis, Brant à deux mois avec sursis et Rateau à trois dont deux avec sursis. Christian Rateau, ancien C.R.S., faisait partie du corps des gardiens de l'usine Creusot-Loire à Chalon-sur-Saône. Henri-Raoul Brant était responsable sécurité chez Framatome à Chalon. Tous deux déclarent avoir les mêmes opinions politiques que Lethimonnier. On devine lesquelles ! Le Baron Empain, vice-président du C.N.P.F., P.D.G. de Creusot-Loire et de Framatome à qui la S.I.T.E.R. venait de facturer quelques « travaux exécutés en sous-traitance à l'usine du Creusot », ne fut pas content. Ces hommes étaient trop voyants.

Alain Cypriano est un personnage plus « attachant », car plus mystérieux. Ancien mercenaire au Katanga, grand admirateur de Hitler — il ne s'en cache pas —, ce nostalgique de l'O.A.S. pensa couler des jours heureux à Nice, en montant une affaire de pressing. Mais le démon de l'aventure était le plus fort. Cypriano se procura — le terme acheta étant sans doute inexact — un bateau qu'il baptisa *Swoop* et avec lequel il commença à écumer la Méditerranée.

Ancré à La Ciotat, le *Swoop* est un beau bateau, léger et puissant. Il permet déjà des raids au long cours et des transports bénéficiaires. C'est ainsi que Cypriano se fit prendre à Bari, en Italie pour trafic de cigarettes et fut embastillé. La douane, vigilante, transmit le renseignement à la police française qui appréhenda, un peu plus tard, Cypriano pour port d'armes.

L'un des grands amis de Cypriano est Jean-Claude Hourdeaux, « ancien parachutiste, bien sûr, écrivent Claude Angéli et Nicolas Brimo dans *Une Milice patronale Peugeot,* ancien de l'O.A.S., naturellement, ancien de " L'Ordre Nouveau ", comme il se doit, Jean-Claude Hourdeaux, trente-six ans, est l'un des responsables de la sécurité à l'usine Peugeot de La Garenne dans la banlieue de Paris. C'est un sportif et un méchant. De temps en temps, Hourdeaux participe à des stages d'entraînement parachutiste. Et ce n'est pas seulement pour se maintenir en forme... »

Hourdeaux présenta un Cypriano désabusé, à Gaillard. Les deux hommes se plurent car ils se complétaient. Gaillard, interdit de commerce par un arrêté ministériel paru au *Journal officiel* du 31 octobre 1973 — il avait un découvert en banque de 80 millions et de sérieux ennuis fiscaux — trouva dans Cypriano un utile homme de paille pour monter d'autres affaires; c'est ainsi que la société Azur-Cleaning adressa à la S.I.T.E.R.-Mâcon des factures pour « frais de nettoyage, entretien et gardiennage de votre usine », qui furent payées par S.I.T.E.R.-Lyon. Puis Gaillard fit de Cypriano, sous le nom d'Allein, le représentant de la S.I.T.E.R. chez Berliet. Bregeon se fit un peu tirer l'oreille, mais finalement accepta le plan qui lui était proposé :

Paris, le 15 juin 1973.

Monsieur BREGEON
Automobiles BERLIET
69 VENISSIEUX

« Monsieur,

« Faisant suite à notre entretien, nous vous prions de trouver ci-joint devis concernant l'implantation de personnel.

« *Directeur M. Allein*

Fixe 6 000 F + 70 F calendaire + Charges	10 308 F
voiture M. Allein environ 200 km par jour. Etant entendu que nombreux seront les voyages, entre Nice, Toulon, Tarbes, etc. et la Corse et frais de déplacements. Voyages à grandes distances compris	7 000 F

« *Un responsable extérieur de mission.*

Fixe 4 000 F + 2 000 F (pour voitures et représentation)	7 848 F

« *Son adjoint*

Idem	7 848 F
(missions spéciales : filatures, enquêtes détective privé « patenté » recherche de logement).	

« *Une secrétaire* pour M. Allein et son responsable + son adjoint
salaire et charges + déplacement 40 F calendaire 3 700 F

« *Un recruteur*
Chargé de recruter des légionnaires, paras, gendarmes, C.R.S., etc., ancien sous-officier libéré en 1972

Fixe 3 000 F + charges	4 680 F
Frais de déplacement 50 F calendaire	1 500 F
Frais de voiture 300 km par jour à 0,42 F	4 780 F

« *Personnel recruté en place chez Berliet :*

« 1° Engagé par Berliet au taux Berliet en fonction de la qualification et payé par Berliet.

« 2° Complément de salaire entre le taux de facturation et le prix de facturation S.I.T.E.R. 23,50 F de l'heure pour 173 heures mensuelles.

« Sans aucune heure supplémentaire majorée aux usines Berliet.

« Nous pensons que cette proposition retiendra toute votre attention et dans l'attente d'une réponse favorable,

« Veuillez agréer, Monsieur, l'expression de nos sentiments distingués.

Le Directeur, J. GAILLARD. »

Alain Cypriano allait exercer chez Berliet des dons incontestables. Son expérience lui permettra de fonder à Nice avec son père, une Société française de transaction et courtage qui eut pour filiale l'Organisation intérimaire de Chantier. Trente à quarante ouvriers temporaires et des contrats signés avec la C.I.A.P.E.M., filiale de Thomson, suffirent à rentabiliser l'affaire. Michel Rouzaud devait nous déclarer qu'en cinq mois, « Alain Cypriano avait dû ramasser cinquante millions de rentrées ».

Dernier exemple, celui d'Alfred Fabry, cinquante ans, petit bureaucrate craintif aux ordres de la C.F.T., de Berliet et de la S.I.T.E.R. suivant l'humeur de ses maîtres.

Fabry est responsable C.F.T.-Berliet et est en contact avec Constantin Simakis. Il a loué les cars qui ont transporté à Saint-Etienne les mercenaires de la S.I.T.E.R. et il avait assisté, en observateur, à l'attaque. En juin 1973, il quitte Berliet et rentre à la S.I.T.E.R.-Lyon. Il est en fait déclaré à L.U.N.I.C. comme attaché commercial et continue de toucher sa paye Berliet.

A lui seul, Fabry est le vivant exemple des interactions existant entre le patronat, la C.F.T. et certaines sociétés de travail temporaire. Ajoutons, à titre anecdotique, que le représentant lyonnais de la C.F.T. fut chargé de chercher un local pour la S.I.T.E.R. et passa, pour cela, une annonce dans les journaux de Lyon.

« S.I.T.E.R., L.U.N.I.C., I.T.E.L., S.F.T.C., O.I.C. », ou pour résumer, « Gaillard Intérim » ne sont pas les seules agences de travail temporaire à s'intéresser curieusement aux dessous des affaires patronales.

Pour mater les grévistes, Peugeot a fait appel, avant Gaillard, et par l'intermédiaire d'Henri Destais, son directeur général du personnel, à une petite société d'Intérim, la R.P.P.S.I.-Nota.

Les conditions de recrutement sont simples. Peugeot embauche pour le début 1975, cent vingt intérimaires, à la disposition exclusive de la direction, qui ne devaient jamais faire grève, mais qui, par contre, seraient les yeux et les oreilles de leurs chefs dans les ateliers. Ces ouvriers spéciaux seront O.S.-Peugeot au salaire Peugeot et O.S.-Nota au salaire Nota. La paye sera double, comme celle de M. Fabry.

Michel Delfau et Philippe Delvincourt, P.D.G. de la peu brillante R.P.P.S.I.-Nota sont heureux. L'affaire au bas mot, leur rapporte plusieurs millions par mois et, le pied mis chez Peugeot c'est le fabuleux marché de l'automobile qui s'offre.

Laissons la parole à Claude Angeli et Nicolas Brimo :

« C'est Jean-Pierre Herleaux, le chef de la petite agence Nota de Compiègne, qui fournit les huit premiers mercenaires. Rien de très reluisant : Herleaux n'a pas eu le temps de choisir et ces huit hommes n'ont rien des " costauds " attendus par Peugeot... »

Au premier étage du Royal-Trévise, un café voisin de Nota, les huit candidats sont réunis. Une avance leur est remise. Ils devront, le 12 janvier, se présenter à l'embauche en se mêlant aux ouvriers. La filière est bonne et elle se développera. La Nota enverra beaucoup d'intérimaires, à des conditions bien précises :

« CONDITIONS DE DETACHEMENT POUR L'USINE PEUGEOT A SOCHAUX »

A partir du 20.4.70 Au : 31.1.70
En qualité de : O.S. 2
Salaire horaire (base 45 heures)
Indemnité déplacement, par jour calendaire : F 15,00
Frais de transport sur place par jour de travail, aller-retour : F 2,00

TRANSPORT

Seul l'aller et le retour du détachement est payé par la Société N.O.T.A., tout voyage fait en cours de détachement est à la charge de l'intérimaire.

Le retour ne sera payé qu'en fin de détachement prévu.

Le transport sur place sera effectué par un car de la Société (clients).

LOGEMENT

Le logement sur place est assuré par la société cliente, mais à la charge de l'intérimaire.

— Chambre individuelle : 40,75 F par semaine;
— Chambre 2 personnes : 33,00 F par semaine;
— Chambre 3 personnes : 28,50 F par semaine.

REPAS

Restaurant d'entreprise à la charge de l'intérimaire.

ACOMPTE

Les acomptes seront donnés chaque semaine sur présentation du relevé d'heures, signé par le chef de service, ils ne pourront en aucun cas dépasser 50 % du salaire acquis.

LIEU DE PAIEMENT

Sur place le samedi après-midi dans une salle de conférence de la Tour Peugeot.

RÈGLEMENT INTÉRIEUR

Le personnel de N.O.T.A. est tenu de respecter le règlement intérieur de la Société et le règlement particulier des hôtels Peugeot dans les mêmes conditions que le personnel A.P.

VÊTEMENTS

Les vêtements de travail ne sont pas fournis par A.P.

Exception : Gants, tabliers, bottes, pour certains travaux.

CLAUSES PARTICULIÈRES

En cas de grève du personnel A.P., le personnel N.O.T.A. pourra être occupé par A.P. à des travaux divers à l'intérieur des usines.

Les intérimaires du personnel N.O.T.A. qui suivront une grève seront renvoyés immédiatement, sans indemnité ni remboursement de frais de transport.

UN DIRECTEUR

L'argent afflue dans les caisses de la R.P.P.S.I.-Nota. Michel Delfau et Philippe Delvincourt fondent alors la Nota, puis la C.E.O. (Compagnie européenne d'Organisation) et commencent à embaucher des recruteurs spécialisés dans la recherche d'hommes de main.

Ils s'adressent d'abord aux militaires et engagent, comme conseiller, le colonel Albert Lenoir, commandeur de la Légion d'honneur, proche de Salan, ancien de la « Bataille d'Alger ». En 1961 et 1962, le colonel a participé aux « putschs » d'Alger et à l'O.A.S. Il supervise les intérimaires sochaliens.

A Lille, le chef d'agence s'appelle Claude Peintre. A Marseille, il se nomme Jacques Prévost.

Claude Peintre a assassiné de quinze coups de poignard, à Alger en février 1961 l'avocat libéral Popie. C'est une des gloires de « l'Algérie française ». Arrêté en octobre 1962, les révélations sur son attitude ne vont pas tarder. Il est responsable du commando « Delta-15 » de l'O.A.S. *Le Monde* du 7 octobre 1962, apportera des précisions :

« Peintre exerçait une véritable terreur sur ses hommes et était considéré, par les services chargés de l'ordre, comme un individu extrêmement dangereux. C'est ainsi qu'à Nice, il avait précédemment blessé d'un coup de revolver l'un des membres de son commando — Di Giovanni — qui voulait quitter la clandestinité. Le 9 août, c'est sous la menace de ses armes qu'il fit exécuter à ses hommes une agression contre une banque niçoise. Il est en outre responsable de plusieurs meurtres d'Algériens. »

Jacques Prévost. Souvenez-vous : Le 31 décembre 1974, M. Louis Hazan, P.D.G. de la firme Phonograme est enlevé en plein conseil d'administration. Ses ravisseurs réclamaient une rançon de quinze millions de francs qui ne sera jamais versée, M. Hazan devant être retrouvé ligoté dans une villa de Tremblay-les-Villages, Eure-et-Loir. Le cerveau de l'affaire s'appelait

Hugo Brunini et était P.D.G. d'une entreprise de nettoyage A.C.S.I.-France. Le gardien de M. Hazan s'appelait Jacques Prévost. Il court toujours.

Jacques Prévost n'est pas un inconnu, y compris des services de police. Ancien baroudeur en Indochine il se retrouve — encore un — membre de l'O.A.S. pendant la guerre d'Algérie. Il est responsable des commandos « Action Sahara ». Le 22 août 1962, il participe à l'attentat du Petit-Clamart contre le général de Gaulle. Sa mitraillette s'enraye. Condamné à mort le 4 mars 1963 par la Cour militaire de Justice, il est grâcié et libéré le 15 juin 1968. Les dirigeants gaullistes, qui viennent de subir l'affront de mai 1968 relâchent leurs anciens ennemis d'extrême-droite qui leur donneront un coup de main aux élections de juin. Jacques Prévost se recycle ensuite dans l'intérim.

C'est au commissaire Ottavioli, chef de la Brigade criminelle que revient la poursuite de l'enquête sur l'affaire Hazan. Il commença par aller se renseigner auprès des employeurs de Prévost, à Aurillac et à Paris.

Le 16 janvier 1976, les hommes du quai des Orfèvres perquisitionnèrent au 21, rue des Halles à l'agence Nota. Michel Delfau, P.D.G., répondit sereinement aux questions des enquêteurs. Son entreprise était saine. En quatre ans, le chiffre d'affaires avait été multiplié par dix. Tous les intérimaires qu'il recrutait étaient fichés et les fiches traitées électroniquement. L'avenir s'annonçait au beau fixe. La Nota était une société sérieuse : et son directeur était confiant :

« Le travail temporaire est devenu une nécessité économique, tant pour les salariés que pour les entreprises utilisatrices : un demandeur d'emploi peut désormais opter pour cette solution en attendant de trouver un emploi stable perdu pour des causes diverses : licenciement, démission, changement de qualification, etc. Nous sommes donc, essentiellement une entreprise de services tant pour les demandeurs d'emploi que pour ceux qui en offrent. Et ce que nous recherchons avant tout c'est une parfaite adéquation entre les besoins d'une entreprise et le personnel que nous sommes en mesure de lui offrir. Pour cela notre activité s'exerce à différents niveaux : études des postes à pourvoir dans l'entreprise, recrutement, sélection du personnel qui, une fois placé dans une entreprise, est régulièrement suivi par notre réseau d'agents commerciaux. »

Agent commercial : tel était en effet le rôle du colonel Albert Lenoir. Surveiller un recrutement exemplaire, d'autant plus, ajoutait Delfau, que beaucoup de ses employés avaient été recommandés par le commissaire principal Joyet, de la Direction centrale des Renseignements généraux.

La tâche de la brigade criminelle ne fut donc pas facilitée. Elle découvrit pourtant qu'un des autres hommes impliqués dans l'affaire Hazan était aussi employé à Nota. Il s'appelait Paul Tombini et lui aussi avait disparu.

Au second trimestre 1970, Paul Tombini avait été envoyé par Nota chez Peugeot, laissant sa femme et ses enfants à Draguignan. Ce nouvel emploi allait lui permettre de rembourser ses dettes et d'apporter un peu d'aise à son épouse : la paye était double. En août, Tombini partit précipitamment, en oubliant, entre autres, un appareil photo, une serpette, une matraque dans sa chambre de l'hôtel Peugeot de Sochaux.

Le commissaire Ottavioli continua son enquête. Il alla visiter la campagne aux environs d'Aurillac, Cantal. Jacques Prévost y avait souvent des rendez-vous avec une ancienne hotesse de l'air, à « L'Etable », boîte de nuit peu recommandable. Il était aussi employé de Aqua Simplex, société de contrôles aquatiques. « Couverture » ou non ? on découvrit à « L'Etable » des canots pneumatiques Zodiac, des cartes d'Etat-Major de certains pays d'Amérique du Sud et des armes. Jacques Prévost ne s'était décidément pas reconverti de l'O.A.S. Il entraînait des barbouzes, et était aidé dans cette tâche par Daniel Moschini, alias Miguel Moschoni, néo-fasciste italien connu, ancien combattant en Angola pour les services secrets du Portugal fasciste. La boucle n'était cependant pas refermée. Car Moschini entraînait des chiens à Noisy-le-Grand pour... une grande entreprise de gardiennage dont nous avons déjà parlé; et Jacques Prévost faisait de nombreux voyages entre la Suisse et la France. L'exubérance des enquêteurs fit place à la résignation. L'affaire devenait dangereuse. Il y avait là-dessous des souvenirs d'O.A.S. et des relents de S.A.C. capables d'empoisonner le plus fin limier de la brigade criminelle.

Jacques Prévost et Paul Tombini avaient fait des stages chez Peugeot, comme beaucoup d'autres intérimaires de la Nota ou de sa petite sœur, la C.E.O. Cela s'était passé entre amis : Jean-Pierre Thiers, Marcel Le Roch, Antoine Verdu étaient, eux aussi, des anciens de l'O.A.S., et leur nouvelle occupation de barbouze chez Peugeot les replongeait dans l'ambiance du passé. Leurs mains, certes, n'étaient pas nettes. Nota, et son colonel, Peugeot et son général le savaient bien qui fermaient les yeux et, au contraire, poussaient à de nouvelles embauches. Seul le résultat comptait et il dépassait toutes les espérances.

Nicolas Brimo a rencontré quelques-uns de ces « mercenaires » et leur a laissé leur incognito :

« Avant de partir pour Sochaux, je suis allé à Paris, au Bureau. Delfau nous a donné 30 000 anciens francs, un acompte, et il nous a prévenus : " Vous serez bien payés, mais faut pas avoir peur de prendre des coups. " Il nous a dit aussi de nous tenir prêts à prendre la place des grévistes quand il y en aurait (...). La nuit parfois, mon groupe restait en alerte, en " piquets d'intervention ". Il fallait rester dans nos chambres à l'hôtel Peugeot, comme à la caserne. On passait la nuit à attendre, ou bien quelqu'un de chez Peugeot téléphonait à Maury et on venait alors nous chercher. Une nuit, nous sommes ainsi partis, avec nos talkies-walkies et les matraques, tourner pendant deux heures autour de l'usine. On craignait un sabotage des gauchistes, paraît-il... »

A l'occasion d'ailleurs, ces sabotages « gauchistes » sont organisés. En 1974, deux attentats furent commis et revendiqués par un groupe d'extrême-gauche espagnol, le G.A.R.I. Ses militants arrêtés, on s'aperçut qu'il s'agissait de mercenaires Peugeot, dont plusieurs étaient membres de la C.F.T. et que leurs opinions personnelles penchaient plus vers le Caudillo que vers la démocratie.

Après le travail, l'heure venait de la récréation et nos mercenaires de tout poil allaient briser des vitrines, piller des troncs et des banques, des magasins et des voitures. Au besoin ils faisaient le coup de feu, puisque, nous le savons, ils avaient des armes. Un gendarme était abattu; le commissariat sautait; la sous-préfecture explosait; les locaux de la C.G.T. brûlaient... Plus qu'habitudes prises à l'O.A.S., c'était là pratiques de malfrats et de truands. L'un avait été condamné pour vol, l'autre pour proxénétisme, le troisième pour agression, le quatrième pour hold-up, le cinquième pour racket, le sixième pour port d'armes, le septième pour chèques sans provisions et les autres pour d'autres choses encore... La nostalgie du mauvais coup les saisissait aux heures perdues. Un passé commun, un recruteur commun, un employeur commun les unissaient dans l'action. Jacques Prévost était de ces gens-là. Il avait, en plus, tué quelques hommes.

L'O.A.S. attirait donc les sociétés d'intérimaires comme un vif le brochet. Alain Cypriano nota sur son carnet qu'il devait contacter, pour la S.I.T.E.R., Patri, adjoint de Degueldre, chef des commandos Delta de l'O.A.S., du temps de la guerre d'Algérie. Cela était porté sous la rubrique : « postulants à voir ».

L'O.A.S. évacuée restait le S.A.C. Les voyages de Jacques Prévost n'étaient pas sans étonner les enquêteurs. Paris-Montbéliard : Prévost allait chez Peugeot. Paris-Aurillac : Prévost allait rencontrer sa maîtresse et entraîner ses barbouzes. Paris-Marseille : il allait à son agence. Restaient Paris-Genève, et Paris-Bâle. Qu'allait-il donc faire dans ces places fortes financières et ces capitales du cigare ? Gérer le trésor de l'O.A.S. ? Peut-être. Prévost était un spécialiste, pour reprendre l'expression d'Alain Guérin dans *l'Humanité*, des « hold-up philanthropiques et du banditisme O.A.S. », et le trésor de guerre du mouvement avait pris le chemin des comptes numérotés. Mais n'assurait-il pas d'autres liaisons ? A Bâle, rue de Lausanne, une villa abrite une société peu connue, la Banque de Renseignements politiques et syndicaux, qui centralise, pour l'Europe des données que la très noble C.I.A. recueille pour les Amériques. La B.R.P.S. en est d'ailleurs vraisemblablement l'honorable correspondante. A Genève, à quelques pas de la frontière française, une autre villa, traite d'autres « renseignements économiques ». Mais on dit aussi que l'une et l'autre affaires gèrent les fichiers du S.A.C. à l'abri de frontières neutres pour le cas où les événements en France, mettraient en péril la marche de l'Etat. Genève, c'est là aussi que le Service d'Action civique installa la firme I.W.S.-Marketing qui pluma des pigeons au profit d'autres caisses parallèles et d'autres caisses de guerre.

Le S.A.C. : le mot était jeté, recouvrait des horizons brumeux.

Le doute quant à l'activité de Jacques Prévost au nom du S.A.C. ne pouvait être que certitude pour Paul Tombini impliqué dans la même affaire — l'affaire Hazan — et qui avait reçu, en juin 1969, une lettre de félicitation de Jacques Foccart pour sa participation comme membre du S.A.C. à la campagne présidentielle de Georges Pompidou. La Nota avait décidément de bien curieux employés.

La S.I.T.E.R. ne lui cédait en rien puisque sur une page du carnet d'Alain Cypriano on pouvait encore lire : « Voir avec Jean-Claude la " valeur " de M. Blanc de chez Citroën. Quels sont ses rapports avec le S.A.C. où il rencontre Debizet chaque semaine (vendredi). »

Point n'est besoin de faire appel à des décripteurs spécialisés pour éclairer cette courte note. Jean-Claude s'appelle Jean-Claude Hourdeaux, il est chef de la sécurité à l'usine Peugeot de la Garenne, ami personnel du général Feuvrier, et il est membre du S.A.C. M. Blanc est secrétaire général de la C.F.T. après avoir été le secrétaire C.F.T.-Citroën. Quant à M. Debizet, laissons la parole à Philippe Alexandre, chroniqueur à R.T.L. :

« M. Debizet est le seul homme au monde à connaître la mystérieuse histoire du S.A.C., de ses origines à nos jours. Après la guerre il était déjà le responsable du service d'ordre du R.P.F., l'ancêtre du S.A.C., qui faisait le coup de main dans les meetings parfois violents, que tenaient les dirigeants gaullistes. Après le 13 mai 1958, Pierre Debizet a mis en place le S.A.C. mais il a rendu assez vite son tablier parce qu'il était opposé à la politique algérienne du général. Il avait aussi des ennuis de santé.

« Il a repris du service beaucoup plus tard, lorsque G. Pompidou a accédé à la présidence de la République. A cette époque, plusieurs membres du S.A.C. ont été mêlés à de vilaines histoires, notamment des histoires de drogue, et le président Pompidou l'a chargé de " nettoyer " un peu cette maison qui était toujours située rue de Solférino, là-même où de Gaulle avait traversé le désert sous la IVᵉ République.

« Pourtant à la même époque Georges Pompidou affirmait avec force et publiquement qu'il n'existait pas de polices parallèles, et que les journalistes — ah ces journalistes — avaient décidément l'imagination fertile. En ce temps-là, un dirigeant politique appartenant à la majorité s'était à plusieurs reprises élevé contre l'existence du S.A.C. " Si ce service parallèle n'est pas supprimé, disait-il à qui voulait l'entendre, le gaullisme ira de coquinerie en coquinerie et finira englouti dans un marécage nauséabond. "

« L'homme qui parlait ainsi s'appelait Michel Poniatowski, il est aujourd'hui ministre de l'Intérieur, c'est dire qu'il pourrait supprimer le S.A.C. d'un trait de plume. Mais voilà, l'U.D.R., le parti de l'ancien Premier ministre, utilise depuis 1958 les services des hommes du S.A.C. Tous les candidats députés de l'U.D.R., tous les meetings organisés par le parti gaulliste se font avec le concours du S.A.C.

« Il est possible, après tout, que M. Debizet ait mené à bien sa mission, qu'il ait purgé le S.A.C. de tous ses éléments douteux, et que ce soit à présent un service d'ordre politique comme un autre, comme celui du Parti communiste, du Parti socialiste, ou même comme celui beaucoup plus musclé qui accompagnait Giscard durant sa campagne présidentielle. Mais enfin le S.A.C. fait scandale. Et le scandale est le plus grave danger qui menace les organisations politiques. Ce serait tout de même curieux de voir un jour M. Poniatowski éclaboussé par un service parallèle qu'il a jadis si violemment critiqué. »

Ajoutons un élément complémentaire à cette chronique de juillet 1975. Si Blanc a (avait) des rencontres hebdomadaires avec Debizet, des liaisons plus régulières entre les deux hommes sont (étaient) entretenues par Daniel Boutang, fils du célèbre philosophe. Elles ne sont (furent) pas sans conséquences. Blanc devient, le 14 septembre 1975, le secrétaire général de la C.F.T. au cours d'un congrès houleux à Versailles. Le S.A.C. ne fut pas étranger à l'opération. Mais nous en reparlerons.

S.I.T.E.R., U.N.I.C., I.T.E.L., Geco-S.E.R.T.R.A., C.E.O., Nota, T.I.I.S., O.I.C., S.F.-T.C. : voilà les sociétés de travail temporaire les plus compromises dans ce trafic. Leur liste s'allonge. Et d'autres dispositifs apparaissent. Nous avons déjà évoqué celui qui se met en place à Saint-Nazaire, où l'embauche ne s'effectue plus que par leur intermédiaire. On sait ce que cela permet. Chez Renault, à Billancourt, le même processus vient d'être installé. Renault n'engage plus directement mais fait appel, principalement, à la société Intertra; Intertra, c'est — dit-on — la société de travail temporaire de l'ancien secrétaire général de l'U.D.R., de l'ancien ministre René Tomasini. On a beaucoup parlé de M. Tomasini à propos de l'achat des « fichiers » de l'O.R.T.F. et des pots-de-vin des « pétroliers ». Il y a des coïncidences... On a aussi remarqué qu'il a souvent servi d'intermédiaire entre Simakis et des hommes politiques de la majorité, et particulièrement M. Edgard Faure, dans les premières années 70, pour tenter d'accélérer l'obtention de la représentativité pour la C.F.T.

C'est sans doute encore un hasard si, dans le même temps, apparaissent chez Renault des « agents de secteurs », comme chez Citroën; ces agents dont le rôle est la lutte anti-syndicale. Le rêve d'Auguste Blanc d'investir Renault est-il en train de se réaliser ?

C'est peut-être encore le hasard si, dans le même temps, la paye des cadres de Renault est confiée, selon *Le Monde* du 20 août 1976, à l'A.C.D.S. (encore elle), qui rentabilise ainsi (mais est-ce l'unique raison) la gestion de ses ordinateurs.

Décidément, l'appel généralisé à des « sociétés de service » ne laisse pas d'inquiéter. Il n'est d'ailleurs qu'à ouvrir les grands quotidiens parisiens pour voir pulluler les « cabinets » de recrutements, les « sociétés de conseils » qui exercent à l'égard des chercheurs d'emploi un filtrage attentif aux désirs patronaux.

Les sociétés de travail temporaire ne sont pas les seuls fournisseurs de main-d'œuvre spécialisée aux grandes firmes. L'Union départementale C.G.T. de la Loire, après les événements de Saint-Etienne, entreprit une étude sur le recrutement et l'utilisation des milices dans son département. Elle devait obtenir de bien curieux résultats :

« Concernant le recrutement et l'utilisation de milices dans notre département, nous vous transmettons les éléments suivants :

« Notre attention a été attirée par la décision de la direction des Bennes Marrel de substituer à son service de gardiennage, des gardes recrutés par la société S.O.R.I.C. et quasi exclusivement anciens légionnaires. La S.O.R.I.C. a pour gérants MM. Beaudonnat et Furnon.

« En même temps, plusieurs individus de même origine sont embauchés comme salariés. Très vite, des liens très étroits apparaissent entre ces individus et Beaudonnat, attaché au service de la direction des Bennes Marrel comme conseiller juridique. Ce personnage est associé à un nommé Lauby à la direction de deux officines. La S.E.D.O.S. (Service de Documentation sociale interentreprise) régie par la loi de 1901 et le G.I.C.E. (Groupement interprofessionnel des chefs d'entreprises) dont le siège commun est au 47, rue Basses-de-Rives. Avec d'autres individus du genre « casseur », ces légionnaires sont employés à diverses tâches de service d'ordre (boîtes de nuit, dancing).

« En 1972, l'effectif de la S.O.R.I.C. est de 120 employés dont 40 domiciliés à Marseille. La raison sociale de la S.O.R.I.C. est : Location machines outils, main-d'œuvre, ingénieurs conseils. Avec Furnon on trouve un patron d'une boîte de mécanique dont la particularité est d'embaucher d'anciens légionnaires souvent pour peu de temps. Cette entreprise sert notamment à former ces légionnaires futurs " ouvriers " et à leur fournir des certificats de travail.

« La cogérance de la S.O.R.I.C. confirme ce rôle.

« En 1972 lors d'un conflit dans une petite entreprise de Simonet, le patron eut recours pour garder l'usine à des hommes de main fournis par Beaudonnat.

« Lorsque le lundi 2 avril, les travailleurs de l'usine Jacquemard, depuis six mois filiale de la S.A. Luchaire, répliquèrent par la grève au refus opposé par le patronat à leurs revendications, le P.-D.G. Jacquemard extrémiste de droite notoire, fit appel à une douzaine " d'éléments extérieurs " manifestement armés et accompagnés d'un chien-loup.

« Parmi ces éléments, plusieurs furent reconnus comme des hommes à Beaudonnat dont Nanas domicilié à la Ricamarie, et Willème, tous deux salariés des Bennes Marrel et travaillant à l'atelier. Ce Willème est un proche collaborateur de Beaudonnat à qui il sert fréquemment de chauffeur et de garde du corps.

« Ces deux salariés ont été dénoncés par un tract du syndicat C.G.T. des Bennes Marrel. La réaction de quelques habitants de la Ricamarie ont conduit Nanas à exhiber une arme à feu. Ces diverses informations concordent avec une déclaration de l'un de ces anciens légionnaires entré en conflit avec Beaudonnat. »

Spezia Pacifico a quitté la Légion étrangère le 12 juin 1970. Un ancien lieutenant de cette Légion, M. Bernard, lui propose du travail alors qu'il était encore au camp de repos de La Ciotat. Il le met en contact avec Beaudonnat qui le fait embaucher aux Bennes Marrel.

Un jour, Beaudonnat le convoque avec d'autres légionnaires :

« Beaudonnat nous dit que nous sommes à Saint-Etienne pour une organisation antigrève et que si nous sommes tous à ses ordres nous serions bien récompensés. Puis il nous dit : " Spezia vous tiendra informé et s'occupera de votre problème, toujours en accord avec moi. " Pour ce qui concerne la paie, il nous a dit que notre salaire serait de 1 300 F pour le premier mois et qu'il serait donné un complément sur le bulletin de paie. Pour moi, c'est 1 500 F, étant donné mes prestations. Les jours suivants, il s'occupe de nous trouver, à tous un logement et à moi il me loge dans un appartement au 100, cours Fauriel (résidence très chic). Il m'amène à Manufrance. Il achète tous les meubles pour un montant de 4 000 nouveaux francs et paye avec un chèque de la Société populaire de la Loire et me dit : “ Ça c'est mon cadeau. ” “ Je ne veux rien, seulement quand on aura besoin d'un local pour les réunions, on viendra chez toi. ”

. . . .

« Pendant un an — et précisément jusqu'en juillet 1971 — tout marche régulièrement. Nous percevons notre salaire et, sur présentation du bulletin de paie à Beaudonnat, il nous fait un complément pour arriver à 1 300 F pour les autres et 1 500 F pour moi. Il est aimable avec nous. Il nous paie même les logements mensuels auprès des propriétaires des appartements. Nous, de notre côté, on lui répète ce qui se passe à l'usine, ce que les délégués C.G.T. et C.F.D.T. disent. Quand il y a une grève, nous lui donnons un récit détaillé de tout. Moi je suis chargé d'en référer directement à M. Chambe, directeur des Bennes Marrel, à Bouthéon.

« Je suis monté presque deux jours par semaine à Paris. M. Chambe me dit : “ Ne manque pas de venir tout de suite et à n'importe quel moment s'il y a quelque chose que vous venez de savoir sur la question des syndicats, des grèves et sur tout ce que vous entendez qui puisse nous intéresser. ”

« La grève a lieu en 1971. Mais moi, contrairement à mes camarades légionnaires, voyant les travailleurs se battre et lutter pour obtenir quelque chose, je me convertis et je m'inscris alors au syndicat C.G.T. Je laisse tomber Beaudonnat, Bernard et Chambe pour m'unir aux travailleurs en lutte.

« Mon salaire mensuel retombe à celui du bulletin de salaire des Bennes Marrel.

« Au cours de l'année 1972, un légionnaire est venu chez moi. Les premières fois, je n'étais pas à la maison. Il a trouvé ma femme qui lui a demandé ce qu'il voulait. Il lui a répondu : “ Si votre mari parle de quoi que ce soit sur notre affaire aux délégués des Bennes Marrel, des légionnaires de M. Beaudonnat lui feront quelque chose. Qu'il pense qu'il a une famille et qu'il peut lui arriver n'importe quoi, que ce soit chez lui ou au travail. " La troisième fois qu'il est venu à la maison, il m'a dit : " Fais attention à ce que tu fais parce que M. Beaudonnat est plus fort que vous croyez et il m'a dit de vous dire qu'un accident peut vite vous arriver... " »

Loin de nous l'idée de faire de tous les militaires des malfrats. La majorité d'entre eux demeurent, à la retraite, des citoyens comme les autres. Et barbouzes et légionnaires ne représentent qu'une infime partie des militaires reconvertis dans le privé. Nous le savons, des services dépendant du ministères des Armées ou assujettis à son contrôle permettent sans heurts le passage de la vie militaire à la vie civile. Mais il est des retraites mieux préparées et plus feutrées. Les contacts établis par un général ou un amiral dans ses activités militaires ne sont pas sans retombées profitables au futur retraité.

A prendre au hasard les états de service de nos plus illustres généraux, une forte majorité s'est retrouvée dans les conseils d'administration des sociétés les plus diverses, la palme d'or revenant sans conteste aux généraux du corps aérien. Parfois un scandale éclabousse durement ces nouvelles activités. L'affaire du général Paul Sthelin qui défendit les intérêts de firmes américaines contre ceux de firmes françaises est typique de ces écarts. Mais dans la plupart des cas, l'ascension dans le « privé » est tout aussi remarquable que dans le « militaire ». D'administrateurs, ils deviennent attachés ou conseillers de direction, puis directeurs. Quelques postes prêtent à sourire. Lorsque la moralité est reconnue sans reproche notre général devient directeur de Casino. Lorsque les opinions politiques ne prêtent à aucun doute, il devient maire à Paris. Lorsque la spécialité a fait l'homme, il devient directeur d'une société de gardiennage ou directeur du personnel. Enfin, de toute façon, lorsque la réputation est glorieuse, la place est aisée à trouver.

Ne donnons que trois exemples : Charles, Valère Feuvrier est un écrivain connu des aviateurs. Ce général du corps aérien est en effet l'auteur de six ouvrages très spécialisés sur les « collimateurs gyroscopiques, la navigation du pilote, etc. ». Il occupe, en outre, au siège de la société, avenue de la Grande-Armée, à Paris, les importantes fonctions de directeur général du personnel pour la totalité des usines Peugeot. Car le général Feuvrier possède deux atouts : il est enfant du terroir Peugeot (il est né dans le Doubs) et il possède des méthodes d'investigation très au point (il a été directeur de la Sécurité militaire).

Les entreprises sont toujours à l'affût de ces excellents éléments. Et, le cas échéant, elles s'entraident. C'est ainsi que, second exemple, Rodolphe Peugeot, l'un des fils de la fameuse dynastie, a présenté à Paul Berliet, Charles, Gilbert de La Chapelle, officier de solide renom qui avait mis, le 22 avril 1961, comme il s'y était engagé, ses blindés à la disposition des putchistes d'Alger. Saumur, l'O.A.S. et quelques années de prison formèrent un passé qui autorisa Paul Berliet à déclarer, lorsqu'il reçut La Chapelle : « Vous êtes exactement l'homme dont j'ai besoin. » La Chapelle devait lui en être reconnaissant : « C'est à lui que je dois d'être tiré d'affaire. Il y a eu des réticences de la part de certains directeurs, mais je me suis expliqué avec eux et ils m'ont traité loyalement. J'ai passé des tests en Suisse et j'ai commencé par faire deux ans de stage à Courbevoie (...). Et au printemps 68 nous sommes revenus nous installer à Lyon (...). Les rapports (avec les civils) évidemment ne sont pas les mêmes que dans l'Armée. J'ai dû faire un effort pour arrondir les angles. Aussi, un jour, j'avais eu la maladresse de " convoquer " une assemblée de travail, dans un style encore un peu militaire. Les gars sont arrivés, plutôt goguenards, ils ont claqué les talons et ils ont crié tous en chœur : " A vos ordres, mon colonel. " »

Troisième exemple, enfin, celui du chef de bataillon Domigo qui, selon la revue *Armée d'aujourd'hui* « a passé quinze ans à la Légion étrangère et occupe maintenant un poste d'attaché de direction dans une grande société de constructions automobiles ». M. Domigo est chef du personnel Citroën rive droite. Il a accompagné M. Raymond Ravenel, le P.-D.G., aux séances du comité central d'entreprise. En 1968, il a caracolé, pendant les grèves, au milieu de ceux qui réclamaient « la liberté du travail ». Il a su mettre, autour de lui, des hommes sûrs. Le capitaine Sassi, chef du personnel à Citroën-Levallois, Caron, responsable C.F.T. à Citroën-Clichy. Leurs parents communs : la C.F.T. et le « 11e choc ». Les anciens du « 11e choc » se sont regroupés dans l'association Bagheera [1]. Là, tous ensemble, ils perpétuent le culte de l'ex-colonel Godard, organisateur de l'O.A.S., leur « guide bien aimé », selon une expression de *l'Indépendant de Perpignan,* qui révèle aussi, que tous ces « chevaliers » se sont réunis le 14 août 1976 au mas Palegry, où ils ont rêvé au

1. Organe militaire d'intervention du S.D.E.C.E.

temps passé. Mais M. Domingo et ses acolytes ne rêvaient pas lorsqu'on a, en avril 1976, sérieusement blessé le secrétaire C.G.T. de Citroën-Levallois, ni quand on a filtré, le lendemain, ceux qui rentraient à l'usine, interdisant l'accès aux élus de la C.G.T...

Si le point commun aux milices était la S.I.T.E.R. et d'autres sociétés d'intérim, spécialisées dans un recrutement spécialisé, le point commun à ces gens est sans nul doute la C.F.T.

La Confédération française du travail acquiert ainsi une place méritée. Nous savons déjà qu'en 1972 Auguste Blanc, alors secrétaire du syndicat C.F.T.-Citroën a rencontré, en compagnie de Max Le Berre, responsable du même syndicat chez Chrysler, MM. Paul Bregeon, directeur du personnel des usines Berliet, et Paul Berliet lui-même. Nous savons encore que Michel Bocquillon, adjoint de Bregeon, a rédigé de nombreux ordres du jour pour la C.F.T., pendant ses heures de travail au service de Berliet et de Bregeon. Nous savons enfin que la société Berliet a voulu créer de toute pièce une société de travail temporaire uniquement pour donner à la C.F.T. un essor que la vigilance des travailleurs interdisait. Albert-Jean Gaillard, animateur de la S.I.T.E.R., sera chargé de cette création : voilà pour Berliet.

Mais A.-J. Gaillard a été présenté à Berliet, il l'avoue lui-même et nous l'avons dit, par le général Feuvrier qui lui avait été présenté par Alphonse Kohler. La tradition Peugeot en matière de milice et de C.F.T. est en effet bien ancrée. Jean Bijiaoui, l'un des principaux responsables C.F.T. sur le plan national, est entré chez Peugeot sous le nom de Jean Corré à la même époque que le général Feuvrier. Il avait pourtant dépassé de vingt ans l'âge maximal fixé pour l'embauche. L'un devait filtrer et recruter du personnel, l'autre animer le syndicat C.F.T.-Peugeot. Le S.A.C., là encore, ne fut pas étranger, semble-t-il, à l'opération. Et l'on murmure que le général lui-même se laissa aller en plus à offrir ses terrains pour de bien curieuses cachettes. Il est vrai que son plus proche collaborateur, Amaury Lubeck, ne devait pas cacher son appartenance au S.A.C., ni qu'il avait participé, en janvier 1972, au stage organisé par la C.F.T. à Lyon, alors qu'il n'en était pas membre.

Qui est Lubeck ? Il se présente lui-même lorsqu'il dit :

« Quand de Gaulle s'est retiré de la vie publique, Jacques Foccart nous a réunis et nous a dit... » Amaury Lubeck est un des responsables du S.A.C. sur la Région parisienne. Cela ne l'empêchera pas de se consacrer à d'autres activités : « En 1970, dit-il, je suis rentré chez Peugeot, directement par le S.A.C. Ils m'ont rendu service car j'étais gêné comme travail. J'ai vu l'ancien directeur du personnel, Henri Destais, et ça c'est très bien passé. Il m'a dit : " Lubeck, vous allez vous occuper du service de la sécurité et puis vous connaissez le syndicalisme ?... " J'ai dit " assez... " " Il y a la C.F.T. ici, vous allez vous en occuper aussi. " Destais a été remplacé par le général Feuvrier, dont il est devenu l'adjoint. Le général Feuvrier n'est pas ce qu'on appelle un méchant homme. On l'a mis là pour faire la chasse aux sorcières. Bon !... Depuis qu'il est là, il faut quand même avouer qu'il y a une espèce de climat d'espionnite » dit Lubeck. Et il ajoute : « Chargé de m'occuper de la C.F.T., j'ai été à une première réunion. Je suis allé faire un rapport à mes deux patrons, celui du S.A.C. et celui de Peugeot. A Seigneuret, j'ai dit : " Ce sont des c... " Il a attrapé un coup de sang et m'a répondu : " Ce sont mes potes. " A Destais, j'ai dit : " Ce sont des c..., ils n'y entendent strictement rien, ça ne tient pas debout comme syndicat. " J'ai répété les mêmes choses au général Feuvrier. Il m'a dit : " Ça ne fait rien, on peut composer... " On a donc fait " sortir " des militants qui étaient déjà en place, des gens fidèles et bien gentils, pour pouvoir rattraper la chose. »

Pas un mot de trop dans cette étonnante confession ! Et quelle démonstration de la collusion Peugeot, S.A.C., C.F.T. Ce n'est pas tout.

Parmi les mercenaires recrutés par Peugeot, Antoine Wilczinski était membre de la C.F.T. Le 28 octobre 1974, le journal *L'Est Républicain*, qui allait annoncer cette « coïncidence », reçut la visite de Bernard Bouisset, dirigeant national C.F.T., qui fit remarquer sur un ton intimidant que cette nouvelle n'était peut-être pas bonne à communiquer. De la même façon, Claude Archambault, directeur du personnel Peugeot à Sochaux et placé, à ce titre, sous les ordres du général Feuvrier, fit part de son mécontentement, auprès de la direction du journal, pour les mêmes raisons que Bouisset.

Wilczinski fut mis en cause comme ses amis, Jacques Paillard, Alain Le Houarner, Bernard Roussillon, André Sauzé et Jean-

Claude Ragut, qui fut même candidat du premier collège au comité d'entreprise sur une liste C.F.T. Leur statut privilégié de mercenaires, malfrats, et « militants » C.F.T. leur faisait bénéficier d'arrêts de travail que le directeur du personnel Peugeot signait volontiers sans trop faire attention. Wilczinski était en arrêt au moment des événements de Saint-Etienne. Roussillon aussi. Il se fit bêtement arrêter là-bas, comme il le sera en 1974 après l'explosion, dans son garage, d'un malencontreux dépôt d'armes.

Quant à François Cusey, notre « jeune et brillant » ingénieur envoyé en avant-garde du commando, il s'était fait remarquer à Sochaux comme animateur patenté des réunions C.F.T. et brillera, au sein de la direction générale du personnel, à Paris. Le général ne choisissait donc pas au hasard ses hommes.

Voilà pour Peugeot.

L'Oscar de la répression antisyndicale et antiouvrière tout court revient pourtant à Citroën, talonnée, parfois même dépassée par Chrysler. Par une coïncidence que certains voudraient fortuite sinon étrange, la C.F.T. a fait de Citroën, comme de Chrysler, non seulement un bastion, mais plus : un quartier général. Auguste Blanc, avant de conquérir sans gloire, le secrétariat général de la C.F.T. a pris ses aises en bordure de Seine. Ce modeste dessinateur y devient, rapidement, et surtout après son adhésion à la C.F.T., le responsable du service suggestion, occupant au pavillon Herlicq, un fauteuil rembourré et protégé. Il avait sa voiture de fonction, son secrétariat et le partage entre ses tâches syndicales et ses tâches Citroën resta mal défini.

Au 111, quai André-Citroën donc, le pavillon Herlicq abrite les locaux de la C.F.T.-Citroën, pour toutes les usines du groupe. Auguste Blanc y siégea avant qu'il ne parte, 13, rue Péclet, au nouveau siège national de la C.F.T. En ce temps-là, les locaux du pavillon étaient censés abriter le service suggestion. Tel était le libellé de l'étiquette sur la porte. L'histoire ne dit pas si c'est l'abondante production de ce service qui conduisit Citroën au bord de la catastrophe en 1974. Toujours est-il que lorsque les élus C.G.T. au comité d'entreprise demandaient à connaître, en parfaite légalité, la « position » de M. Blanc dans la hiérarchie de l'entreprise, on leur répondait immanquablement : « collaborateur ». Et comme ils demandaient des détails et voulaient en savoir davantage, on ajoutait : « Cela ne vous regarde pas. »

Mais tous ceux qui ont eu accès aux bureaux du pavillon Herlicq savent bien que là étaient les locaux de la C.F.T., munis de tous les moyens dont peut disposer un service de la direction. Ils savent aussi que Citroën est alors en totale infraction avec la loi qui interdit à l'employeur de se livrer à toute discrimination, et l'oblige à considérer les organisations syndicales comme étant sur un pied d'égalité, ceci notamment par la mise à leur disposition d'un local commun.

Lorsque, à la fin 1975, Auguste Blanc fut promu à ses nouvelles fonctions à la tête de la C.F.T., l'étiquette « suggestion » partit avec lui. Chacun pensa que la C.F.T. allait rejoindre les locaux communs aux autres syndicats, 159, quai André-Citroën. Cela aurait évidemment posé des problèmes, car il n'y a qu'une pièce, une chaise, une armoire pour chacun et un téléphone pour trois. Mais la loi aurait été respectée. Tel ne fut pas le cas.

M. Bris a remplacé M. Blanc. Il vient de Rennes où il était comptable et responsable, lui aussi, de la C.F.T. Il s'installe, lui aussi, au pavillon Herlicq. Il arrive, lui aussi, tous les matins, vers 8 h 10, devant la petite porte en chêne du pavillon et entre, sans sonner, dans un hall donnant accès à quatre bureaux : le sien, celui de son secrétariat, ceux de MM. Bertin et Durieux, tous deux également responsables C.F.T. pour l'usine.

M. Bris, comptable, est affecté au service paye-horaire, qui, de notoriété publique, n'est pas au pavillon Herlicq. MM. Durieux et Bertin sont, d'après les listes d'émargements pour les élections professionnelles du 22 septembre 1976, des « collaborateurs détachés en mission ».

Nous sommes le 29 octobre 1976 — un vendredi. Il est 8 h 10 du matin. Commis par la Justice, sur requête de la C.G.T., un huissier pénètre dans le pavillon Herlicq. Daniel Bris se présente et, stupéfait, téléphone à la direction : il donne l'alerte et prend les ordres. Aux questions de l'huissier, il commence par répondre : « Je suis un des responsables du service paie et, en cette qualité, j'ai été chargé en particulier du fonctionnement de l'assurance contre les aléas de carrière... » « Les mêmes locaux ont été occupés précédemment par M. Blanc... » « MM. Durieux et Bertin ont un bureau pour eux... »

Poursuivant sa mission, l'huissier demande à voir le contenu des dossiers. Visiblement hors de lui et menaçant parce que pris au piège, Bris rétorque : « Je refuse de montrer les dossiers de paie qui sont confidentiels. »

Constatations et déclarations sont éloquentes en elles-mêmes. Bris est bien aux lieu et place de Blanc, avec les mêmes adjoints. Le service « suggestion » a disparu — Bris dirigerait un service qui n'est pas là où il se trouve. La « mission » de Bertin et Durieux reste indéfinie. A la vérité, un lien unit ces trois hommes. Ils sont responsables de l'appareil C.F.T. de l'entreprise. Quant à Bris, comme son prédécesseur, il a toute latitude pour exercer ses fonctions nationales à la C.F.T., se rendant au 13, rue Péclet, tous les mercredis matin, sur le temps de travail et à bord d'une voiture de service Citroën avec chauffeur... De plus, les dossiers sont « confidentiels »... Or, le rez-de-chaussée du pavillon Herlicq n'abrite aucun des secrets de fabrication de l'usine... A moins qu'il ne s'agisse du secret de fabrication du syndicat-maison très compétent en matière de « carrières aléatoires ».

Depuis longtemps, il est vrai, les travailleurs ont fait par eux-mêmes ces constatations. Ajoutons encore un détail. Le 22 septembre 1976, jour des élections, nombreux furent ceux qui virent les hommes de la C.F.T défiler au pavillon Herlicq pour prendre des consignes et apporter des informations. Ils remarquèrent que l'huissier, commis par la direction pour vérifier les opérations électorales, fit arrêter devant le pavillon la voiture de service Citroën qui était allée le chercher. Des photos le montrent, un volumineux colis sous le bras. Ce colis contenait les votes par correspondance. Qu'allait-il faire au pavillon, tout aussi éloigné de la salle de dépouillement des votes que du véritable service paie ? Il n'y a plus aucun doute. Le pavillon est bien le siège privilégié d'une C.F.T. édifiée et entretenue par le patron.

Non content d'offrir à la C.F.T. son secrétaire général et des locaux, Citroën reste l'entreprise où tous les agents de secteur sont C.F.T., où les comités d'entreprises sont C.F.T. où, en un mot, à l'égal des hommes de main, l'encadrement est adhérent à la C.F.T. Cela n'est pas sans répercussion sur la vie dans l'usine, où les insultes, les injures, les voies de fait contre les ouvriers, s'ils ne sont pas membres C.F.T. (et encore) pourraient se compter par milliers. Décidément, la coïncidence est bien étrange.

Il est tout aussi curieux que la direction de l'usine encourage vivement ses cadres ou ses E.T.A.M. à soutenir ouvertement les candidats « libres », les candidats C.F.T., dans une note d'une rare perfidie puisqu'elle engage le « chef responsable » à recueillir les réactions éventuelles de ses subordonnés à la lecture de cette lettre sur laquelle nous reviendrons :

« Il sera nécessaire pour les prochaines élections professionnelles de faire bénéficier les candidats libres d'un soutien efficace.

« Chefs de service, chefs de secteur, agents du service personnel devront apporter un concours effectif à cette action.

« Or il apparaît qu'il n'est pas suffisant de passer des mots d'ordre pour obtenir le résultat désiré.

« Il faut être convaincu de la nécessité et de l'importance pour l'usine d'une action de ce genre.

« La note confidentielle jointe expose les raisons qui doivent entraîner la conviction de ceux qui auront à intervenir pour assurer le succès d'une telle action. (...) »

Maison championne de l'action antisyndicale, Citroën offre une illustration saisissante de la contradiction entre les paroles et les actes du patronat comme de la C.F.T. sur le plan de l'exploitation des travailleurs. Laissons, avant tout, parler les faits. Le 10 juin 1975, à l'usine Citroën de Saint-Denis-Pleyel, la direction vient de licencier, illégalement, un militant C.G.T. Un parmi des dizaines... Les travailleurs, avec la C.G.T. et la C.F.D.T., organisent la riposte. Ils sont cent cinquante à protester devant l'usine, avec les conseillers municipaux communistes de Saint-Denis qui soutiennent la lutte engagée pour le respect des droits syndicaux.

Ils sont bientôt reçus par la direction. C'est une manière d'écrire. Brusquement, ils se voient entourés par les commandos de Citroën qui se déploient et leur interdisent l'accès à leur lieu de travail. MM. Berleux, Mottais, Roulet, Sédillot, Bertrant, Legalvoux, tous responsables C.F.T. et la plupart d'une autre usine Citroën, celle de Saint-Ouen, se retrouvent autour de M. Marie, chef gardien, de M. Alberessi, agent de secteur, obéissant au doigt et à l'œil à M. Domigo dont nous avons évoqué largement la figure. Il n'y aura pas de discussion entre la C.G.T., la C.F.D.T. et la direction.

L'osmose entre la direction et la C.F.T. est claire. Ce qui explique la possibilité qu'ont les « militants » C.F.T. de quitter leur lieu de travail (Saint-Ouen) pour aller à Saint-Denis pendant leurs heures de travail, transportés par des cars de la direction. La C.F.T. tentera de s'expliquer : « La C.F.T., pour sa part, défendra toujours l'accès au lieu de travail contre toute tentative venant de l'extérieur. La sécurité de l'emploi passe par la sécurité de l'entreprise. » Mais assurer la sécurité à l'aide de « chiens de garde » c'est donner une curieuse image du fait syndical.

Second exemple : avril 1976. Une grève éclate au « ferrage » de l'usine Citroën-Levallois. Les travailleurs réclament une augmentation des salaires. Le 1er avril, la direction réprime brutalement le mouvement et, une nouvelle fois, regroupe deux cents hommes venus de ses usines de la région parisienne, sous les ordres de Domigo. Parmi les énergumènes qui participent à des opérations policières, citons entre autres : MM. Paroissier et Sassi, chefs du personnel; Branchard, directeur de fabrication à Levallois; Rivoen, Gresser, Thernissier, Bidault, Savinat, agents de secteur de Levallois. Robert Autret, contremaître au secteur « qualité », délégué C.F.T.; Bernard Rudeau, délégué C.F.T.; Carnevalis, matraqueur de Camposeo, déjà compromis dans l'affaire d'Issy-les-Moulineaux; Bernard Bro, matraqueur de Camposeo, venant de l'usine d'Aulnay; M. Augereau, de l'usine de Caen, etc.; arrêtons cette énumération, car la liste est bien longue. Elle comprend une majorité d'élus C.F.T., une majorité de cadres que la direction s'est efforcée d'embrigader. La collusion C.F.T.-direction paraît une fois de plus évidente, car, là encore, des hommes ont été déplacés d'une usine à l'autre.

Arrêtons cette « photographie » de Citroën. Les faits sont édifiants. Parler d'indépendance pour la C.F.T. Citroën, c'est parler de corde dans la maison d'un pendu. Les exemples que nous avons donnés démontrent amplement qu'ici l'osmose est totale entre la C.F.T. et le patronat.

La situation privilégiée, les moyens qui lui sont accordés, le rôle qui est assigné à la C.F.T., en font un service de l'entreprise, le service du gardiennage des travailleurs. Nous sommes là, en présence d'un système d'intégration des ouvriers parfaitement au point et sans rapport aucun avec une organisation syndicale. Nous en reparlerons.

Galtier, dit-on, assura la promotion de M. Blanc chez Citroën. Cet homme chenu et respectable arrivait directement de Simca où il était entré en 1946, et avait peu fait parler de lui. Etait-il le jeune étudiant qui participa avec Valois puis Bucard à la création des « Légions » inaugurant en France la méthode des groupes fascistes para-militaires qui allait trouver son aboutissement dans le régime de Pétain ? Théodore Pigozzi, directeur et fondateur de Simca, aurait seul pu nous le dire, qui l'engagea. Qui est-il pour ne jamais apparaître et pour traîner derrière lui la C.F.T. ? Chez Simca, c'est après son arrivée qu'apparaissent les milices et le syndicat indépendant. Chez Citroën, c'est après son arrivée qu'apparaissent les milices et le syndicat indépendant. Chez Roussel Uclaf c'est après son arrivée qu'apparaissent, etc.

Un autre exemple pour étayer ce curieux phénomène ? Il est donné par Dominique Audibert, dans *Les Informations* de novembre 1973 :

« Le directeur du personnel d'une grosse entreprise raconte comment il a eu droit aux offres de services de Louis G..., capitaine de corvette en retraite, qui croit fermement en sa mission de protecteur de l'entreprise libérale contre le cancer marxiste et a déjà à son actif l' « installation » de la C.F.T. chez Simca et Citroën : de solides références : " En trois ans, il me garantissait le renversement de la majorité syndicale dans l'une de nos usines du Nord où la C.G.T. est très solidement implantée. Le plan était très simple, on quadrillait l'usine d'hommes de confiance — dont il avait déjà la liste — et qui étaient pour la plupart d'anciens militaires. Préalablement formés, ces hommes devaient répandre la bonne parole dans les ateliers. Quant à nous — direction — il nous suffisait d'accorder systématiquement les revendications du syndicat C.F.T. et d'ignorer celles des autres. Le succès m'était garanti, exemples à l'appui. " En l'occurrence on a préféré, dans cette entreprise, en rester au jeu du syndicalisme " classique ". Ailleurs d'autres se laissent tenter par cette étonnante formule du syndicalisme " clefs en main ". »

Chez Simca, l'enchevêtrement est tel entre les agresseurs, les militants C.F.T. et l'organigramme des ouvriers ou des employés qu'il ne serait pas étonnant que M. Galtier lui-même s'y soit trompé. L'argent coule à flot. En 1973, la principale pépinière de permanents C.F.T., le comité d'entreprise, bénéficiait, d'après *L'Usine Nouvelle,* pour ses œuvres sociales, d'un crédit de deux milliards d'anciens francs. De quoi entretenir un véritable arsenal et des dizaines de commandos d'intervention que nous avons vus à l'action.

Chrysler offre le spectacle du mécanisme contraignant le plus achevé. Direction, C.F.T., commandos, service médical, comité d'entreprise, service de sécurité, foyers de travailleurs, centre de formation, amicales sportives, etc., ne sont que les rouages d'une machine à faire du profit, commandée par des hommes dans lesquels le patronat a placé tout son espoir. La firme américaine doit devenir un modèle pour la France.

Il serait pourtant trop simple de faire porter sur les épaules du seul Louis Galtier, la totalité des atteintes aux libertés. Il est derrière lui d'autres hommes et d'autres volontés. A l'aube de ses soixante-dix ans, M. Galtier aspire à une retraite sereine à la tête de sa petite société de matériel thermique, rue de la Condamine à Paris.

Chapitre 5

LA TRADITION

En 1947, les ancêtres de la C.F.T. logent dans un immeuble de pierres grises, avenue de l'Opéra. L'officine a pour nom « Travail et Liberté » et trois hommes président à ses destinées : Philippot, Bardollet et Moutardier. Tous les trois étaient des transfuges de la C.G.T.

Philippot, qui préfère qu'on l'appelle Delahaye, était, avant-guerre, secrétaire de l'U.D.-C.G.T. du Nord. Il est devenu ensuite l'un des animateurs du Front démocratique des Travailleurs, dirigé par un militant trotskyste, Lebreton, qui rejoindra le P.P.F. de Doriot, l'un des principaux partis de la collaboration avec l'occupant nazi pendant la guerre.

Bardollet, comme beaucoup de futurs dirigeants des syndicats « indépendants » et comme la plupart des transfuges de la C.G.T., a corrigé sa conception du syndicalisme en devenant sous le régime de Vichy l'un des artisans de la « Charte du Travail » de Pétain.

Fernand Moutardier, quant à lui, va être le promoteur des métamorphoses de « Travail et Liberté » en Comité national des Syndicats indépendants le 20 décembre 1947, puis en Comité général des syndicats indépendants (5 juin 1948) et en Confédération du Travail indépendante (27-28-29 octobre 1949), enfin, en Confédération générale des syndicats indépendants (C.G.S.I.), immédiatement après.

La direction du nouveau syndicat est confiée à Sulpice Dewez et André Puech, dit Parsal : l'un et l'autre étaient, en 1939, membres du Groupe communiste à la Chambre des députés et en démissionnèrent lorsque le P.C. fut déclaré illégal.

Avec l'aide locale de certains patrons, les uns favorisant l'implantation de la nouvelle organisation dans leur entreprise, les autres y faisant tout simplement adhérer leur syndicat-maison, la C.G.S.I. atteint quelques dizaines de milliers d'adhérents et crée une douzaine d'unions départementales. Le climat politique de l'après-guerre la favorise. Pour certains politiciens, la division qui s'instaure dans la classe ouvrière est une aubaine. Il y a cinq organisations syndicales, la C.G.T., F.O., la F.E.N., la C.F.T.C. et la C.G.C. C'est l'occasion d'aller plus loin. La naissance de la nouvelle organisation est donc regardée d'un bon œil d'autant plus, encore, que Parsal et Dewez proclament leur intention d'arracher la classe ouvrière aux tentacules de « l'hydre moscoutaire » et que ses adhérents se recrutent d'abord chez les salariés influencés par les idées d'extrême-droite : petits employés chauvins marqués par le « six-févriérisme », rescapés de la collaboration dont la fortune a fui avec les nazis, intoxiqués par la guerre d'Indochine, agents classiques du patronat : « jaunes », mouchards ou briseurs de grève...

Examinons quelques dirigeants des syndicats qui sont affiliés à la C.G.S.I.

Le Syndicat indépendant Renault est dirigé par Emile Pommier, ancien membre du P.S.F. de de La Roque et Pierre Maintrieu, ancien de la Légion des Volontaires français contre le Bolchévisme.

L'Union des Syndicats indépendants des Industries chimiques et similaires de la Région parisienne a pour secrétaire Jacques Sidos, fils et collaborateur d'un des adjoints de Joseph Darnand, futur fondateur du Mouvement néo-fasciste Jeune Nation, et, pour l'heure, directeur-adjoint d'un journal d'extrême-droite : *France Quo Vadis*. Sidos n'est pas un inconnu pour les syndicalistes d'un certain âge. C'est le para qui veut conserver l'Empire français, qui veut reconquérir l'Indochine, puis le Maroc, puis l'Algérie. C'est lui qui, le 8 mai 1954, arraisonnera avec trois de ses amis la camionnette d'un livreur de *l'Humanité*, qui mourra des suites des coups reçus.

Dans les Bouches-du-Rhône, l'Union interlocale des Syndicats indépendants de la région de Berre, a pour secrétaire administratif Roger Michaud, secrétaire pour le Midi d'une organisation d'hommes de main. Et nous pourrions continuer à énumérer de tels exemples.

Malgré des dirigeants aussi... qualifiés, la C.G.S.I. ne va pas tarder à connaître des jours orageux. Au congrès constitutif d'octobre 1949, la discorde couve déjà entre Sulpice Dewez et André Parsal. Dès que Dewez est nommé, grâce au R.P.F., au

Conseil économique, Parsal s'étonne ne de pas avoir le même avantage. La rupture va se consommer. Effective à partir d'avril 1952, elle est ouverte publiquement au deuxième congrès de la C.G.S.I., en octobre, à Lyon. Le secrétaire général de la Fédération indépendante de la police, Lucien Saint-Gaudens, raconte ainsi l'événement :

« C'est vers la moitié de la séance du 12 après-midi, au moment où les Fédérations et les Unions départementales qui composent la Confédération allaient procéder à la désignation de leurs candidats à la commission administrative confédérale, que quelques partisans de la tendance Parsal quittèrent très discrètement la salle sans en prévenir le Congrès ! »

Les suites de cette première scission vont être moins discrètes. Il apparaît vite en effet que le départ de Parsal et de ses amis a des causes policières. Dewez accuse Parsal de faire partie d'une « poignée de proxénètes du syndicalisme protégés par quelques fonctionnaires indignes », et Parsal accuse Dewez de s'être montré « aux côtés d'un inspecteur principal des Renseignements généraux ». Un article du journal *Combat* mettra les choses au point en octobre 1954 sous la signature de Louis Vallon, député R.P.F. : « La scission fut motivée par l'ingérence d'une organisation politique ainsi que par l'intervention d'éléments policiers dans les affaires syndicales de la C.G.S.I... » Malgré la scission, les deux fractions cohabitent rue Saint-Marc, dans ce qui sera, longtemps après, le siège de la C.F.T. Elles ont chacune leur journal. Parsal a gardé le contrôle de « Travail et Liberté », et Dewez fonde, en 1953, le « Syndicalisme indépendant ».

Cette première querelle ne fut qu'un début et le syndicalisme « indépendant » n'allait pas tarder à connaître une seconde puis une troisième scission. Le 10 avril 1957, nous sommes en pleine guerre d'Algérie, *Le Populaire* annonce l'exclusion de deux militants de la C.G.S.I. : Pierre Maintrieu (Syndicat indépendant Renault) et Raymond Houssard (secrétaire de la Fédération des Métaux).

Les deux hommes sont partis à Alger offrir aux dirigeants ultras de l'Algérie française, la collaboration des « militants ouvriers ». Sulpice Dewez n'apprécie pas ces prises de position. Il épure. Pommier et Simakis, secrétaires confédéraux, sont dans la charrette. Leur réaction est simple : ils « parlent » puis fondent un nouveau syndicat. Le secrétaire de l'Union départementale C.G.S.I. de la Seine suit leur exemple et parle « argent » le 14 avril 1957, à propos de Dewez : « Le secrétaire général confédéral nous informe sur ses tractations à la mi-1956 avec la direction d'une importante firme automobile, pour obtenir une subvention occulte et annuelle de 3 millions de F. Il indique que c'est le président de l'Intergroupe syndical de cette firme qui est l'initiateur de cette subvention. » Et Raymond Houssard parle démocratie :

« La commission administrative confédérale représente de de moins en moins la C.G.S.I. Des trente et un membres élus il y a un an au congrès confédéral, il ne reste plus que dix-huit membres dont sept permanents. Huit ont démissionné, quatre autres, abreuvés d'injures, ne participent plus aux réunions, un est exclu... »

Et les exclus fondent la Confédération française des syndicats indépendants. Puis vient la troisième scission.

Comme on pouvait s'y attendre, divers « syndicalistes indépendants » travaillent activement à la préparation du complot du 13 mai 1958. Dans toutes les usines où ils sont représentés, les hommes de ces C.G.S.I. bis et ter fondent des « comités de Salut public ». Aussi fantômes qu'éphémères, ces organismes n'existent guère que sur les en-têtes de quelques tracts hâtivement glissés sous les portes des vestiaires, mais, ajoutée aux sympathies qui s'étaient nouées dans les mille et un complots préparatoires, cette activité « nationale » vaut aux « indépendants » la faveur du nouveau régime gaulliste. L'organe du R.P.F. ne disait-il pas :

« Nous devons reconnaître que sur le plan national, seuls les syndicats indépendants qui n'ont rien de commun avec le R.P.F. qu'un égal souci de faire échec aux staliniens et de soustraire le mouvement ouvrier à l'emprise politique, ont déjà inscrit à leur programme la réforme de l'entreprise et la réalisation de l'association capital-travail. Sans faire aucunement pression sur nos compagnons pour leur recommander d'adhérer à cette centrale plutôt qu'aux autres, nous avons un devoir, faire ici cette mise au point. »

Sulpice Dewez se souvient qu'il doit au R.P.F. son siège au Conseil économique et social. Des rapports se nouent entre des gaullistes et la C.G.S.I. Dewez accepte la tutelle politique en échange de la représentativité. C'est compter sans l'élection de novembre 1958 qui, au milieu du raz de marée U.N.R., amène cinq députés de Simca au Parlement : Robert Calmejane, l'un des fondateurs de l'Union Civique pour le référendum, secrétaire général du syndicat indépendant de Simca, Jean Bernasconi, trésorier des Comités ouvriers pour le soutien de l'action du général de Gaulle, secrétaire de ce même syndicat pour la branche « pièces détachées », Albert Marcenet, membre du comité central de l'U.N.R., chef du personnel, Jean-Marie Toutain, chirurgien consultant des usines Simca et Jean Drouot L'Hermine, ancien conseiller municipal R.P.F. de Paris, conseiller à la direction. Les Rastignacs de Nanterre décident, le 14 décembre 1958, de faire élire au poste de secrétaire général de la C.G.S.I. leur camarade Raymond Jacquet et d'exclure Dewez. Dewez exclut Jacquet et le tribunal lui donnera raison le 10 mars 1959; la troisième scission est consommée. Une nouvelle C.G.S.I. naît : la C.G.S.I.-Jacquet.

Fin 1959, le « syndicalisme indépendant » est donc extrêmement fractionné. Des conseillers de l'Elysée cherchent à regrouper ces éléments épars. Les trois tendances se réunissent le 13 décembre à la mairie des Lilas. Elles donnent naissance à deux centrales syndicales : la C.G.S.I. de Dewez et la C.F.T. de Jacquet et Simakis, qui n'ont pas réussi à évincer Dewez purement et simplement.

La C.F.T. est née.

L'accouchement ne s'est, encore une fois, pas fait sans douleur, et la haine domine les rapports entre les deux nouvelles centrales syndicales « indépendantes ».

Sulpice Dewez attaque Constantin Simakis en rappelant des faits curieusement oubliés : le 2 juillet 1957, après la fermeture des bureaux, Simakis, qui avait été exclu de la C.G.S.I. en juin et était passé à la C.F.S.I., attaquait à la tête d'un commando (encore !) d'une trentaine de personnes, le siège de son ancienne Confédération et s'y livrait à des actes pieusement catalogués par un huissier, mandé par Dewez, qui constatait :

« ... Dans le couloir de droite une petite porte peinte en couleur crème, fermant le couloir et munie d'une serrure et d'une targette intérieure portant la trace de pesée au droit de la serrure. Derrière cette porte, se trouve un classeur métallique " Vitadress-

Elliott ". Ce meuble porte la trace de pesée au droit de la serrure et la porte en est actuellement ouverte. Ce meuble contient des fichiers renfermant des fiches. Trois de ces fichiers manquent. Mon requérant me déclare qu'ils ont été emportés par les visiteurs.

« Porte du bureau du secrétaire général : cette porte ouvre dans le couloir; sur la peinture, des traces de doigts sales sont visibles. Le panneau supérieur de cette porte a été défoncé mais non enlevé. Des débris de mastic sont tombés par terre. Des traces de pesées sont visibles au droit de la serrure.

« Grande salle de réunions : cette pièce donne accès au bureau du secrétaire général par une porte intérieure. Elle ouvre elle-même sur le couloir. Des traces de pesée sont visibles sur la porte au droit de la serrure.

« Cuisine, bureau de la Fédération des Spectacles : il existe un bureau ministre à six tiroirs. Les trois tiroirs situés dans la partie gauche sont munis chacun d'un cadenas. Les cadenas des deux tiroirs supérieurs ont été forcés ou les pitons en ont été arrachés. Le cadenas du garde-manger est forcé, brisé, et gît à terre.

« Bureau de la Fédération des Industries chimiques : cette porte a été forcée. De nombreuses traces de pesées sont visibles sur la porte entre la serrure et le verrou de sûreté et sous la serrure. Le bois est mâchuré. Des éclats importants ont été enlevés et sont tombés à terre. Le verrou de sûreté est complètement tordu et arraché (verrou et gâche). Dans cette pièce se trouve un classeur vertical portant la marque " Eagle " et de couleur verte. Ce classeur ferme à clef et à sa partie supérieure, la serrure a été forcée et le tiroir est actuellement ouvert... »

De plus, rappelle Dewez, Simakis avait outragé, par paroles, gestes et menaces, l'inspecteur de police de la Sûreté nationale, Saint-Gaudens, agent dépositaire de la force publique, lui disant notamment : « sale flic », et « sale policier », « tu n'es qu'une ordure ».

Simakis, condamné, fit appel. C'est alors que se produisit un miracle. L'Elysée donna un coup de baguette magique pour réconcilier les frères ennemis. Tout le monde abandonna les suites du procès, au grand ébahissement du président du tribunal et à sa colère. Il ne comprit pas ce qui se passait...

Evoquant, en 1963 ces faits, Sulpice Dewez devait ajouter deux éléments à charge contre Simakis et la C.F.T. : l'un avait directement rapport au procès, l'autre évoquait le congrès de décembre 1959 et la semi-réunification syndicale.

Un certain Gorce-Franklin aurait remboursé, en 1957, les frais de procès de Simakis et financé largement les participants du congrès de 1959.

Henri Gorce-Franklin, compagnon de la Libération, particulièrement estimé dans certains milieux Résistants pour son action comme chef d'un important réseau gaulliste, était, dit Dewez, « l'éminence grise désignée par Olivier Guichard, au nom de la Présidence de la République, aux fins de régler les frais du Congrès de réunification... » Olivier Guichard, actuel ministre de la Justice était en effet, à l'époque, « conseiller technique du Secrétariat général de la Présidence de la République » (janvier 1959-juin 1960). Et Dewez ajoute :

« La commission d'organisation du congrès s'était engagée à rembourser les frais des délégués, selon un barème qui fut envoyé à tous les syndicats (...). Le gros des fonds devait être remis quarante-huit heures avant le congrès par M. Gorce-Franklin, désigné par Olivier Guichard à François Ferrare, président de la commission de réunification, chargé par celle-ci de régler les délégués... »

Seuls, les amis de Simakis et de Jacquet furent remboursés. Ils étaient gaullistes, ou militants du Syndicat indépendant Simca, ou militants dans la Chimie, Simakis venant de Rhône-Poulenc.

A ce vice de « fonds » s'ajoutait un vice de forme. Alors que trente-cinq mandats sur deux cent soixante et un allaient à la tendance Simakis, celle-ci obtint facilement le droit à la scission. Les représentants de Simca, qui avaient remporté un vif succès législatif, « faisaient » la salle pour gagner la bataille syndicale. La C.F.T. naissait du sein de Simca et des cornues de Rhône-Poulenc. Ajoutons à cela la participation financière connue de la Banque Worms, et celle de Claude Ventre, responsable patronal de la Métallurgie parisienne. Le tableau des qualités congénitales de la C.F.T. est ainsi tracé.

Simakis est devenu secrétaire général de la C.F.T. en 1960. Il en a été définitivement évincé par Auguste Blanc en 1975 et d'une manière en tout point semblable à celle qu'il avait employée avec Jacquet, en 1959. L'histoire a ainsi de curieux renversements de situation. Il devait déclarer, en avril 1976 :

« Avant le congrès des 13 et 14 septembre 1975, il y a eu deux réunions qui se sont tenues, qui ont regroupé des gens qui politiquement se trouvaient du côté de l'U.D.R. et du côté du S.A.C., une trentaine de personnes ayant des affinités avec l'U.D.R. et avec le S.A.C. — surtout le S.A.C. Tous les frais leur ont été largement payés : voyages en avion, restaurant, frais de séjour. Ces trente personnes avaient pour but de créer un certain climat en faisant valoir que certaines personnes s'étaient réunies et qu'il y avait soi-disant une volonté de renouveau. Des moyens considérables leur ont été promis. Ces trente personnes sont devenues, par la suite, quatre-vingt-dix à cent afin de créer un Etat dans l'Etat, en promettant aux gens, la reconnaissance de la C.F.T. au niveau national; en leur disant : si vous n'êtes pas reconnus c'est de la faute de Simakis personnellement. Autrement, vous devriez l'être et vous le serez. Vous avez l'assurance de Matignon, plus exactement celle de Marie-France Garaud et de Jacques Chirac...

« On a donc laissé entendre qu'il y avait des opérations menées par Marie-France Garaud qui, d'ailleurs, ne cachait pas son amitié pour le S.A.C. afin de prendre en main la C.F.T.

« Au congrès de septembre, un ensemble de syndicats qui ne devaient pas participer au congrès y a participé ! Cela a faussé le congrès, d'une part en ce qui concerne les voix statutaires, d'autre part, pour la participation au congrès lui-même. Chaque section syndicale avait droit à deux représentants. Chrysler et Citroën en ont fait venir chacune une cinquantaine. Au total, il y avait deux cents personnes dans la salle, qui ne devaient pas y être, et qui ont conditionné le congrès. Le seul fait de ne pas être en règle, de ne pas avoir une seule carte du syndicat payée devrait d'ailleurs interdire l'entrée d'un tel congrès. Et bien, ces gens-là, qui étaient en faute, ont été les plus arrogants, les plus virulents et le congrès a été totalement faussé, alors que j'avais été élu secrétaire général de la C.F.T. au congrès de Vichy onze mois auparavant, avec 92 % des voix et que tout le monde était d'accord sur moi-même et sur mon élection. »

Des observateurs devaient noter que, ces 13 et 14 septembre 1975, à Versailles, le congrès était très encadré puisque, à part un car de police à côté de la salle, plusieurs membres de la brigade antigang, dont un grand patron, avaient pris position. Que la salle était clairsemée et que les « mandatés », en rang d'oignon, obéissaient au doigt et à l'œil au chef d'orchestre du bout de rangée. M. Simakis avait donc raison. D'autres surprises lui étaient réservées.

Le 21 juin 1976, deux mois après avoir fait le récit que nous venons de rapporter, il envoyait aux membres de la commission administrative de la C.F.T. la lettre suivante :

« Monsieur, Madame,

« Il y a un mois, j'ai appris par la presse parisienne et celle de province que je serai poursuivi par la commission administrative de la C.F.T., dont vous êtes membre, pour... “ détournement de fonds ” !

« A la demande de cette C.A., une information judiciaire aurait été ouverte contre moi !

« Aujourd'hui encore, j'ignore totalement le reproche qui peut m'être fait.

« Il n'en demeure pas moins que l'accusation portée par la C.A., ou ceux qui l'ont utilisée, est extrêmement grave.

« Elle porte atteinte à mon honneur et tente, à l'évidence, de me nuire tant sur le plan personnel que sur celui de l'image de marque de fondateur de la C.F.T., respectée jusqu'à présent même par nos adversaires.

« Je vous ai vus arriver les uns et les autres à la C.F.T., où j'ai vécu beaucoup de problèmes généraux et particuliers. Nous avons lutté ensemble pour le bien commun.

« Et maintenant, après plus de vingt-cinq ans passés au service du syndicalisme indépendant, me voilà diffamé publiquement !

« Pourquoi ? Dans quel but ? Qui encourage une telle action et pour couvrir quoi ?

« Ayant la conscience très tranquille, je suis à même de répondre à toutes les questions que vous pourriez me poser sur la gestion confédérale.

« Je vous propose de m'entendre sur ce point lors de la réunion de votre commission administrative du 25 juin prochain.

« Après cette audition, aucun doute ne subsistera dans l'esprit des militants de bonne foi qui constituent la majorité et dont certains m'ont encouragé à vous faire cette proposition.

« Les conséquences devront alors être tirées.

« Par contre, si ma demande d'audition est refusée, j'en déduirai qu'aucune discussion n'est possible.

« Etant placé en état de légitime défense, je prendrai les mesures qui s'imposeront pour préserver mon honneur.

« J'ajoute que parmi ces mesures, je n'exclus pas certaines révélations auxquelles je serai contraint.

« Veuillez agréer, Monsieur, Madame, mes salutations syndicalistes.

SIMAKIS. »

Quelles sont ces révélations ? Y aurait-il des choses cachées ? En tout cas, ce que Simakis avait fait à Dewez, Blanc le faisait à Simakis.

Ces avatars, scissions, croche-pieds, menaces de révélations sont significatifs. Rien ne se passe normalement dans les « syndicats indépendants ». Les soubresauts qui jalonnent leur histoire sont autant de spasmes de la politique patronale et gouvernementale, qui hésite à s'engager chez l'un, à financer l'autre, à protéger le troisième. Simakis, hissé par l'U.N.R. au rang de potiche syndicale, ne cède en rien à Blanc, façonné par l'U.D.R. Le passé du second est moins brillant que celui du premier. Mais les âmes damnées sont autour, comme elles l'étaient pour Dewez. Et les révélations promises par M. Simakis sont déjà les premières pierres du piédestal du futur leader de la C.F.T. ou d'un autre « syndicat » toujours aussi « indépendant ». Le fil de l'histoire nous en fournit déjà des exemples.

A peine née en 1958, la C.F.T. se rescinde. Jacquet et Simakis ne sont déjà plus d'accord. L'un reprend le sigle C.G.S.I., l'autre garde celui de C.F.T.

Ils referont une éphémère union en 1962 au sein de la Confédération générale des syndicats unifiés, dont Simakis sera secrétaire général, puis se résépareront en C.F.T., C.G.S.U., U.S.F. (Union des Syndicats français) et enfin U.F.T. (Union française du travail), la C.G.S.I. d'origine restant un groupuscule vivotant qui s'efforce actuellement de fusionner avec la C.F.T.C. pour se donner, mutuellement, un regain de vigueur. Aussi vont-ils au gré des vagues, à la simple merci de leurs commanditaires.

Cette courte incursion dans le passé récent du « syndicalisme indépendant » ne saurait être complète sans le rappel de quelques méthodes d'implantation et l'esquisse de quelques portraits. Bornons-nous simplement à quelques cas révélateurs.

Né le 31 mars 1919 à Choisy-le-Roi, Constantin Simakis est fils de contremaître et d'ouvrière. La guerre interrompt ses activités d'instituteur. Appelé en novembre 1939, il est démobilisé trois ans plus tard avec le grade de capitaine. Il est alors nommé chef du contentieux du ravitaillement général de la Dordogne, tout en étant marchand de vins à Brantôme. En mars 1944, il rentre au réseau de renseignements anglais « Nestor », et termine la guerre dans les maquis, où il ne laissera aucun souvenir. Attiré par la C.F.T.C., il s'en dégage dès que celle-ci se rapproche, pour certaines actions, de la C.G.T.

Employé chez Rhône-Poulenc comme aide-comptable, il quittera cette société « agent de maîtrise » fin 1974, licencié comme un vulgaire employé. Le secrétaire général de la C.F.T. fut donc appointé jusqu'au bout par le grand trust de la chimie et son licenciement correspond exactement au début des manœuvres qui conduiront à son limogeage. En un an, Simakis perdra et sa fonction syndicale et sa fonction chez Rhône-Poulenc. Mais nous y reviendrons.

Il y avait créé un « syndicat indépendant » avec quelques camarades, en 1949, qu'il avait rattaché à la C.T.I. En 1952, il est élu secrétaire confédéral de la C.G.S.I. et devient militant permanent de l'Industrie chimique. En septembre 1953, son « syndicat » le désignait pour siéger au Conseil supérieur du Commerce. Son nom ne fut pas retenu par le ministère et la C.G.S.I. perdit un siège. Car Constantin Simakis était à l'époque membre du comité directeur du Groupement pour la sauvegarde de l'Union française et militant d'extrême-droite. Ses relations avec Alfred Delarue et Jean Dides, étaient dénoncées par Dewez et connues du Gouvernement. Il ne fut pourtant pas impliqué dans « l'affaire des fuites » qui défraya la chronique.

Dides et Delarue, de connivence avec le préfet de police Baylot, avaient monté de toutes pièces une formidable intoxication anticommuniste sur fond de guerre d'Indochine, la première guerre d'Indochine. A les croire, les plans des opérations militaires françaises prévues contre les partisans vietnamiens, partaient tout droit vers Moscou, grâce au Parti communiste français. La République trembla en envisageant cette bien curieuse éventualité. L'enquête diligente menée par le jeune chef de la D.S.T., Roger Wybot, lava de tous soupçons le P.C. mais mit à nu les protections américaines dont jouissait Dides et les méthodes employées contre les communistes et la C.G.T. pendant la « guerre froide ».

En 1957, Simakis se sépare de la C.G.S.I. et fonde, en décembre, la Fédération C.F.S.I. des Industries chimiques. En 1960, il se fait remarquer pour sa participation au Colloque de Vincennes, organisé par Jacques Soustelle. Farouche défenseur de l'Algérie française au temps de la guerre d'Algérie, Jacques Soustelle fut l'un des fondateurs de l'Organisation de l'Armée secrète (O.A.S.), cette organisation terroriste clandestine d'extrême-droite qui fomenta plusieurs complots pour renverser le régime et empêcher l'accession de l'Algérie à l'indépendance. Le Colloque de Vincennes répondait à la nouvelle stratégie de « l'autodétermination » du peuple algérien avancée par le général de Gaulle, et annonçait la première rupture entre le général et les éléments d'extrême-droite qui avaient favorisé son irrésistible ascension. La présence au colloque de Simakis apportant officiellement la caution des « syndicats indépendants » est significative de la nature politique de la C.F.T. Nous avons aussi vu que c'est toujours dans le milieu des anciens de l'O.A.S. que se recrutent le plus facilement les membres des milices patronales.

En 1967, Simakis regroupe l'Union des Salariés de France et la C.G.S.U. sous le sigle C.F.T. dont il devient secrétaire général. Il y a pour adjoint Auguste Blanc, secrétaire général du Syndicat national indépendant des salariés de Citroën et de ses filiales, le S.N.I.S.C.

Né le 8 juin 1934 à Marseille, Auguste Blanc, aussi mince que Simakis est imposant, fils d'un employé de la Standard française des Pétroles et petit-fils de militants socialistes. En sortant de l'école, il rentre chez Citroën comme dessinateur, où il va poursuivre une sage carrière. Intéressé par le travail réalisé par la direction, dégoûté par le ton des tracts distribués aux portes de l'usine, il crée, avec d'autres collègues, un mouvement des « délégués libres » en 1966. En 1968, profitant de l'occupation de l'usine, il organise un syndicat indépendant chez Citroën, au cours d'une assemblée générale consultative qui réunit... dix-huit personnes. Il s'affilie alors à la C.F.T.

Il serait fastidieux d'énumérer tous ceux qui forment la cour de Simakis puis celle de Blanc.

Quelques piliers ont résisté aux modifications qui ont succédé à la scission de septembre 1975. Albert Schœner, ancien trésorier de la C.F.T. est devenu secrétaire général adjoint. Max Le Berre, ancien trésorier adjoint est toujours membre du bureau confédéral. L'un connaissait beaucoup de choses. L'autre succède en fait, pour Simca, à Nicolas Fiorentino, dont il était, au service social de la grande firme, l'adjoint le plus direct.

L'entrée fracassante de nouveaux venus au bureau confédéral est nettement plus significative. Avec Jean-Marc Garnung, délégué Ford et Bernard Bouisset, délégué Peugeot, l'automobile conquiert les positions clés détenues auparavant par la chimie. Mieux encore, l'arrivée de Christiane Lenglet fait figure de parrainage gouvernemental officiel. Elle est employée à l'Hôtel Matignon. Sa nomination n'est pas un hasard, à en croire les insinuations de M. Simakis.

Dans l'ombre, une « grande figure » de la C.F.T. disparaît pour rester avec Simakis. Isaac Yvon Cohen avait conquis une réputation largement méritée. Enfant d'Algérie, né en 1939 à Tlemcen, il s'était engagé volontairement pour cinq ans dans les parachutistes. Il émerge en 1968 de la vie politique et syndicale, en devenant suppléant de M. Marteau, candidat U.D.R. non élu aux élections législatives de juin dans la 3ᵉ circonscription de la Seine-Saint-Denis et en faisant exploser, à la grenade, le stand d'une fête syndicale. Il récidive en 1969 en parachevant son entraînement sur deux colleurs d'affiches communistes blessés à coups de couteau. Ses galons lui valent une place de permanent syndical C.F.T. et de responsable de la commission propagande au sein du mouvement de Joseph Bozzi, le Centre des républicains libres, qui voulait appeler à la présidence de la République Philippe de Gaulle, le fils du général.

Il y fait, pour améliorer une image de marque défaillante, irruption avec un commando, le 20 janvier 1973, au cours d'une réunion... sur ordre de Bozzi. On en parle dans les journaux. Apte à recruter et à organiser, il fit partie aux dernières élections présidentielles du service d'ordre de M. Valéry Giscard d'Estaing. Un parfum tenace de milice poursuit son activité. En restant au service de Simakis, Yvon Cohen semble contredire les affirmations de l'ancien secrétaire général de la C.F.T. qui disait : « Personnellement, j'ai toujours pris le maximum de précautions pour éviter que la C.F.T. serve de tremplin à l'organisation de milices patronales ou de groupes para-militaires. Et lors du dernier congrès, j'ai suscité une motion qui était présentée par le Syndicat parisien de l'Alimentation de la Région parisienne et disant en gros :

" Nous condamnons les milices patronales et toute personne qui serait complice de la création de milice patronale ou qui apporterait son soutien sera exclue. " J'ai été battu sur cette motion. La majorité du congrès s'est prononcée contre, sur l'initiative de François Denquin, représentant de Chrysler-France, l'un des dirigeants C.F.T. les plus violents de la firme de Poissy. »

Que Simakis affirme avoir toujours condamné les milices patronales, voilà qui prête à sourire. Qu'il le fasse tardivement, enregistrons le fait. Qu'il ajoute : « Il est anormal que certains milieux politiques aient encouragé les milices, aient financé cela, parce que cela va dans la perspective de l'encouragement à la violence », cela pose un problème. Aurait-il prononcé les mêmes jugements s'il était resté secrétaire général. Reste que ceci est un témoignage autorisé et édifiant sur les dessous de la C.F.T.

Simca, Citroën, ces deux noms reviennent à leur tour comme une rengaine lancinante. C'est à l'ombre de leurs murs qu'est née la C.F.T. Remerciant Louis Galtier en septembre 1968, Nicolas Fiorentino dévoilait, sans s'en douter, le pot aux roses, car il agissait, non comme membre de la direction Simca mais au nom de la C.F.T. :

« Entré à la société en mars 1946, pendant vingt-deux ans M. Galtier a occupé le poste important de secrétaire général (directeur de l'entreprise). Il fut, aux côtés du président-directeur général Pigozzi, l'artisan d'une politique sociale d'avant-garde. Il a vécu l'expansion de la société et fut le novateur de réalisations importantes : prime trimestrielle, retraite complémentaire, construction de logements sont, parmi de très nombreux avantages sociaux accordés aux collaborateurs, les exemples qui expliquent le climat de paix sociale qui règne chez Simca. Après le départ de M. Pigozzi, son action s'est poursuivie aux côtés du président-directeur général, M. G. Hereil, et avec les syndicats libres et plus spécialement avec le Syndicat indépendant, majoritaire dans l'entreprise, M. Galtier poursuivit inlassablement une action sociale. Après vingt-deux ans de bons et loyaux services, M. Galtier prend un repos bien mérité. Au revoir Monsieur le secrétaire général. Le comité directeur du Syndicat indépendant, ses délégués, ses collecteurs, ses adhérents, forment le vœu que votre retraite soit longue et paisible. »

S'il faut ajouter à cet éloge, citons à nouveau Nicolas Fiorentino lorsqu'il accueillit, en 1961, Louis Galtier au comité d'entreprise :

« Je suis heureux de saluer au nom de tous et en mon nom personnel le secrétaire général de Simca. C'est toujours une joie pour nous d'accueillir celui grâce auquel un syndicalisme apolitique et constructif a pu se développer dans une entreprise française. »

Gageons qu'Auguste Blanc fit un discours semblable, vantant les mérites du véritable créateur de la C.F.T. chez Simca comme chez Citroën, lorsqu'en 1973, M. Galtier quitta Citroën pour aller en Italie installer une fois encore un « syndicat indépendant » dans l'usine Alfa-Sud à Naples, avant de rejoindre Roussel-Uclaf. Toujours est-il que c'est d'abord chez Simca que les ancêtres de la C.F.T. prirent pied. Théodore Pigozzi à l'époque P.-D.G. de l'usine avant d'en être évincé par Chrysler était un « bon » patron. Il devait réaffirmer ses principes au cours d'un déjeuner de presse le mercredi 4 octobre 1961 en déclarant : « C'est de ceux qui font le travail qu'il dépend que le travail soit bien fait. Une entreprise vaut ce que valent les hommes qui lui sont attachés. Et, s'il est vrai qu'il entre beaucoup d'acier, d'aluminium, de tissus, de glace, d'énergie, dans la fabrication d'une automobile, la matière la plus nécessaire demeure la matière grise ! S'adressant au Congrès des Etats-Unis, le président Kennedy disait : " L'esprit humain est notre ressource fondamentale. " Ce qui est valable pour une nation l'est aussi pour une entreprise, etc. »

Dans ce terrain poreux, le « syndicat indépendant » pose ses œufs. Pour plus de clarté, suivons la méthode employée par Berliet pour implanter la C.F.T. En février 1972, Alfred Fabry, responsable de ce « syndicat » chez Berliet, part, mandaté par la direction, en mission à Courbevoie, annexe de l'usine, pour étudier sur place la situation. Il rencontre des responsables qui lui font part de leurs impressions, dans l'ensemble favorables.

Au chef du personnel, M. Vogel, succède un cadre commercial influent :

« M. Gutzviller. — Pour bien comprendre la mentalité du personnel de Courbevoie, il faut se reporter aux événements de 1968. Seuls, ceux de la C.G.C. ainsi que nos actuels délégués H.O.S. (hors organisations syndicales) ont eu le courage de réagir. A mon avis, il aurait fallu profiter immédiatement de ces bonnes dispositions et ne pas commettre certaines erreurs, de la part de la direction. Maintenant, il est bien tard. On a l'impression qu'on nous délaisse » (...) « De plus, poursuit M. Gutzviller, notre personnel, composé surtout de cadres et d'employés, provient de milieux très diversifiés, ce qui n'arrange pas les choses. Il faut ajouter à cela le mécontentement latent, dû à la réduction de l'horaire, à l'incertitude qui pèse sur le maintien de notre établissement à Courbevoie, ainsi que des réclamations individuelles, telles que retards, dus aux banques, dans les virements des salaires. »

« M. Dadillon. — Nous sommes un certain nombre, ici, qui serions intéressés par la C.F.T. Mais nous ne la connaissons que très imparfaitement. Il nous faudrait des informations, sous forme de " papiers ", qui soient bien faits, c'est-à-dire rédigés en vue de piquer la curiosité du personnel. Des réunions régulières sont nécessaires, mais il faudrait les animer. La périodicité souhaitable de celles-ci serait : une fois par mois. A défaut, une fois tous les deux mois. Mais, de toutes manières, il en faudrait au moins une par trimestre. Nous souhaiterions recevoir votre plaquette mensuelle *La Locomotive syndicale,* ainsi qu'une documentation générale, concernant la C.F.T. (à nous transmettre par l'intermédiaire de M. Collomb qui peut nous transmettre tous autres documents). Il faut insister sur l'APOLITISME, et le fait que la C.F.T. est puissante dans des firmes telles que Citroën, Peugeot et Chrysler-France. Ce dernier point est de nature à donner confiance en la C.F.T., alors que des actions isolées successives sont sans résultat, et ne peuvent que provoquer le découragement... »

Une autre fois, c'est M. Bocquillon lui-même qui se livre à cette enquête préliminaire; il part à Boutheon, dans la banlieue de Saint-Etienne où Berliet a une usine, se rendre compte sur place de la situation.

... « Nous avons donc été amenés à analyser le comportement de la maîtrise de Boutheon. Nous classerons cette maîtrise en 3 catégories : la direction, le service du personnel et le service des fabrications.

La direction : responsable M. Rigollet.

Nous n'avons obtenu que de bons renseignements le concernant, sauf une non-présence relative due à sa charge de travail; présence insuffisante sur les lieux.

Les services de fabrication. — Il apparaît que les contremaîtres font preuve d'un excellent comportement mais ils sont surtout valables et courageux. En ce qui concerne les chefs d'équipe, malheureusement, la situation est moins favorable (sur 5 chefs d'équipe contactés, 4 se sont déclarés adhérents à la C.G.T.). Le fait le plus grave concerne les chefs du personnel; nous étudierons successivement les cas de MM. Pomato et Chartron, etc. »

Le rapport de Michel Bocquillon est pessimiste. Mais qui a autorisé ce « modeste » cadre Berliet (il se dira le 400e, lors des procès de janvier 1975 et juillet 1976 à Lyon) à faire de telles analyses en se rendant d'une usine à l'autre...

Le climat est donc moins favorable à une implantation. Il l'est encore moins chez Camiva, filiale Berliet à Chambéry où Michaut et Fabry se sont rendus, encore une fois dans le cadre de l'expansion C.F.T. Berliet. Un rapport succinct analyse ces tractations :

« **Situation numéro 1, au 15 mars 1972.**

Après une attente d'une heure environ, nous avons été reçus par M. Combe, chef du personnel. Notre impression est la suivante : chez Camiva, personne, apparemment, ne souhaite voir s'implanter la C.F.T., laquelle d'ailleurs, semble inconnue de la quasi-totalité du personnel.

M. Combe (chef du personnel) : « Veuillez m'excuser de vous avoir fait attendre. Je me souviens en effet, de votre précédente visite, avec votre camarade. Ici, il ne se passe jamais rien. Le contexte n'est pas du tout le même qu'à Vénissieux ou à Monplaisir, que je connais bien, pour y avoir longtemps travaillé moi-même. Je ne connais personne que vous pourriez pressentir. Je vous signale que des élections pour les délégués du personnel doivent avoir lieu début avril prochain. Il faut attendre les résultats pour pouvoir en tirer des conclusions. Suite à votre demande, je veux bien vous transmettre les résultats officiels de ces élections, mais je vous fais remarquer que vous devez les connaître vous-mêmes, par ailleurs, à Vénissieux... »

Ces seuls exemples suffiraient à montrer les méthodes d'implantation de la C.F.T. qui utilise systématiquement l'aide des directions d'entreprises. Il convient pourtant d'ajouter quelques éléments qui mettent plus en relief, à ce niveau, les collusions existant entre ce « syndicat » et les patrons. Dans le cas de la Camiva, l'implantation se révélant particulièrement difficile, Fabry fut détaché par Berliet pour mission particulière — on devine laquelle — à Chambéry. Il y resta trois mois. Mais l'homme de S.I.T.E.R.-Berliet se montra décidément bien fragile. Rejeté pour incapacités techniques flagrantes par la totalité des cadres qu'il supervisait sur ordre, M. Fabry a fait ses valises. Il est retourné en stage chez Berliet et la C.F.T. n'a pas réussi à s'implanter chez Camiva. Mais allons plus loin. Le directeur d'une entreprise de transports d'Amiens, contacté par le syndicat indépendant de sa branche professionnelle devient lui-même le représentant syndical de son entreprise. Allons plus loin encore...

En 1971, Nicolas Fiorentino, président du Syndicat national de l'automobile C.F.T., remerciait Robert Galley, ministre des P.T.T., qui venait « d'attribuer vingt-cinq permanents détachés de son administration qui s'ajoutent aux six que la C.F.T. avait déjà. Cela va permettre de mieux structurer la C.F.T. en France... ».

Cette « manne » inespérée ne tenait compte ni de l'absence de la C.F.T. chez les postiers, ni de sa non-reconnaissance comme organisation syndicale nationalement représentative. Il faut donc chercher ailleurs les causes de la mansuétude Galleyienne et sans doute dans la volonté du gouvernement d'alors, de « pousser », sur le devant de la scène, les « syndicats indépendants », meilleur soutien à la politique de participation.

Les permanents de la C.F.T.

Sous différentes facettes, la C.F.T. est, et de loin, le « syndicat » qui possède le plus de permanents, si l'on compare leur nombre à celui des travailleurs qui subissent son influence. Arrêtons-nous un instant sur les statistiques dressées et analysées par Guy Caire, professeur à la Faculté de Nanterre, dans sa fort sérieuse étude sur « les syndicats ouvriers » :

« Dévouement illimité des militants, faiblesse des moyens dont ils disposent : tel apparaît en définitive le mouvement syndical français. Les fonctionnaires syndicaux sont peu nombreux, les moyens de travail qu'ils ont à leur disposition très souvent rudimentaires. (...) Un personnel limité est à la disposition d'une élite restreinte et surchargée de travail. (...) On évalue approximativement, tous échelons compris à 1 pour 1 000 le ratio fonctionnaire syndical — adhérents aux Etats-Unis (et) à 1 pour 4 000 à 5 000 en France, etc. »

Ceci éclaire, *a contrario*, l'organisation de la C.F.T. Le dévouement illimité est effectivement un trait caractéristique des militants des grands syndicats ouvriers et plus particulièrement de la C.G.T., héritière des profondes traditions du mouvement syndical du siècle précédent. Des exemples pris chez Citroën, chez Chrysler ou chez Peugeot, montrent que les facilités accordées aux « militants » des « syndicats indépendants » enlèvent toute possibilité de leur accorder ce glorieux qualificatif. La lutte permanente des syndicats authentiques a permis de conquérir des droits importants, mais certes insuffisants et remis en cause. Les délégués syndicaux, les délégués du personnel se sont vus allouer des heures de délégation pendant leur temps de travail. Des accords ont parfois été passés dans certaines usines augmentant le nombre d'heures accordées aux délégués et dans ce cas, ceci profite à toutes les organisations syndicales. A l'inverse, dans plusieurs entreprises sont nés des réseaux exclusivement réservés aux hommes de la C.F.T., pour le recrutement et le conditionnement des travailleurs. C'est le cas des agents de secteur chez Citroën, des conseillers sociaux et des aides conseillers sociaux chez Chrysler. Une tentative identique est menée actuellement chez Renault où sont apparus, ces derniers temps, ce qu'il faut bien ainsi appeler, des agents de secteurs. Quant aux responsables syndicaux de haut niveau, ils bénéficient de postes sans souci au service suggestion chez Citroën, au service du personnel chez Peugeot, au service social et au « comité de M. Laporte », chez Chrysler.

Une brochure distribuée à toute personne nouvellement embauchée chez Citroën précise que :

« Le premier contact avec ce qui est désormais " votre usine " est assuré par l'agent de secteur qui vous présente ce que l'usine attend de vous. L'agent de secteur fait partie du service du personnel. Il est chargé d'assurer l'effectif nécessaire à la bonne marche de son secteur.

« Après l'accueil, il présente les nouveaux embauchés à la maîtrise de l'atelier et suivra par la suite leur évolution. Il s'efforce d'aiguiller chacun en fonction des désirs et des possibilités.

« Pour les problèmes de l'atelier, poste de travail, autorisation d'absence... — il étudie chaque cas en accord avec les responsables. Pour les problèmes personnels, familiaux, liés ou non à votre travail, tels que changement de domicile, horaire différent pour mari et femme, achat d'un logement, achat d'une voiture, transports collectifs, centres d'hébergement, complément de formation professionnelle, retraites, mutuelle, etc. L'agent de secteur vous aidera à trouver une solution ou vous orientera vers les services compétents : service social, médical... et facilitera vos démarches. Connaissant vos problèmes, il pourra apprécier vos efforts : efforts qui, dans l'usine, sont à la base de votre promotion. »

Ces agents de secteurs sont doublés « d'agents de sécurité » et, de chef d'équipe. Rien que de très normal. Mais observez qui manifeste, de temps à autres aux portes de l'usine pour la « liberté du travail » : les agents de secteurs ! Demandez à Citroën la liste de ses adhérents C.F.T. et la liste de ses agents de secteurs puis comparez. Questionnez des ouvriers qui sortent de l'usine. Tous vous parleront de ces agents de secteurs qui les convoquent pour les « conseiller ». Comme Daniel Felhendler qui nous raconte :

« Le jeudi 14 novembre 1974, à 10 heures, j'ai été convoqué chez mon agent de secteur, M. Lefrançois. Après m'avoir parlé de diverses questions, il m'a demandé si je pouvais lui rendre un petit service. Ayant répondu que cela dépendait de quoi il s'agissait, il m'a dit qu'il pensait qu'aux élections professionnelles, je voterai pour ceux chez qui j'étais syndiqué (il faisait allusion, sans la nommer, à la C.F.T., dont j'ai la carte depuis le 21 janvier 1974). Après m'avoir expliqué que l'on pouvait raturer certains noms sur les listes, il m'a demandé de rayer le 5e nom de la liste C.F.T. (sans toujours le nommer). Ayant compris qu'il s'agissait, en réalité, de savoir pour qui je votais, j'ai fait semblant d'accepter. Avant de me quitter, il m'a précisé que je ne devais parler de cette entrevue à personne, même, a-t-il précisé, à mon meilleur ami. »

D'autres exemples sont plus flagrants encore. André Wolff nous parle de la situation à Peugeot-Mulhouse :

« Nous avons des membres du S.P.U., comme on dit, service du personnel usine, qui sont chargés de faire les papiers, absences, maladies, fiches de paie, etc. Mais quand on fait des affichages aux panneaux de délégués du personnel, ils passent, ils arrachent les affiches; ils viennent dans les ateliers dès qu'il y a un mouvement, un arrêt, une discussion, une prise de parole. Et depuis quelque temps la direction nous a mis des " agents de tension " qu'on attend de voir à l'œuvre. Ils doivent régler tous les petits conflits internes. »

S.P.U., agents de tension, agents de secteurs, tout cet appareil qui encadre les travailleurs, double, d'une part, le travail normal des chefs d'équipes et des agents de maîtrise, et, d'autre part, courtcircuite celui des délégués du personnel et des représentants syndicaux.

La palme du dispositif revient cependant à Chrysler. René Le Floch, René Altenweg, Lucien Vidal, Madeleine Delamarre, Robert Maraval, Georges Soussi, Guy Thevenot, Pierre Flaus, Maurice Baudvin, Jean-Jacques Goursat, sont les conseillers sociaux de la grande usine. Le livre blanc des réalisations sociales de Chrysler-France, 4e édition, 45 000 exemplaires, précise leur rôle :

« Des conseillers sociaux, collaborateurs de la direction, sont répartis dans les usines, à raison d'un ou deux par centre de production. Ils sont chargés de l'examen des cas sociaux, en liaison étroite avec le personnel de maîtrise. Vivant parmi les ouvriers de façon constante, leur travail est ainsi facilité par le contact quotidien. Chaque année, ils reçoivent à leur bureau plus de 16 000 visites et par leur intermédiaire 9 000 avances sur salaire sont effectuées. »

Mais les contacts sont trop souvent violents et les visites forcées. Après avoir précisé que « tous ces conseillers sociaux sont tous adhérents à la C.F.T. et présentés comme tels dans les brochures éditées par celle-ci », l'Union départementale C.G.T. des Yvelines exposait, en octobre 1974, l'activité des trois cent cinquante-quatre agents de la direction et de la C.F.T. Elle démontrait, dans une brochure de 70 pages, que, de ses bureaux, nantie de l'autorité de la direction et d'un temps libre allant de deux heures par jour à la journée complète, toute cette armada collectait des fonds, racollait des adhérents, menaçait les militants des syndicats et entravait leur action : nous avons déjà largement évoqué les méthodes employées au début de ce livre. A ce titre il est facile pour la C.F.T. d'avoir de nombreux adhérents, d'autant plus que, dans la métallurgie par exemple, elle pratique la remise systématique de la carte à tout nouvel embauché.

Pourtant Auguste Blanc, tout juste nommé secrétaire général de la C.F.T. émet lui-même des doutes quant aux chiffres annoncés par ses prédécesseurs. A la question « quel est votre nombre d'adhérents » ? Il répondit : « Sais pas, vais faire des analyses sérieuses. » A vrai dire, cette question semble-t-il lui tournait dans le crâne depuis longtemps. Il lui apparaissait impossible d'annoncer un chiffre cohérent.

En juin 1975, il avait adressé à l'administration judiciaire chargée des affaires de la C.F.T. — preuve que tout déjà n'allait pas bien au sein de l'organisation — une demande dans laquelle il souhaitait « participer à toutes les vérifications des comptes de la C.F.T. et notamment à celles qui ont trait aux versements des cotisations et justifications qui y seraient données (...) et vérifier (...) la liste des adhérents, des syndicats et sections syndicales adhérents à la C.F.T. ». Un jugement du tribunal de grande instance de Paris autorisa la tenue du congrès où devait être élu Auguste Blanc à condition que le nombre des voix dont disposerait chaque syndicat soit calculé en fonction des cotisations effectivement versées à la C.F.T. et correspondant, par adhérent, à une carte et dix timbres annuels. Un expert-comptable fut désigné pour mener à bien les vérifications; la C.F.T., on s'en doute, devait se plier à ce désir du tribunal. Elle avait d'ailleurs procédé au même calcul comparatif, en voulant vérifier le nombre d'adhérents de la C.G.T. quelques années auparavant. Elle reconnaissait à ce propos que : « Le seul moyen de vérifier le nombre d'adhérents est de se reporter au bilan financier publié par la trésorerie confédérale au moment du congrès », etc.

Le 12 août 1975, l'expert-comptable communiquait à l'administrateur judiciaire le résultat de ses investigations. Il rappelait que chaque syndicat aurait dû transmettre : le nombre de ses adhérents, les paiements effectués, les cartes souscrites; et chaque Union : la liste des syndicats adhérents, les noms des secrétaires desdits syndicats et les paiements effectués. Malheureusement, le bilan était maigre :

« De nombreuses réponses se sont révélées inexploitables, soit parce qu'elles ne comportaient pas l'indication du nom du syndicat soit encore, parce que les renseignements concernaient l'année 1975, soit parce qu'il n'était pas possible de dire si ceux-ci étaient relatifs à 1974 ou à 1975.

« Certaines réponses semblent faire double et même triple emploi avec d'autres réponses reçues. Ainsi par exemple, la section de Strasbourg du Syndicat national indépendant des salariés de Citroën et de ses filiales (S.N.I.S.C.) indique, par lettre du 3 juillet 1975 compter 124 adhérents. Or, cette section figure déjà d'une part dans le relevé des adhérents du S.N.I.S.C.-C.F.T. pour 122 adhérents (...) »

En outre, l'expert-comptable rappelait qu'un certain nombre d'unions départementales et régionales bénéficiaient de l'autonomie financière et n'avaient donc pas de « comptes à rendre ».

« En tout état de cause, les unions qui bénéficieraient de cette autonomie et qui de ce fait ne figurent pas sur le tableau que je vous ai transmis, sont les suivantes :

« — Union départementale du Bas-Rhin (M. Schœner);
« — Union départementale du Haut-Rhin (M. Rusch);
« — Union départementale de la Gironde (M. Chassagne);
« — Union départementale de la Nièvre (M. Merlin);
« — Union départementale du Rhône (M. Rodde);
« — Union départementale des Alpes-Maritimes (M. Robert);
« — Union départementale des Bouches-du-Rhône (M. Delassus);
« — Union départementale de la Côte-d'Or (M. Montand);
« — Union régionale de Haute-Normandie (M. Lebatard);
« — Union régionale de Champagne-Ardennes (M. Ogée). »

Enfin, notre expert-comptable ajoutait :

« J'ai par ailleurs comparé, comme vous me l'aviez demandé, le nombre d'adhérents déclarés par chaque syndicat à l'occasion du congrès de Vichy avec le nombre d'adhérents résultant de la division par 33 du montant des cotisations versées en 1973 à la Confédération.

« Cette comparaison montre, pour les syndicats que j'ai pu identifier, que le nombre d'adhérents déclarés était généralement plus important que le nombre d'adhérents déterminés à partir des cotisations versées à la Confédération.

« En tout état de cause, si on considère que les syndicats présents au congrès ont déclaré compter 121 664 adhérents, les cotisations qui auraient dû être versées à la C.F.T. auraient théoriquement dû représenter 121 663 × 33 = 4 014 912 F, alors que les cotisations 1973 y compris diverses subventions, ne se sont en réalité élevées qu'à environ 696 700 F. »

Dans ce cas, un même calcul, nous amène au chiffre de 21 112 adhérents. Sans aucun doute, l'argent des cotisations ne rentre pas où le nombre d'adhérents déclarés est faux. Pour quelle solution pouvons-nous pencher dans cet imbroglio ?

La C.F.T., le moment d'euphorie passé, est devenue particulièrement discrète sur les justifications de son nombre d'adhérents. En septembre 1971, le journal *l'Indépendant de la R.A.T.P.*, organe de l'Union des syndicats C.F.T. de la R.A.T.P., nouvelle série, n° 2, affichait 370 000 adhérents. Le congrès de Nice, en octobre de la même année, en annonçait 380 000, chiffre repris le même mois dans le numéro 70 de *Métallurgistes et mineurs indépendants*. En mai 1974, *L'indépendance syndicale,* organe officiel de la C.F.T., nouvelle série n° 34, annonçait 400 000 adhérents, nombre réaffirmé au congrès de Vichy, en octobre 1974. Au congrès de septembre 1975, la commission des mandats reconnaissait 82 331 adhérents vérifiés. Moins du quart du nombre annoncé l'année précédente. Dans ce marais, Jacques Simakis lui-même a du mal à reconnaître les siens. Après la scission, il pense représenter « un tiers de l'ancienne C.F.T. soit à peu près 50 000 adhérents ». Nous voici arrivés dans une « fourchette » qui commence à se rapprocher du raisonnable. Une dernière source nous le confirme : la Fédération des métaux C.F.T. a communiqué en 1971 au ministère du Travail le nombre de ses adhérents dans le cadre des conventions collectives de la métallurgie et pour affirmer son existence dans de nombreuses entreprises. Elle a classé ses syndicats par catégorie I.N.S.E.E., Sidérurgie, Fonderie, Mécanique générale, etc., par exemple, dans un évident souci de clarté et de simplification. Au total, y compris l'automobile, nous parvenons à 110 871 adhérents. Malheureusement, ce chiffre ne recouvre pas la réalité, pour deux raisons. Il y a d'abord répétition, il y a ensuite surestimation. C'est ainsi que la firme Crouzet est référenciée et comptabilisée sous la rubrique Construction aéronautique, puis sous celle de Précision, Horlogerie et Optique, enfin dans Compteurs mécaniques. Les forges du Creusot le sont sous « première transformation de métaux », puis « construction de machines et de matériel mécanique pour l'agriculture, l'industrie, les transports ferroviaires », etc.

Quand on compare ensuite le nombre d'adhérents déclarés avec le nombre des adhérents reconnus pour le congrès de septembre 1975, la surestimation est flagrante. Pour Chrysler par exemple :

— à Vernon, magasin de pièces détachées : 278 annoncés, 52 reconnus.
— à Sully-sur-Loire : 797 annoncés, 53 reconnus.
— à Sept-Fons : 775 annoncés, 52 reconnus.
— à Vieux-Condé : 1 251 annoncés, 55 reconnus.
— à La Rochelle : 2 150 annoncés, 52 reconnus.
— pour Citroën du Havre : 58 annoncés, 10 reconnus, etc.

Ne croyez pas que nous noircissions la réalité. Car bien souvent, pour Simca ou Citroën, nos deux sources concordent, à quelques unités près (Citroën-Strasbourg, 123/114).

Il est, malheureusement pour la C.F.T., d'autres moyens pour prouver la surestimation.

A Usinor-Dunkerque, elle déclare 550 adhérents et recueille aux élections des délégués du personnel, 311 voix. Chez Far, à Gennevilliers, elle déclare 330 adhérents et recueille 44 voix. Accidents de parcours ? Peut-être. Mais en août 1976, aux élections des délégués du personnel des secteurs public, privé et nationalisé, pour 2 701 178 suffrages exprimés, la C.F.T. obtenait 43 162 voix et, pour le secteur métallurgique, sur 600 347 exprimés, 33 482 voix : tous les adhérents C.F.T. ne votent donc pas C.F.T. !

Un exemple plus restreint pris au hasard des jugements en représentativité confirme nos premières impressions. En 1971, à la S.N.I.A.S., à Bouguenais (Loire-Atlantique), 385 adhérents déclarés. Le 5 décembre 1974, le tribunal d'instance de Nantes apprenait, de la bouche du délégué C.F.T. (non mandaté par son organisation, il est vrai) que « la C.F.T. ne compterait sur les 2 870 salariés dans l'établissement que 10 adhérents dont aucun n'a versé de cotisation... ».

Il faut donc bien parler, à la lumière de ces exemples, de trucages manifestes et multiples. Le 9 octobre 1974, la première chambre de la cour d'appel de Paris était amenée à se prononcer sur l'annulation des élections au comité central des Activités sociales du Commissariat à l'énergie atomique où trois « syndicats indépendants » s'étaient présentés malgré leur non-représentativité. Elle devait constater que « les organismes C.F.T. revendiquaient 906 adhérents, sur un effectif total d'environ 26 000 salariés employés par le C.E.A. (...) et que l'expert n'avait retenu que 754 adhérents, après avoir éliminé ceux dont il ne retrouvait pas le nom sur la liste du personnel ou qui avaient été comptés deux fois, ainsi que ceux qui n'étaient pas à jour de leurs cotisations... ».

Cette curieuse conception de l'adhésion syndicale n'est pas propre au C.E.A. Le secrétaire C.F.T. de Roussel-Uclaf à Neuville-sur-Saône avait déjà donné au tribunal des talons de fausses cartes C.F.T., comme Marcel Michaut quelques mois auparavant pour Berliet. En novembre 1971, en effet, lors des élections de délégués du personnel, la C.F.T., pour appuyer sa représentativité, avait présenté au juge 240 cartes, la plupart fabriquées pour les besoins de la cause, grâce à l'utilisation du fichier central de l'entreprise mis complaisamment à sa disposition. Pour cette raison, Michel Bocquillon avait adressé le 5 octobre, une note à Michaut lui demandant de dresser rapidement une liste des adhérents possibles qui serait complétée par « Mme Vidal, une personne très sûre ». Ce choix fut rapidement fait. Il se porta sur soixante-dix cadres, cinquante mensuels et cinquante ouvriers qui se virent attribuer une adhésion qu'ils n'avaient pas demandée. Le juge ne fut pas dupe et d'autres moyens de recrutement furent appliqués.

Ce fut surtout le recrutement forcé. La méthode a atteint son apogée à Poissy chez Chrysler et la C.G.T. la dénonce vigoureusement :

« Comment, sans l'aide du patron serait-il possible de pratiquer en grand le placement de la carte C.F.T. forcée ? Depuis les interprètes qui la remettent aux travailleurs marocains qui s'apprêtent à quitter leur village pour rejoindre Poissy, jusqu'à la pression multiforme et même l'agression sur le lieu de travail par les hommes de la C.F.T. pour contraindre les travailleurs à avoir en poche la carte, le filet est largement déployé.

« Là aussi, les témoignages sont multiples : “ Tu auras un emploi si tu as la carte ”, “ tu auras un poste plus élevé si tu as la carte ”, sont des pressions courantes... »

Ahmed Hoccine raconte : « Dès que j'ai fait ma demande d'embauche chez Chrysler-France en 1968, les personnes qui m'ont reçu m'ont ordonné de prendre la carte C.F.T., si je voulais avoir un emploi, et que si je refusais de la prendre, je ne trouverais pas de travail dans l'usine. En même temps que mon certificat d'embauche, j'ai eu ma carte C.F.T. »

Alves-Victorio Heleno ajoute en octobre 1974 : « Je dois vous informer que depuis mon entrée dans l'entreprise, je suis syndiqué à la C.F.T., moins par choix que par obligation, car sinon je n'aurais pas eu d'emploi (...) Il y a peu de temps, un camarade portugais, dont je préfère taire le nom, qui avait décidé de ne plus payer à la C.F.T., a reçu la visite de cinq ou six délégués C.F.T. qui lui ont dit que s'il ne payait pas, ils le mettraient à la porte... »

L'estimation difficilement faite du nombre d'adhérents suffirait à elle seule à dénier à la C.F.T. le droit de s'appeler organisation syndicale et d'être considérée comme représentative. Il est pourtant facile d'avancer plus loin encore et d'accumuler d'autres preuves.

Avant d'être inscrits dans le Code du travail par la loi du 11 février 1950, les critères de représentativité syndicale ont été définis dès 1922 par l'Organisation internationale du travail, sur un plan international puis, au cours des années par la Cour suprême d'arbitrage et le Conseil d'Etat, sur un plan national. Utilisés en 1936, sous le Front populaire pour la mise en place des délégués du personnel, et au lendemain de la Libération pour celle des comités d'entreprise, ils furent codifiés par la loi de 1950 sur la base des éléments fournis par une jurisprudence qui, depuis une trentaine d'années, s'était affinée et perfectionnée en envisageant toutes les hypothèses dans lesquelles pouvait se poser le problème de la représentativité syndicale.

La loi détermina cinq critères principaux : le nombre d'adhérents; le paiement des cotisations; l'ancienneté, l'expérience et l'activité; l'attitude patriotique sous l'occupation; l'indépendance enfin. Ces critères n'ont pas été fixés au hasard. Ils devaient essentiellement permettre de dresser un barrage contre les prétentions patronales à vouloir constituer des syndicats-maison pour mieux asservir les travailleurs. L'histoire du mouvement syndical illustre à souhait, et la permanence de cette démarche des patrons, et la lutte des ouvriers pour protéger leurs organisations contre toute ingérence patronale.

Jusqu'en 1973, il n'y eut pas de jours, ni d'endroits où la C.F.T. ne s'appuya désespérément sur ces critères pour prétendre à la représentativité. Elle a, depuis, légèrement changé d'avis. Le numéro 29 de décembre 1973, de *L'Indépendance syndicale,* son organe officiel, est revenu sur chacun des points : à propos des effectifs, il écrit :

« C'est le type même du critère invérifiable puisqu'il est énoncé sans autres précisions. » A propos de l'indépendance, il ajoute : « L'indépendance du syndicat devrait également être exigée par les tribunaux par rapport aux partis politiques. » Pour les cotisations, il juge : « l'intention excellente mais les résultats illusoires ». L'expérience et l'ancienneté sont un « critère condamnable qui doit disparaître sans délais ». Enfin, l'attitude sous l'occupation est : « Le type même de critère entièrement périmé. »

En septembre 1975, afin de clore le débat, Auguste Blanc déclara, lors du Congrès de Versailles que « la représentativité, c'est du domaine des politiques. Elle est indispensable mais, permettez ce temps de silence... corrigeons d'abord nos erreurs. Il faut la mériter ».

Il pensait alors, sans aucun doute, à la situation financière de la C.F.T.

Parlons donc, d'abord, des cotisations, et plus généralement des finances de la C.F.T.

Chapitre 6

L'ARGENT

Les doutes qui avaient assailli Auguste Blanc quant au nombre d'adhérents, se doublaient d'effroi au vu de l'état décrépi des finances de la C.F.T. Blanc savait bien que la provenance des finances est un des critères essentiels pour juger si une formation est une réelle organisation syndicale. En décembre 1975, au Comité confédéral national de Paris, le rapport financier présenté tenait en cinq lignes : « Nous ne donnerons pas ici une longue présentation de la situation financière. Il suffit de noter que le passif commun antérieur au 13 septembre 1975 est de 443 949,49 F, auxquels il convient d'ajouter les sommes réclamées par commandement d'huissiers, soit environ 100 000 F. Aussi, la nouvelle équipe a hérité de 550 000 F de dettes. » Quant à l'opportunité de discuter des autres critères, Blanc préférait, nous le savons, ne pas y penser.

C'est sans doute la raison pour laquelle, au début de l'année 1976, Michel Poniatowski s'efforça de faire admettre la représentativité de la C.F.T. en se plaçant hors des critères et en utilisant un artifice linguistique érigé en démonstration juridique. Il tenta ainsi d'assimiler la notion de *reconnaissance* à celle de *représentativité,* et s'employa à démontrer au Conseil d'Etat que les deux termes étaient porteurs du même sens, voulant ainsi favoriser ouvertement la C.F.T. et faciliter son accession au rang de « centrale syndicale » représentative. M. Poniatowski fut finalement embarrassé. Car la « représentativité » ne vaut, de plein droit, que pour des sections syndicales ou des syndicats affiliés à une centrale elle-même déjà reconnue comme représentative au plan national (art. L. 412-4 du Code du travail). Or à la question : la C.G.S.I. fût-elle reconnue comme promis ? Simakis répondait non, et que c'était une des raisons pour laquelle il l'avait quittée pour fonder la C.F.T. L'histoire n'a pas dit encore si la démonstration de M. Poniatowski intéressait uniquement la C.F.T. Il n'est pas exclu, en effet, qu'il ait tenté d'ouvrir la voie de la représentativité à n'importe quel groupuscule qui se réclamerait du syndicalisme, sous les auspices du patronat. Nous en sommes là pour l'instant. La C.F.T. n'est toujours pas « représentative » et, si l'on reprend un à un les critères qui le lui permettraient, elle n'est pas prête de le devenir.

Laissons, pour y revenir, ceux des finances, d'indépendance et d'activité. Nous savons que penser du nombre d'adhérents. L'ancienneté est inexistante dans la mesure où la représentativité n'a jamais été accordée. Reste l'attitude patriotique sous l'occupation. Constantin Simakis fait, pour ce cas, preuve d'une belle assurance : « Tous nos responsables syndicaux qui avaient l'âge de choisir une attitude sous l'occupation furent d'authentiques combattants de l'intérieur ou des F.F.I. » ... Simakis parle pour lui et il est l'exception qui confirme la règle. Nous avons déjà eu un aperçu des gens qui ont fondé la C.F.T. Faut-il ajouter quelques noms et quelques biographies pour décrire un passé qui, sous l'égide d'Albertini ou de Galtier, ne pouvait pas être particulièrement reluisant : adeptes du syndicalisme de René Belin et de Georges Dumoulin, les uns ont choisi en 1936, la tendance « indépendante » qui rassemblait, sur le terrain de l'anticommunisme et du pacifisme le plus outrancié, de vieux syndicalistes et choisiront en 1940, l'expérience vichyste de l'un, et la voie nettement collaborationniste de l'autre.

D'autres seront les adeptes sans scrupule de la collaboration armée comme Marcel Driot, président passager et désabusé de la C.F.T., ancien volontaire de l'armée franquiste pendant la guerre d'Espagne, membre du « service d'ordre légionnaire » de Joseph Darnand — le sinistre fondateur des milices du Maréchal Pétain, qui devaient pourchasser les résistants français — et ancien attaché auprès du général allemand Kœltz à Berlin, en 1945; comme René Dumas, ancien de la Légion des Volontaires français contre le Bolchevisme; comme Pierre Maintrieu, ancien engagé français sous l'uniforme allemand; comme Jean Rostucher; comme René Laffon; comme... Cela suffit et, ne nous attardons pas plus. Mieux vaut parler de l'état des finances de la C.F.T., de son indépendance politique et idéologique et de son action revendicative.

Si la cotisation est l'un des critères légaux pour juger de la représentativité, elle n'est pas la seule ressource budgétaire d'une organisation syndicale normale. Il faut en effet, tenir compte des subventions diverses, qui alimentent périodiquement, ses caisses, des postes légaux qui lui sont attribués, en particulier au sein de plusieurs organismes d'Etat et du temps libre laissé à ses militants. Ces subventions ou ces compensations ne représentent pourtant qu'une petite partie du budget du syndicat. La situation est tout autre lorsqu'il s'agit du syndicalisme indépendant, et, plus particulièrement de la C.F.T. Jugeons-en.

L'expert-comptable désigné pour mettre de l'ordre dans les comptes de la C.F.T., en septembre 1975, avait fait preuve de son profond étonnement quant à l'irrégularité du versement des cotisations; Constantin Simakis jugeait sans tendresse les versements occultes qui avaient facilité l'accession au pouvoir de « l'usurpateur » Auguste Blanc; Sulpice Dewez dévoilait les dessous de son éviction en nous montrant les enveloppes données par le « Baron » Olivier Guichard. Marcel Michaut confiait des carnets comptables dénués de scrupules et accablants pour le patronat. Michel Rouzaud mettait en relief la double comptabilité de sa société de travail temporaire. Décidément, le dossier s'ouvre bien mal pour la C.F.T. et la représentativité prend déjà une odeur de pots-de-vin.

Il est vrai, qu'en la matière, les syndicats « indépendants » ont mauvaise réputation. Il n'est qu'à se reporter à des historiques de syndicats « jaunes » (leurs ancêtres) pour noter qu'ils croulent sous le poids des versements patronaux.

« L'Union des Intérêts économiques » fut, en général, avant-guerre, leur généreux donateur. Dès 1919, son président, Ernest Billiet est le grand collecteur et dispensateur des fonds qui lui sont remis, pour la défense du libéralisme économique, par quelques riches patrons, mais surtout par deux coalitions patronales : le « Comité des Houillères » et le « Comité des Forges ». Plus tard, la Confédération générale du Patronat français prendra le relais et le C.N.P.F. lui succédera.

Ce n'est pas que tout se passe aux yeux de tous. Mais, les chemins suivis ne sont pas si compliqués. En attendant, la cotisation devrait rester la principale ressources financière.

« Un syndiqué Citroën paie 0,50 F par trimestre, c'est pas un syndiqué normal. C'est même... Il ne mérite pas le nom de syndiqué. Tandis qu'un syndiqué qui, chez nous, paie, mettons, 5 F la carte et 5 F le timbre, ça fait donc 65 F par an, c'est un syndiqué. Et, dans certains secteurs, où nous sommes reconnus, la cotisation peut être plus importante... Il faut une base minimale pour adapter la cotisation à la situation de chaque entreprise. » En critiquant les méthodes de son ex-syndicat et en portant l'estoc sur Citroën, où son successeur, Auguste Blanc, a fait ses classes, Constantin Simakis ne fait que se référer à l'attachement viscéral de tout syndicat au problème des cotisations et n'esquive plus enfin les difficultés. Pour le moins, rendons-lui cette justice de considérer, à retardement, qu'un véritable militant est celui qui, d'abord, est en règle avec la trésorerie de son syndicat. Mais, nous savons qu'à se livrer au petit jeu des rentrées financières comparées au nombre d'adhérents, la situation confine vite au dramatique. La C.F.T. a toujours manqué, chroniquement, d'argent et elle s'est trouvée confrontée, faute d'adhérents, à des problèmes financiers qu'elle n'a pu régler qu'en justifiant de son « indépendance » auprès de ses maîtres et en rejetant la conception française traditionnelle du syndicalisme.

Gageons que la souscription nationale, lancée en 1975 par Auguste Blanc, dans le but d'assainir la trésorerie et de redonner ainsi, automatiquement, une vie plus crédible à son organisation, permettra de régler un problème qui n'est pas nouveau et justifiera sans doute le paiement d'une pléiade de permanents, l'édition d'un nombre important de journaux, la réunion de trois congrès en un an (Vichy, Paris, Versailles), l'acquisition d'un nouveau siège central et l'achat de matériel sophistiqué dont Auguste Blanc se dit fort fier. Car le bilan 1975 était, ne l'oublions pas, largement déficitaire. Le compte rendu de la Commission administrative confédérale de la C.F.T. du 25 janvier 1972, montrait que la situation n'était guère meilleure trois ans auparavant : « L'institution du timbre trimestriel en 1971 a paralysé, en fin d'année, la perception des cotisations (...). En novembre, la trésorerie confédérale n'a recueilli que 700 000 anciens francs (et), il en a été de même pour le mois de décembre. Les frais mensuels de personnel, avec charges sociales, de logements, assurances, Paris-province, s'élèvent à 3 000 000 d'anciens francs. Nous avons donc connu des difficultés qui nous ont empêchés de faire paraître le journal confédéral (...) Il importe donc, notre action étant facilitée par l'institution de timbres mensuels, en 1972, d'effectuer une véritable campagne d'adhésions et de perception des cotisations, non pas seulement sur six mois, mais sur toute l'année,

— de réduire au maximum les frais;
— de refuser toute remise gratuite de cartes confédérales en fin d'année, etc. »

Cette dernière phrase est déjà, à elle seule, lourde de sens Elle est l'aveu officiel de la pratique de l'adhésion bidon. Mais, les difficultés financières cachent d'autres choses. Depuis 1968, la C.F.T. n'a pas eu de trésorerie et Marcel Driot, Président de la C.F.T. à cette époque, ajoute : « L'ordonnance des dépenses, les budgets prévisionnels, les bilans financiers ne font l'objet d'aucun rapport détaillé; aucune délibération concertée n'a lieu à leur sujet : les commissaires aux comptes sont dans l'impossibilité de s'acquitter de leur mission. » La famille Simakis règne sans partage sur un budget que personne ne contrôle.

Livrons-nous à une estimation personnelle par rapport aux données que nous possédons :

Données :

— 380 000 adhérents annoncés;
— recette mensuelle : 700 000 anciens francs; soit : montant de la cotisation mensuelle, 1,99 ancien franc par adhérent.

En fait, il peut fort bien ne s'agir que de la somme revenant à la Confédération après déduction des parts fédérales, départementales, locales et syndicales dans le cas, bien sûr, d'un fonctionnement proche de celui des véritables syndicats. Admettons donc que la cotisation mensuelle puisse être multipliée par 5. Nous obtenons alors un versement de 10 anciens francs par adhérent et par mois. Cette somme est fort proche de celle annoncée par Simakis (50 anciens francs par trimestre) comme étant le montant d'une cotisation chez Citroën et ne permettant pas, à ses yeux, de se parer du titre de syndiqué.

De nos jours, les membres de la C.F.T. paieraient, paraît-il, toujours chez Citroën, 60 nouveaux francs par an. Si l'on admet que ce montant est applicable à l'ensemble des cotisants, et si, optimistes, nous évaluons le nombre d'adhérents à 120 000, M. Auguste Blanc peut se targuer de recevoir $\frac{120\,000 \times 60}{5} =$ 1 440 000 nouveaux francs par an, soit près de vingt fois plus avec trois fois moins d'adhérents. Mais ce n'est là qu'une hypothèse mathématique idéale n'ayant aucun rapport avec la réalité pratique. Pour l'année 1975, M. Blanc devrait consacrer la moitié de ce budget au remboursement des dettes. L'autre moitié lui permettrait de payer, au même taux que lui, huit permanents, compte non tenu des charges sociales. Alors... comment payer les journaux, etc. (voir plus haut) ? D'autant plus que personne ne parle de la souscription.

Bien sûr, des Conseils généraux subventionnent la C.F.T., quand ils sont à majorité de droite : l'ancien du Val-de-Marne a accordé 5 000 F, sur proposition de M. Vernaudon, U.D.R. La majorité réactionnaire de la ville de Paris a été nettement plus généreuse en versant à la C.F.T., en mai 1976, 300 000 F, alors qu'elle refuse des crédits pour la rénovation de la Bourse du Travail où sont les véritables syndicats. Reste, dans les rentrées, tout ce qui n'est ni subvention, ni cotisation : les facilités et les dons. Gilbert Lauriac, ancien secrétaire du syndicat Citroën, s'est livré à une étude très précise des facilités accordées chez Citroën-Javel, en 1975.

« Exception faite de M. Blanc, qui, à l'époque, bénéficiait d'une voiture de fonction, la C.F.T. possède d'autres permanents, notamment dans les associations du comité d'entreprise et au comité d'entreprise. Citroën paye tout le personnel du comité. Officiellement, le C.E. rembourse la dépense mais nous n'avons jamais pu obtenir les noms et le nombre des bénéficiaires de ce traitement. En pratique d'ailleurs, le C.E. n'existe pas. Toutes les informations le concernant sont données par la C.F.T. Par exemple, les formulaires d'inscription pour les colonies de vacances Citroën sont à en-tête C.F.T. Contrairement à Simca, Citroën a, d'autre part, toujours eu son réseau " paternaliste ". Il y a, à Javel, cent quatre-vingts hommes directement rattachés à la Direction, avec leur secrétaire, qui, à temps plein, donnent un secours, un renseignement, se livrent à des actes d'apparence officiels, en fait, au nom de la C.F.T. Sans compter les agents de maîtrise et, bien sûr, les délégués qui ont un mandat électif et qui sont, sans doute, les plus assidus à leur travail, car ils ne servent que d'intermédiaires entre les ouvriers et les agents de secteur ou les assistantes sociales. »

Une étude un peu plus poussée fait apparaître qu'au niveau des centralisations comptables un grand nombre de responsables de la C.F.T., chez Simca-Chrysler, et notamment la majorité des membres du Comité directeur, sont payés sous la référence du même service, malgré la diversité de leurs postes, mais aussi leur éparpillement dans les différentes usines du groupe. M. Ménétrier, le secrétaire de l'Union départementale C.F.T. des Yvelines, fut payé par Simca et conserva même son numéro de téléphone dans l'usine, alors qu'il était à l'extérieur. Raymond Houssard, secrétaire confédéral, est un cadre supérieur de Simca, comme Nicolas Fiorentino. Charles Griveau, secrétaire de la « Fédération » des Métaux, est lui aussi payé par Simca. Constantin Simakis, lui-même, secrétaire général C.F.T., a continué d'être payé, jusqu'au bout, par son entreprise d'origine Rhône-Poulenc. Et, lorsqu'il fut démis de la C.F.T. pour devenir secrétaire général de l'U.F.T., Simca lui fit des propositions alléchantes. Allez donc ensuite vous étonner du manque de détails des rapports financiers présentés lors des congrès !

Ce ne sont là sans doute que quelques-uns des nombreux moyens de financement dont bénéficie la C.F.T. Il en est d'autres, plus simples, où la subvention est directe. D'autres plus compliqués aussi, qui font appel à des chaînes de filiales, des associations diverses, en un mot, des intermédiaires discrets et efficaces.

Marcel Michaut devait nous permettre de passer facilement de l'un à l'autre, en nous donnant des documents révélateurs.

Le financement était direct quand la société Berliet remboursait aux gens de la C.F.T. leurs heures perdues à distribuer des tracts. Une note du 28 mars 1972 accordait 118 F d'indemnité à MM. Messin, Fontaine, Millot, Attali, Fauchier, Rault et Bonnaire pour distribution, à la porte de l'usine de Venissieux. Le financement est encore direct lorsque le remboursement concerne diverses missions syndicales. Ainsi, du 24 au 29 janvier 1972, Berliet a payé plus de 4 000 F à dix militants C.F.T.

Curieuse conception d'un syndicalisme bénévole et apostolique !

Mais, le comble fut atteint chez Berliet quand Michel Bocquillon établit, puis commenta le projet de budget de la section syndicale C.F.T. de son entreprise. Il ne faisait là, certes, que son travail de militant. Mais, sa position de cadre de direction Berliet l'autorisait aussi, sans doute, à ne prévoir que des colonnes « dépenses » et à ajouter à la main une ligne « subventions » qui couvrait l'ensemble de celles-ci.

Exposons les faits tels qu'ils sont. Les prévisions budgétaires 1973 étaient claires et nettes :

Postes	**Budget 1973**
Frais de personnel et charges sociales	68 040
P.T.T.	7 300
Loyers et charges locatives	7 120
Chauffage électrique	1 980
Transports. Déplacements	12 550
Paiement des pertes de salaires	6 000
Papiers (tracts) + fournitures	25 000
Formation	10 000
Imprimerie	6 000
Avocats et huissiers	10 000
Réserve (pour notamment achat de petits matériels)	10 000
TOTAL	163 990

Subventions : 13 600 F par mois.

Le commentaire qui suivait était plein d'intérêt. Il étudiait d'abord la gestion 1972. « Les postes non prévus », qui avaient entraîné un dépassement, révèlent là encore une curieuse conception du travail syndical.

1° DÉPENSES 1972 :

« Le dépassement de plus de 24 704,84 F résulte de ce que les dépenses suivantes n'avaient pas été prévues :

« 8) Paiement des heures perdues (indemnisation des militants en absence non rémunérée pour distribution de tracts — salaires non payés par la société)	5 304,00
« 9) Formation *a*) Séminaire d'une semaine pour 14 militants — restauration, location de la salle, paiement des heures perdues, paiement des intervenants extérieurs, etc. *b*) Coût d'une conférence de presse	17 315,70
« 10) Avocats et huissiers (11 procès en instance + 1 en cassation)	9 720,34
« TOTAL	32 340,04

« Il faut noter que les autres dépenses se sont tenues dans le cadre des prévisions (112 365 contre 112 602 prévu). »

2° Prévisions 1973 :

« — Les postes des dépenses 1972 ont été reconduits;

« — 4 achats de papier : en 1972, ont été distribués :

« 37 tracts à grande diffusion (10 000) et 41 tirés à 2 000 pour les établissements extérieurs.

« Le calcul a été fait, pour 1973, sur la base d'un tract par semaine à grande diffusion, un tract par semaine pour les établissements extérieurs.

« — Imprimerie : calculé pour impression de deux journaux et quatre affiches.

« — Formation : calculée pour un stage d'une semaine à Paris pour dix personnes.

« — Avocats et huissiers : reconduit à 300 F près.

« — Paiement des heures de salaire perdues : base de 5 000 à 6 000 (salaires qui ne seront pas payés par l'entreprise).

« Globalement, les prévisions 1973 sont en augmentation de plus de 12 % sur les dépenses de 1972. Les subventions seraient, dans cette hypothèse, portées à 13 600 F par mois. »

Les subventions accordées par Berliet à son « syndicat »-maison suivront un itinéraire détourné avant d'atteindre leur destination finale. En fait, Berliet nourrira en partie ce que le défaut de cotisation n'a pu entretenir : la Confédération.

Marcel Michaut devait nous expliquer ce processus :

« M. Pic, adjoint du directeur financier, envoyait régulièrement tous les mois un mandat de 10 000 F à la C.F.T.-Paris, sur compte chèque postal. Il ne faut pas oublier que nous étions des permanents au niveau national et donc payés par Paris. Armand Claude, le trésorier, gardait, sur cette somme, les charges sociales et nous renvoyait le reste. Le problème n'était pas le même pour d'autres permanents comme Houssard, Leberre, ou même Fiorentino, qui conservaient leur poste chez Simca, comme Blanc qui avait le sien chez Citroën.

« Quand on a jugé que notre mode de paiement par virement C.C.P., puis revirement C.C.P. était peut-être un peu trop voyant, les versements ont été faits en liquide à la Sorhofi, la banque Berliet, qui se chargeait des différents transferts. Ce versement régulier ne doit pas cacher les autres versements faits par Berliet à la Confédération et qui ne sont pas " redescendus ".

Les permanents, qui étaient " vraiment " permanents devaient bien vivre. »

Au témoignage de Marcel Michaut, ajoutons l'observation de l'attitude de Michel Bocquillon, ce « tout petit cadre », puisqu'il se dit lui-même le quatre centième de la hiérarchie Berliet, sociologue et professeur à l'Université de Lyon tout de même. A la suite du procès que la C.G.T. fit à Paul Berliet, Paul Bregeon et Michel Bocquillon pour discrimination syndicale au profit de la C.F.T., seul Bregeon fut condamné. Ayant sans doute une secrète admiration pour le hara-kiri, il prit sur lui tous les torts, pour mieux dégager ses compères. Les oreilles de son avocat en vinrent même à siffler lorsqu'il avoua, devant les juges, qu' « il recevait de l'argent de certains qu'il ne connaissait pas, pour le remettre à la C.F.T. », ce dont il se chargeait bien volontiers et en toute innocence. Que n'avouait-il pas ce jour-là. Car le « certains qu'il ne connaissait pas » avait, aux yeux du tribunal et de la salle qui l'écoutait, les mêmes initiales que lui : Paul Berliet, qui fut pourtant blanchi, comme Bocquillon. Et Bocquillon continua tranquillement à jouer les petits cadres courtelinesques chez Berliet et fit preuve, à l'égard de la C.F.T., d'un apostolat biblique.

Mais, les faits sont têtus. On ne peut leur échapper éternellement. Ils révèlent une autre vérité. Si M. Bocquillon établissait le budget de la C.F.T., ce n'était pas au titre de son apostolat, ni par souci de faciliter l'administration de son « syndicat ». Comme l'indique l'organigramme de la société Berliet, il est le bras droit de Bregeon, chef des relations sociales. Il s'occupe de l'amicale des anciens de Berliet, pour qui il rédige des tracts à la gloire de la famille Berliet. Il préside parfois des réunions du Comité d'entreprise. En un mot, M. Bocquillon minimise sa fonction et son rôle, à la C.F.T. comme chez Berliet.

A la C.F.T., est-ce la distraction qui lui fit omettre, dans l'établissement du budget C.F.T.-Berliet, les rentrées des cotisations ? Comptait-il seulement sur le soutien financier de l'organisation nationale alors qu'il savait pertinemment (voir plus haut) que celle-ci n'avait pas d'argent ? Ou bien savait-il que l'argent viendrait du bureau voisin, celui de M. Bregeon ? Telle question vaut réponse.

Chez Berliet, comment fait-il pour se déplacer si facilement d'une usine à l'autre afin de juger de l'opportunité d'une implantation de la C.F.T. ? De quel droit donne-t-il accès au fichier central de l'entreprise ? A quel titre obtient-il des mutations entre Citroën et Berliet ? Bien des questions resteraient sans réponse si l'on n'osait imaginer l'appui de Paul Berliet lui-même. Un appui qui autorise Bocquillon à dire, le 8 juillet 1972, aux hommes de la C.F.T. : « Berliet, maintenant, est bien décidé à ne plus rien faire qui puisse aider les autres syndicats et à favoriser le développement du syndicalisme libre. » Quels aveux et quelle collusion ! Cela n'est pas sans rappeler la naissance des milices patronales, qui a toujours coïncidé avec l'apparition de la C.F.T., les premières et la seconde n'étant que l'expression d'une même volonté : celle du patronat.

On se souvient du projet d'implantation de milices, proposé à Berliet par Gaillard, sous couvert de l'emploi d'intérimaires. Il y était précisé que « le personnel recruté en place chez Berliet » serait « engagé par Berliet, au taux Berliet, en fonction de la qualification et payé par Berliet », mais bénéficierait d'un « complément de salaire entre le taux de facturation et le prix de facturation S.I.T.E.R., 23,50 F l'heure pour cent soixante-treize heures mensuelles ». Ce modèle était copié sur les accords passés, pour la même raison entre la Nota et Peugeot. Michel Rouzaud, ex-comptable de la société de Gaillard, devait donner des précisions complémentaires : « Le personnel qui était directement engagé par Berliet recevait sa fiche de paie, tous les mois, de la direction Berliet; celle-ci était adressée au bureau S.I.T.E.R. qui faisait un complément de salaire. Il y avait des primes de zèle : par exemple, Jeandon, qui était un bon mouchard et apportait de bons renseignements, avait 250 F par mois en plus. Ce complément de salaire était évidemment facturé à Berliet. Une facture était faite pour chaque individu et était remise dans des chemises à part en même temps que les factures normales du personnel intérimaire. Elles étaient remises à M. Eymeric, qui se chargeait de les transmettre à M. Bregeon, afin que cela ne passe pas par d'autres mains. Dans un coin, au crayon, était mentionné le nom de chaque individu. Ces factures ne rentraient évidemment pas dans la comptabilité générale Berliet. Berliet augmentait tout simplement le nombre des intérimaires qu'il était censé employer. En 1973, la somme consacrée au paiement de ces intérimaires a doublé par rapport à 1972, sans pour autant que Berliet ait embauché — du moins à la S.I.T.E.R. — plus d'intérimaires. Pour expliquer ce phénomène, il suffit de dire par exemple que Jeandon avait des bulletins de paie à son nom, mais aussi sous celui de Jeffali et Descrampt. » Le tour était joué. Cela n'est pas passé inaperçu du Comité d'entreprise qui exigea des explications. La direction se déroba. Elle avait de bonnes raisons pour cela.

Dans le même temps, Alfred Fabry, militant C.F.T. itinérant, bénéficie de ces conventions. Par ailleurs, Henri Cocogne, l'un des chefs des mercenaires de Saint-Etienne pour le compte de Peugeot, fait parvenir à Marcel Michaut, responsable C.F.T., un chèque de 700 F en remboursement de la caution versée par Michaut pour la location de trois fourgonnettes qui ont servi au commando de Peugeot - Saint-Etienne. Une lettre charmante accompagne l'envoi : « Je regrette seulement de n'avoir pu régler cette caution avant mon départ, mais, comme vous le savez, l'homme propose et les événements disposent... » Henri Cocogne avait passé sa journée au commissariat et n'avait pu revoir Michaut avant son départ pour Sochaux... Deux ans plus tard, c'est à une avalanche de factures de la S.I.T.E.R. que la firme Creusot-Loire doit faire face, de février à juillet 1975, lorsque le prédécesseur du baron Empain décide, sur invitation de ses pairs, de créer un syndicat indépendant à Framatome, l'une de ses filiales, et de mettre sur pied une milice au Creusot, la C.F.T. existant déjà. Il y en a pour 409 213,90 F, soit près de 41 millions d'anciens francs. De détaillées, les factures sont devenues globales. Dans quelle mesure, la C.F.T. y a-t-elle trouvé son compte ?

Il est enfin un canal encore plus commode pour faire bénéficier la C.F.T. de rentrées pécuniaires : utiliser des budgets publicitaires. La C.F.T. projette de créer une revue luxueuse, *Métallurgie 2000*. Armand Claude, directeur de la publication, s'adresse au général Feuvrier, chef du personnel Peugeot pour faire passer de la publicité. Il lui fait parvenir à l'avance deux factures de 3 500 F chacune, pour encart à paraître, les mois suivants. Le général paya sans discuter, mais sans garantie. La revue ne parut pas, et l'argent ne fut pas remboursé. L'adjoint du général Feuvrier, Amaury Lubeck, confirme ces bien curieuses méthodes : « Attention, les subventions étaient payées directement à la C.F.T. Ça ne passait pas par la base. Armand Claude a, pendant un moment, encaissé. C'était soi-disant pour de la publicité dans un journal... »

Il existe cependant des chemins encore plus tortueux. Le 20 mars 1973, vingt-trois personnes, « toutes de nationalité française et n'ayant jamais été condamnées » formaient une « Association pour la Défense des Intérêts économiques et industriels de la région Rhône-Alpes » (A.D.I.R.R.A.). Son secrétaire général était secrétaire général C.F.T. pour la région Rhône-Alpes; son secrétaire adjoint était secrétaire général adjoint de la C.F.T. pour la région Rhône-Alpes. Son trésorier était responsable de l'information C.F.T. pour la région Rhône-Alpes. Son trésorier adjoint était responsable C.F.T. du Commercial-Berliet. Son conseiller était responsable C.F.T. des usines extérieures Berliet. A eux cinq, ces hommes formaient le bureau d'une association « destinée à regrouper les habitants de la région Rhône-Alpes », et « fondée sur le principe de l'indépendance absolue ». Sa banque était la S.O.R.H.O.F.I. (Société rhodanienne de Financement) banque « indépendante » elle aussi, mais au sein du groupe Berliet. Son siège avait pour domicile celui de son président, Marcel Michaut. Marcel Michaut ayant quitté la C.F.T., l'affaire capota et ne put servir qu'un temps de relais financier entre diverses entreprises et la C.F.T. Car, tel était le rôle que devait jouer l'A.D.I.R.R.A. Des sociétés diverses auraient « cotisé » et l'argent aurait transité de façon tout à fait légale.

Mais, comment ne pas faire, sur un plan purement formel, une comparaison entre l'A.D.I.R.R.A. et l'A.T.I.C.U.S. : « Association pour l'Hébergement des Travailleurs immigrants et célibataires des usines Simca », chargée de « la location, l'achat éventuel et l'exploitation de centres de logement et de toutes installations annexes, au bénéfice notamment des travailleurs des usines Simca vivant en célibataires ». Les membres fondateurs sont Nicolas Fiorentino, président du Syndicat national de l'Automobile, Max Le Berre, président du S.N.A.-Poissy, M. César, directeur, président du Comité d'entreprise des usines de Poissy et quelques autres directeurs de la firme. Le siège déclaré est, évidemment, celui de Simca, aux Champs-Elysées.

« Associations de développement économique », « Associations pour l'hébergement », il ne s'agit ici que d'exemples types. Jetons un bref regard vers d'autres filières.

Devons-nous commencer par Berliet ou revenir sur Simca ? A vrai dire, c'est une question de goût. L'une et l'autre firme, sous couvert de formation professionnelle, alimentent la C.F.T. On sait que le patronat verse une cotisation sur salaire pour alimenter les fonds nécessaires à cette formation. C'est, légalement, le fameux « un pour cent » patronal. En fait, un bilan récent montre que la participation des entreprises à ce financement s'est élevée, pour 1972, à environ 1,15 % de la masse salariale.

En devenant responsable syndical C.F.T. chez Berliet, Marcel Michaut devait bénéficier du détournement de cette loi au profit du syndicalisme indépendant : « En juin 1971, j'ai été faire un stage d'un mois, payé par la société Berliet, déplacement, hôtel, tout compris, chez Simca et Citroën, pour m'initier au fonctionnement du syndicat dans ces entreprises, pour voir de quelle façon il réagissait vis-à-vis des autres syndicats et, pour aussi faire pas mal de politique, tout au moins chez Citroën. »

Formé à cette école, Marcel Michaut va, à son tour, organiser des séminaires dans la région dont il est responsable, en faisant appel aux responsables nationaux de la C.F.T. (ce que nous avons déjà évoqué) et à des spécialistes « ès-formation syndicale », comme le docteur Jacques Pezé. Généraliste depuis 1949, habitant Pigalle, ce médecin trouve, dans les stages qu'il organise, une juste compensation morale et rémunératrice.

En janvier 1972, l'Union départementale C.F.T. du Rhône fit appel à ses services pour compléter la formation de ses militants. Comment y avait-elle pensé ? Le docteur Pezé connaissait bien Simakis, alors secrétaire général du mouvement. Ses tarifs étaient corrects et concurrentiels. Ses choix d'hôtels modestes. Ses motifs inattaquables, nous allons le voir. Alors qu'un patron ne peut financer un séminaire syndical, pas plus qu'une organisation syndicale n'a compétence pour effectuer des stages de formation autre que syndicale et sur ses fonds propres, le docteur Pezé, spécialiste de la dissimulation légale, conseillait tout simplement d'inscrire ce stage syndical sous la couverture d'une notion très vague : les relations humaines, en le faisant financer par le fameux 1 %. Il devait s'en expliquer lui-même quelques mois plus tard :

« En référence aux deux jours de stage de formation que j'ai assuré, le jeudi 26 et le vendredi 27 janvier dernier, dans le cadre de la formation syndicale, je vous précise que ce stage peut parfaitement être catégorisé dans les heures de formation au terme de la loi de juillet 1971 (décrets de janvier 1972). Il s'agissait, en effet, d'un programme de formation aux relations humaines avec le training suivant :

« — Qu'est-ce qu'un groupe ?
« — Comment équilibrer un groupe de réunion-discussion ?
« — Les rôles clefs à assurer pour équilibrer l'échange.
« — Marges inférieures et supérieures au-delà desquelles le groupe ne peut plus fonctionner.
« — Etc.

« Le tout pratiqué et expliqué en deux jours de séminaire, en suivant la méthode de créativité et d'accueil du développement spontané dans les groupes (la " leçon " vient après et à l'occasion de la situation qui s'est manifestée dans le groupe de travail).

« Au vu de ce programme, dont j'ai le détail d'exécution dans mon dossier de stage, tout spécialiste ne pourra que conclure qu'il s'agit bien d'un programme de formation aux relations humaines d'une excellente qualité et assuré par un spécialiste chevronné — ceci s'inscrivant sans aucun problème dans le cadre de la loi sur la Formation continue, assurant 0,8 % des masses salariales pour cette formation.

« Quant à s'étonner que ce programme de formation ait eu lieu dans un cadre syndical et avec une motivation syndicale, j'attends de pied ferme celui qui prétendrait me démontrer qu'on pouvait trouver une meilleure motivation d'intégration de la connaissance — sur ce sujet particulier de formation aux relations humaines — pour des syndicalistes, que le substratum et le cadre syndical. Ayant particulièrement étudié cette question de ce type de motivation et écrivant actuellement un ouvrage dessus, je suis très au point pour situer le problème à sa dimension.

Docteur Pezé. »

Une pléiade de militants C.F.T. assistèrent à ce premier séminaire de « formation permanente ». Le docteur Pezé demanda 2 200 F d'honoraires pour deux jours de présence. C'est exactement le montant du chèque adressé, quelques jours plus tôt, à Michaut, par J. de Fleurieu, directeur de la Salvea, filiale de Simca-Chrysler :

« Cher Monsieur,

« Comme convenu, je vous prie de trouver, ci-joint, un chèque de 2 200 F en règlement du séminaire de formation que vous avez bien voulu organiser pour quatre employés de la Salvea. Je vous en souhaite bonne réception, etc. »

Berliet a payé aussi. Ce séminaire d'une semaine, pour quinze militants, lui a coûté, cela est inscrit dans le budget de M. Bocquillon, 17 315,70 F (voir plus haut).

Le 17 octobre, le docteur Pezé devait envoyer à M. Michaut, avec ses meilleurs sentiments, une courte lettre en guise de conclusion :

« ... J'ai également revu ma note d'honoraires qui ne pose aucun problème par rapport aux tarifs actuels pratiqués couramment. Le Ministère — département de la formation continue — admet ces chiffres pour des programmes de qualité moindre et effectués dans des conditions de programmation plus élémentaires... »

En restant à la disposition de la C.F.T. pour l'organisation de stages ultérieurs, sous couvert de formation, le docteur Pezé levait le coin d'un voile bien sombre.

Les organismes de formation professionnelle sont, en effet, innombrables. Les uns sont agréés par l'Etat et leur recensement fait l'objet d'un gros annuaire de près de cinq cents pages. Les autres sont agréés par l'Education nationale ou, plus restrictivement, par l'Académie de Paris. C'est le cas, par exemple, de l'« Institut supérieur du travail » qui se dit agréé. Mais l'Académie de Paris refuse l'emploi du mot « agrément ». Elle précise que les organismes d'enseignements supérieurs privés sont tenus simplement de se déclarer. Et, qu'en aucun cas, le fait de recueillir cette déclaration n'équivaut à un parrainage officiel. Le terme « agréé » est donc sujet à interprétation.

L'« Institut supérieur du travail » (199, boulevard Saint-Germain, Paris-7e, transféré depuis peu au 15, avenue Raymond-Poincaré, dans le 16e arrondissement) organise, pour de nombreuses entreprises, des stages de formation et de perfectionnement. Ces séminaires, de deux fois cinq jours, sont « destinés aux ingénieurs et cadres ». Un stage particulier concerne les « relations avec les syndicats ». Les directions de Simca, de Peugeot, de Citroën, de Renault, de Creusot-Loire, d'Usinor, de P.U.K., de l'Aérospatiale et du Crédit agricole, bref de toutes les grandes entreprises françaises, y envoient régulièrement des participants. En fait, l'I.S.T. initie à la bataille antisyndicale et aux moyens de la conduire la presque totalité des dirigeants d'entreprises enclins à s'intéresser à ce genre d'exercice. Le coût des deux sessions est de 3 300 F par personne, déductibles de la participation des entreprises au financement de la formation professionnelle : toujours le 1 % patronal. Le véritable dirigeant de l'I.S.T. s'appelle Georges Albertini. Georges Albertini reçoit, tous les 25 du mois, sur un compte à terme, quelques dizaines de millions qui, immanquablement, sont virés, deux jours plus tard, à un autre compte. S'il s'agit d'un salaire, il n'est pas déclaré. Mais, M. Albertini est ingénieur-conseil à la Banque Worms, président-directeur général du Centre d'Archives et de Documentation politique et sociale, dont dépend l'I.S.T. et directeur de la Siel, Société industrielle d'Electricité. Il n'est donc sans doute qu'un intermédiaire financier; reste à savoir lequel et pour qui : la réponse est assez facile à donner. Mais il faut nous pencher avant sur le passé de Georges Albertini.

Paris, 1944. Terrible époque. Comme beaucoup d'autres, celui qui, quatre années durant, fut si puissant dans cette capitale, erre maintenant au hasard des « planques » incertaines. La silhouette harassée, l'âme défaite, il ne lâche pourtant pas une minute sa lourde valise et lorsque, place des Ternes, la main d'un policier s'abat sur son épaule, il la serre encore contre lui d'un geste crispé.

L'arrestation, l'épuration... On croit deviner la suite. Pas complètement toutefois. Car, lorsque les inspecteurs ouvrirent le pesant bagage et entreprirent d'en inventorier le contenu, quelle ne fut pas leur surprise !... Georges Albertini, le dirigeant pendant la guerre du Rassemblement national populaire, l'adjoint de Marcel Déat, qu'ils venaient d'appréhender, transportait avec lui des milliers de bordereaux des cartes de membres du R.N.P., les cartes mêmes qu'en tant que secrétaire général, il avait si fraternellement paraphées.

On raconte depuis que la force d'âme dont avait dû faire preuve le lieutenant de Déat pour ne pas abandonner la précieuse valise, émut les policiers. On murmure même que, lorsqu'ils dépouillèrent tous ces documents, ils furent bouleversés et que leur bouleversement expliquerait la relative mansuétude de certain verdict ultérieur.

Mais, peu nous importent les murmures. Tenons-nous en aux faits. Incarcéré, Georges Albertini se retrouva dans une cellule qu'occupait déjà une autre victime du « résistantialisme » :

Hyppolite Worms, banquier de son état, d'ailleurs déjà incarcéré sous Vichy.

C'est alors que le miracle se produisit. L'un des leaders de l'antisémitisme, le grand aryen blond aux cheveux noirs et à la petite taille, le chef au profil d'aigle et aux lunettes de myope, tomba dans les bras du financier israélite, héritier d'une des plus riches familles d'Europe. Coup de foudre politique ? Sans doute. Mais, que deux passés parallèles expliquaient déjà quelque peu... En effet, nul n'ignorait dans les milieux bien informés que, depuis des dizaines d'années, la banque Worms était, boulevard Haussmann, l'une des plaques tournantes de la mystérieuse et puissante « synarchie ». De même, tout en passant de la S.F.I.O. au nazisme français, Georges Albertini avait toujours montré un vif intérêt pour les organisations secrètes de style synarchique. Ainsi, en octobre 1941, avait-il été un des seize fondateurs du « Centre d'Etudes révolutionnaires » aux côtés du « cagoulard » Eugène Deloncle, de l'industriel utopiste Schueller et du directeur du journal collaborateur *Je suis Partout,* Charles Lesca. Alors installé au 149, rue Montmartre, le Centre avait pour but avoué de « tenter un rassemblement des cadres en vue de la Révolution communautaire ».

Ainsi, la rencontre Albertini-Worms allait-elle être fructueuse.

Georges, Claude, Charles Albertini, est né le 13 mai 1911 à Châlon-sur-Saône. Après des études secondaires, il prépara le professorat d'Ecole normale, section histoire et géographie. Une fois ses diplômes passés, il obtint un poste à Troyes, puis à Montbrison, dans la Drôme. Parallèlement à cette activité professionnelle, il occupa diverses responsabilités politiques...

Peu à peu, Georges Albertini se sent attiré par les idées de Marcel Déat et, lorsque le 3 août 1940, il change son uniforme de lieutenant d'une armée vaincue pour un habit civil, il va bientôt rejoindre le Rassemblement national populaire. Au R.N.P., sa fortune sera prompte puisqu'il ne tardera pas à devenir Secrétaire général et à être considéré comme le premier lieutenant du chef, Marcel Déat. Il sera chargé de la propagande. Ses importantes fonctions politiques ne l'empêcheront pourtant pas de s'intéresser plus spécialement aux questions économiques et syndicales. Déjà auteur, en 1938, d'un livre intitulé *Visite aux ouvriers scandinaves,* il préfacera, en 1942 et 1943, deux ouvrages du transfuge de la C.G.T., Francis Delaisi, *L'ouvrier européen* et *Paradoxes économiques;* et c'est avec l'aide d'autres « syndicalistes » du même type, tels que Dumoulin et Parsal, qu'il assurera la rédaction en chef du journal *L'Atelier,* pendant toute l'occupation allemande.

En 1949, à nouveau libre, cette année-là, de se livrer aux arts d'agrément de son choix, Georges Albertini retrouve Hyppolite Worms. Aussitôt, celui-ci fait de celui-là un « ingénieur-conseil » de la puissante banque du boulevard Haussmann, et, afin que nul ne puisse douter de son importance dans la maison, c'est dans le bureau de Maurice Petsche que l'ex-secrétaire général du R.N.P. s'installe aussitôt après la mort de l'ancien ministre des Finances.

Cependant, si conscient soit-il de l'influence des milieux financiers qui lui permettent de remettre, sans retard, le pied à l'étrier, Albertini n'entend pas se limiter à des travaux bancaires. La méditation forcée qu'il vient de poursuivre, quelques années durant, a ajouté un vif désir de revanche aux raisons qu'il avait déjà de préférer l'agitation à l'agio et l'action directe aux actions boursières. Néanmoins, quand on a pris froid une bonne fois au vent des tribunes, on préfère le tiède secret des cabinets et des antichambres. Enfin, l'âge venant, il faut bien songer à s'établir.

Pour résoudre ces apparentes contradictions, Albertini se souvient d'avoir été marxiste, tendance Déat il est vrai. Les yeux sur les poussiéreuses frondaisons du boulevard Haussmann, il rêva...

En cette année 1949, l'aveuglement de la plupart faisait peine à voir. Combien de journalistes, d'hommes politiques, de financiers qui se vantaient d'en posséder un bon stock, méconnaissaient en fait la véritable marchandise de l'avenir : l'anticommunisme...

Marchandise abstraite, morale même, et pourtant, d'une valeur incomparable. Albertini le savait. Ce serait sa force.

Cependant, si puissant qu'il puisse déjà se prévoir, il eût été fou d'ignorer que la concurrence pouvait survenir... Aussi, aurait-il le souci d'être toujours le mieux achalandé et de pouvoir satisfaire aux demandes d'une clientèle la plus vaste possible. Le planisphère et l'annuaire sur fond de peste rouge composeraient son blason, s'il lui prenait l'humeur d'en posséder un.

Un rédacteur en chef désirerait-il, d'urgence, une étude sur le comportement des communistes indonésiens ou siamois, pendant les six mois passés et les six mois à venir ? Un chef d'entreprise voudrait-il posséder la liste des meneurs communistes envoyés par « l'agitprop » dans l'industrie du décolletage ? Un état-major de région militaire aurait-il besoin d'une histoire réchauffée du marxisme-léninisme afin de pouvoir organiser un carrefour d'études des sous-officiers de réserve ? Un seul fournisseur : Georges Albertini.

Et le fournisseur deviendrait vite conseiller. Et le conseiller s'imposerait vite comme éminence grise. Aussi indispensable qu'invisible. Identifié à sa marchandise, le technicien Albertini ferait merveille.

Tel était le rêve de Georges Albertini... Accordons-lui qu'avec l'aide de quelques industriels, de certains banquiers et de puissants amis étrangers, il parvint assez vite à le réaliser.

La première étape de cette réalisation fut la visite de trois quinquagénaires sérieux et distingués au Bureau des associations de la Préfecture de police, le 6 avril 1949.

MM. de Brevedent, Legueu et Masson venaient déclarer, sous le numéro 13777, « l'Association d'Etudes et d'Informations politiques internationales » qui prenait pour siège des bureaux situés 354, rue Saint-Honoré à Paris et se donnait pour but l'« Etude des questions économiques, politiques, historiques, sociales et culturelles internationales ».

Derrière cette façade, une véritable équipe commençait en effet de se constituer. Avec la lenteur nécessaire à un recrutement solide, Georges Albertini s'entourait, peu à peu, de quelques dizaines de collaborateurs sûrs et dont le passé politique offrait toutes les garanties souhaitables. Sans vouloir les citer tous, mais sans risquer non plus d'être schématique, on peut classer ces gens en quatre catégories : les anciens compagnons du chef, les renégats du P.C.F., les émigrés de l'Est et les éléments de l'extrême-droite classique, en général.

Prenons quelques exemples.

Guy Lemonnier, Jacques Guionnet et Léon Emery sont des compagnons types. Le premier se fait maintenant appeler Claude Harmel, par référence au nom de sa femme, Armelle Brillaud. Professeur comme Albertini, il a, comme lui, suivi la filière des partisans de Déat et est passé de la direction du R.N.P. à celle du nouvel organisme de propagande, après une inaction involontaire de quelques années. Il est l'auteur d'une *Lettre à Léon Blum* et d'une *Histoire de l'anarchisme.* Il est maintenant secrétaire de l'Institut d'Histoire sociale, directeur des *Etudes sociales et syndicales,* organisme et journal du « Trust » Albertini. Le sociologue Emery et le nommé Guionnet, lequel parada en chemise brune à la tribune d'un meeting R.N.P. aux côtés du secrétaire général, sur une des très rares photos d'Albertini publiées depuis la Libération, ont connu, à l'étage en dessous, la même évolution...

Du côté des renégats du Parti communiste, quatre personnages sont assez symboliques : Henri Barbé, Pierre Celor, Emile Vincent et Alexis Dormont. Exclus du Parti communiste en décembre 1931, le quatuor se retrouva au P.P.F. doriotiste dont Henri Barbé occupa longtemps le secrétariat général. On imagine la suite et il convient seulement de préciser que Celor est mort en 1957, tandis que Barbé se convertissait à un catholicisme que l'on dit intransigeant, voire fanatique.

Comme représentants du troisième groupe, celui des émigrés de l'Est, on peut citer : Boris Souvarine, Lucien Laurat, Branko Lazitch et la baronne Lily Dobloff... On ne présente pas Souvarine, l'ancien compagnon de Trotsky, connu depuis trente ans comme l'un des maîtres internationaux de la propagande antibolchévique. Quant à Laurat, ce n'est qu'un pseudonyme sous lequel se dissimule un économiste social démocrate d'origine autrichienne. Tout aussi socialiste que le précédent, Lazitch est, lui, de nationalité yougoslave. Enfin, d'ascendance russo-bulgare, la baronne Dobloff dirigeait parallèlement une lettre confidentielle nommée E.C.O. (Service libre d'Europe centrale et orientale).

Dernière catégorie, enfin, les éléments en général plus jeunes, issus de l'extrême-droite classique, parmi lesquels Jean Madiran, Yves Guilbert, Roland Varaigne, alias Roland Gaucher — de son vrai nom Roland Goguillot — et Morvan Duhamel.

En même temps qu'il constituait cette équipe, Georges Albertini mettait matériellement sur pied son entreprise et, par l'intermédiaire de deux policiers véreux, il faisait bénéficier de ses relations et de son argent le « Syndicalisme indépendant ».

Albertini, disons-nous, n'est qu'un intermédiaire. Et son expérience, comme son argent, profitent aux « Syndicats indépendants ». Des preuves, en voici : elles sont données en vrac par les journaux de ces syndicats, pendant les années 1950. Les policiers véreux sont Dides et Delarue : Charles Delarue « trouve un industriel qui, désolé de n'avoir pu servir son pays pendant la guerre, à cause de sa santé, a bien voulu avancer les fonds nécessaires, sans se faire d'illusions sur leur remboursement, au voyage de Houssard et Maintrieu, responsables de la C.G.S.I. en Algérie ». Dides obtient du directeur des Nouvelles Messageries de la Presse parisienne qu'il paye des permanents de la C.G.S.I. Albertini loue un siège, rue Réaumur, pour la C.G.S.I. de Simakis. Albertini met sur pied un Comité de coordination des syndicats indépendants, etc.

A-t-il, de nos jours, abandonné ce « bénévolat » ? Pas le moins du monde. Mais, ses méthodes ont changé : les intermédiaires de l'Intermédiaire ne sont plus des policiers véreux ou des hommes de paille, ce sont des associations qui reçoivent des dons. En 1967, Georges Albertini fonde « l'Association pour la Liberté économique et le Progrès social », l'A.L.E.P.S., qui prend un grand développement après mai 1968. Un développement parallèle à la C.F.T. Mais, c'est à l'occasion de la mort de Pompidou que l'affaire gagne sa véritable dimension.

Sous le sigle de l'A.L.E.P.S., l'Union patronale de la région parisienne a diffusé, lors de la dernière campagne présidentielle, sept cent cinquante mille lettres aux cadres, cent soixante-dix mille brochures aux instituteurs, et, « sous une forme spéciale, des faits qu'il fallait rappeler ont été repris dans une publication diffusée à plusieurs millions d'exemplaires ». Cette publication avait nom *France-Matin* et décrivait, en terme d'apocalypse, le futur « régime de Mitterrand ». L'éditeur de ces journaux avait pour nom la Société d'Etudes et de Recherches visuelles, d'Impression, de Composition et d'Edition (S.E.R.V.I.C.E.). Des cinq actionnaires de cette entreprise, quatre sont membres dirigeants de l'organisation d'extrême-droite « Faire front ». Et le dernier, militant connu d'une organisation semblable : « Ordre nouveau ».

Le financement de ces journaux était assuré par Maurice Fouquet, délégué général de l'Union des syndicats patronaux de la région parisienne, et Emmanuel Lepoyvre, délégué auprès du président de l'Union des Industries métallurgiques et minières.

Ce titre recouvre des fonctions bien précises et, pourrait-on dire, officielles. Dans la hiérarchie des organisations patronales, il revient à l'homme chargé de la défense des intérêts de la Fédération dans le monde politique, et de la gestion de la caisse noire du patronat. Emmanuel Lepoyvre est le banquier du patronat comme Ernest Billiet l'était après la Première Guerre mondiale.

Recevoir de l'argent des patrons est un jeu d'enfant pour le C.N.P.F. Outre les cotisations, il profite, lui aussi, des lois sur la formation professionnelle. Et ce n'est pas un hasard si, lorsqu'on feuillette un organigramme des services de l'U.I.M.M., on s'aperçoit que deux organismes de formation lui sont rattachés : l'Association pour la formation professionnelle dans les industries des Métaux (A.F.P.I.M.) et l'Association pour la prévention et l'amélioration des conditions de travail (A.P.A.C.T.). Toutes deux organisent des cycles de perfectionnement à l'intention des chefs d'entreprise et des cadres dirigeants.

Ce n'est pas le hasard non plus qui a poussé Roger Chinaud, ancien secrétaire général des Républicains indépendants, à créer, sur les conseils d'Albertini, un groupement interprofessionnel d'informations économiques et sociales, qui mit au monde trois rejetons, le C.I.D.O.C., le C.I.D.E.S., le C.I.F.O.R., organismes de... formation permanente.

Albertini ne sert donc que de relais entre le patronat et le « syndicalisme indépendant », entre les Républicains indépendants et la C.F.T., et pourquoi pas, entre le gouvernement et la C.F.T. D'autres preuves, en voici : en 1969, de nombreux contacts s'établirent au sein de la majorité entre certains parlementaires et des représentants des milieux métallurgiques, pour chercher les voies d'une action coordonnée pour tenter d'infléchir, dans un sens « corporatiste », la politique sociale recherchée par le gouvernement. L'animateur ou plutôt le coordinateur de ces réunions fut Georges Albertini. L'effort porté fut double. D'un côté, la remise en selle du syndicalisme indépendant, dont les objectifs s'approchaient du « sens corporatiste ». De l'autre, un soutien massif à Georges Pompidou.

La C.F.T. garde le silence sur ce soutien, alors que le défunt président de la République ne cacha pas, lors d'une conférence de presse, que son budget, pour la campagne présidentielle, avait été en majeure partie financé par le patronat. La somme allouée était de 7 millions de F. Des spécialistes de la question doublèrent la mise et dévoilèrent le nom du comptable du président : Jacques Chirac. Ils n'ajoutèrent pas que l'ancien jeune Premier ministre était arrivé à ce poste aidé au début de sa carrière par Albertini. Et ce n'est pas sans sourire qu'il faut apprécier certaine déclaration fougueuse de Chirac sur les syndicats et leur rôle dans la société libérale. Il y a, derrière tout cela, une trop forte odeur d'argent.

En évoquant le rôle de Georges Albertini et les différentes sources de financement de la C.F.T. et des milices, comment ne pas penser une nouvelle fois à Louis Galtier. Les deux hommes sont de la même génération; la même discrétion les entoure; l'un et l'autre aiment à jouer les « éminences grises ». Le même surnom les désigne : le patron. Georges Albertini hante les hôtels du septième arrondissement, le quartier des ministères et de l'Elysée. Louis Galtier dirigea parfois les commandos silencieux de Citroën, le chapeau vissé sur le crâne, l'imperméable battant ses talons.

A pousser plus loin le souci de la convergence, il apparaît que Louis Galtier parraine aussi une association. Elle a pour nom « Association pour le Développement et l'Etude des Relations industrielles et sociales dans l'entreprise » (la D.E.R.I.S.) et est régie selon la loi de 1901. Elle a pour objet « de promouvoir le développement des relations industrielles et sociales dans l'entreprise — en permettant aux membres de l'association d'échanger leurs expériences et de les aider à résoudre les problèmes qui se posent en ce domaine, à l'intérieur de leur entreprise, en étudiant les réalisations étrangères et en établissant des contacts à ce sujet avec des chefs d'entreprise étrangers... »

Ses employés ont au moins tous un point commun, comme ceux d'Albertini. Ils penchent vers l'extrême-droite.

L'un d'eux est un vieux professeur de sociologie, marqué par son passé de militant royaliste. L'autre passe ses matinées dans les bureaux de l'Union interuniversitaire, organisation d'étudiants néo-fascistes, et son après-midi dans ceux de la C.F.T., rue Péclet. L'avocat de la C.F.T., nouveau dirigeant coopté de cette organisation pseudo-syndicale, y est conseiller juridique. Nous savons maintenant ce qu'il faut penser de ce genre d'association ! Et Louis Galtier bénéficie, dans ce domaine, d'une expérience tout aussi convaincante que celle d'Albertini. Sulpice Dewez ne s'y trompa point quand il revint sur les raisons de son éviction de la C.G.S.I. au congrès de Saint-Mandé, en 1958. Galtier ne fut pas étranger à l'affaire, du moins Dewez l'affirme-t-il : « Jacquet et Fiorentino racontaient, à tous les échos, que leur patron, M. Galtier, déjeunait ou dînait fréquemment avec les gens du Cabinet du général de Gaulle et qu'il n'avait qu'à en manifester le désir pour que ceux-là nous fassent retirer la représentativité nationale et supprimer les sièges revenant à la C.G.S.I. au nouveau Conseil économique et social. » La C.G.S.I. éclatée, ce fut au tour des subventions de disparaître. Là encore, Dewez accuse Galtier : « En ce qui concerne l'opération politique réalisée au Conseil municipal de Paris, afin de spolier une nouvelle fois la C.G.S.I. d'une partie de sa subvention légale : des chefs de file et élus influents n'ont-ils pas fait l'objet d'objurations pressantes de la part d'une personne attachée à la direction Simca ? N'est-ce pas celle-là même qui fut " conseiller " à Matignon après le 13 mai 1958 et rejoignit la direction de la firme de Nanterre, après l'avènement du gouvernement Debré. » Dans l'ombre, apparaissent les gaullistes et, en première ligne, Olivier Guichard qui prélève sur les « fonds secrets » de l'Elysée les sommes nécessaires à la tenue des congrès de la C.F.T.

Depuis 1959, la C.F.T. vit, et ce n'est pas la faute de ses adhérents. Patiemment, du patronat au gouvernement, on la subventionne et on l'encourage. C'est donc qu'on y trouve de l'intérêt.

Et elle y perd son indépendance.

Chapitre 7

L'IDÉOLOGIE

En juin 1974, les cadres de l'usine Peugeot de Sochaux trouvèrent sur les bureaux, dès potron-minet, un texte tricolore déposé là pendant la nuit : une nuée d'étoiles rouges, bleues et vertes encadrait une étude succincte mais complète sur le « syndicalisme indépendant ». Ce petit opuscule de trois pages, tiré fort convenablement sur une machine à alcool, émanait de la direction. Le premier point était consacré à l'historique des syndicats indépendants. La C.F.T. y apparaissait comme « la centrale la plus importante ». Le second point, traité nettement plus brièvement, s'attachait aux effectifs et à l'implantation. Le troisième, sans petit *a* ni petit *b,* sans astérisques ou paragraphes, parlait de la doctrine de la C.F.T. Le quatrième et dernier point étalait le « programme revendicatif ». L'apparence sérieuse du travail changeait des tracts hâtivement rédigés ou des pensums du journal *L'Indépendance syndicale.* En fait la forme adoptée, la présentation rigoureuse étaient très révélatrices !

Depuis 1968, en effet, le patronat s'est lancé tête baissée dans une vaste opération « information », répondant à l'appel de sa confédération, le C.N.P.F. :

« Une des préoccupations essentielles de la réforme en cours est d'améliorer les communications entre le C.N.P.F. et les chefs d'entreprise (...). Les publications du C.N.P.F. seront modifiées dans le sens d'une meilleure harmonisation de leur contenu et d'une plus large diffusion. »

Cet extrait du *Patronat Français,* de novembre 1969, n'était, à l'époque, pas passé inaperçu, et la revue *Les Informations* précisa que « l'aptitude à communiquer pouvait devenir le plus sûr moyen de s'imposer dans l'entreprise ». Sept ans plus tard, il est possible de tracer un premier bilan des efforts du patronat.

Ses moyens d'informations se sont, en effet, considérablement développés. Dans les grandes entreprises, la propagande a pris de multiples formes et s'inscrit directement dans la mise en place de nouvelles méthodes de gestion, systématisées par le C.N.P.F. et le gouvernement, ces derniers mois. A la phase « participative », ont succédé les plans de « réforme de l'entreprise » et les soucis de « concertation ». Curieusement, le « syndicalisme indépendant » a suivi la même évolution et la C.F.T. a, elle aussi, multiplié ses initiatives pour expliquer le sens des réformes envisagées par le gouvernement. Parallèlement à l'augmentation et la diversification des moyens d'information, le patronat et la C.F.T. ont accentué leurs tentatives pour pervertir les institutions actuelles de représentation du personnel : en certains endroits, des « délégués à l'information » ont été mis en place pour essayer de doubler les délégués du personnel. C'est le cas chez Roussel-Uclaf, par exemple. Partout et à tous propos, se multiplient les réunions et commissions diverses. Les élus des « syndicats indépendants » sont automatiquement associés à ces manœuvres. Partout encore, les cadres sont invités à suivre des stages de formation professionnelle propres à l'usine ou commandités par elle mais dont le contenu idéologique est systématiquement à sens unique. Le capitalisme a besoin, contrairement au passé, de capter l'intelligence du travailleur afin de développer plus encore la productivité et la production. L'image de la société et de l'entreprise qui est offerte à toutes les catégories du personnel, du cadre le plus élevé au manœuvre débutant, correspond toujours à ce qu'en attend le patron.

Il serait fastidieux de décrire et d'analyser ici le contenu des chartes de l'information, des journaux d'entreprises, des livrets d'accueil, des notes de service, du matériel audio-visuel, des réunions, des stages, des colloques, des séminaires, des symposiums, qui sont offerts quotidiennement aux salariés d'une entreprise. Aussi notre choix sera-t-il bref. Il ira de l'instrument de propagande le plus simple et le plus vivant, le journal de l'entreprise, aux cours de formation, en passant par le travail de réflexion d'un groupe de cadres.

Huit cent cinquante titres, six millions d'exemplaires, touchant quinze millions de personnes, tel est, grosso-modo, le bilan des journaux d'entreprises en France. Mais il y a loin du bulletin des usines Peugeot édité en 1917 pour les travailleurs de Sochaux mobilisés, aux journaux actuels. Le journal d'entreprise apparaît comme une tentative pour surmonter les difficultés idéologiques et psychologiques provoquées par les conditions du travail moderne, en redonnant une finalité au travail de chacun et une dimension tangible à l'entreprise, en suppléant à la distorsion des rapports patronat-ouvriers.

En un mot, le journal patronal s'appuie sur une conception nuancée du paternalisme; nuancée car le journal ne peut récupérer qu'une faible partie du mécontentement et ne peut que le travestir. Il s'agit de donner l'illusion que l'entreprise apparaisse comme le lieu privilégié de la réalisation et de l'épanouissement de l'ouvrier en tant qu'homme. En mars 1971, le C.N.P.F. mettait à la disposition des chefs d'entreprise une brochure présentant les avantages, les objectifs et la manière de faire de l'information. Il assignait à celle-ci trois buts :

« 1. Créer un sentiment d'appartenance au groupe et permettre à chacun d'insérer ses objectifs individuels dans l'objectif commun, ce qui assurera une meilleure cohésion des efforts.

« 2. Développer la créativité du haut en bas de la hiérarchie par une meilleure connaissance des perspectives de l'entreprise.

« 3. Assurer la meilleure qualité de décision à chaque échelon de la hiérarchie. »

Le premier centre d'intérêt concerne la vie de l'entreprise : historique, organisation, description des usines, des ateliers, objectifs, description des fabrications, des moyens de production. Le second porte sur les résultats de l'entreprise. Le C.N.P.F. commente : « Le bilan et le compte de profits et pertes doivent donc être expliqués au personnel comme ils le sont aux actionnaires, mais d'une manière qui lui permette de compléter la connaissance qu'il en a déjà par la voie légale du comité d'entreprise. » Le troisième, enfin, insiste sur la qualité de l'entreprise : foyer, retraite, services médicaux, assistance, congés, prime, etc.

Un fil rouge, donc, tout au long de la plupart des journaux patronaux, le sens de l'entreprise : l'entreprise, un grand village. Outre l'état civil, et les « petites annonces », des reportages sur les incidents de la vie quotidienne, des rubriques sur le club sportif, des nouvelles de l'amicale pétanquoise, des échos du concert de la clique, agrémentent un journal qui a l'apparence mensuelle du quotidien de chaque matin, ou trimestrielle de l'almanach qu'on feuillette le soir à la recherche de bons conseils.

Un exemple concret éclairera mieux ces différents phénomènes d'adaptation, tout en les nuançant. *J.I.P.* est le journal d'information du personnel de l'usine Peugeot de Vesoul, le Magasin général de pièces détachées (M.G.P.D.).

Tiré dans la banlieue parisienne à 2 500 exemplaires, *J.I.P.* est d'un aspect agréable. Sa parution, bien qu'irrégulière, est soutenue. Ses rubriques sont bien définies. De janvier 1975 à mars 1976, huit numéros ont été distribués à tous les ouvriers du M.G.P.D. Quels en sont les thèmes ? Nous avons déjà donné la réponse. *J.I.P.* est le reflet fidèle des directives patronales. Chaque parution est l'occasion de présenter une image idéale de Peugeot et du modèle de société proposé par la firme. Un court article d'humeur donne le ton général. Il est signé « le Lutin » et se veut naïf et moralisateur. Mais la forme ne doit pas dissimuler l'aspect idéologique. Les sujets sont bien choisis et révélateurs; le titre ne dit pas toujours le sens du contenu et il faut arriver à la fin pour trouver, logiquement, une conclusion parfaitement... logique : « On a rien sans rien; — allez en U.R.S.S., après on pourra parler de liberté et de pouvoir d'achat; — il n'y a pas de démocratie sans autorité; — le social en U.R.S.S. a un visage d'archipel; — méfiez-vous des gens qui ont trop d'idées, méfiez-vous des idées toutes faites... », etc. A côté du carnet mondain, d'une rubrique historique régionale, la majeure partie du journal est consacrée à la firme dans son ensemble, au M.G.P.D. en particulier. Là encore, les directives du C.N.P.F. sont appliquées. *J.I.P.* informe régulièrement de la « situation commerciale », quitte ensuite à justifier le report d'une hausse des salaires, d'une indemnité, d'une réduction d'horaire ou d'une sous-qualification. Il glorifie Peugeot dans son ensemble en vantant les mérites de ses produits (504 et 604), les victoires de ses véhicules dans différents rallyes, et donne un alibi idéologique à la prime qui accompagne le lancement d'un nouveau produit de la marque. Un long article du numéro 6 met en place un service « suggestions ».

Ainsi, les patrons s'intéressent à l'intelligence des travailleurs et reconnaissent le « manque à gagner » que représente pour l'entreprise capitaliste le fait de considérer le travailleur comme un exécutant passif, un rouage du processus de fabrication. Le patronat n'hésite pas à faire implicitement son « autocritique »; oui, il le reconnaît, si, hélas, le travailleur est un rouage, c'est un rouage de qualité puisqu'un article du numéro 4 explique longuement que c'est « l'ouvrier sur sa machine qui fait la qualité ». Deux campagnes ont chacune occupé trois numéros de

J.I.P. La première est d'apparence plus anodine que la seconde, du moins vis-à-vis des syndicats. Elle a pour thème la sécurité : « La sécurité, c'est l'affaire de tous », et Peugeot s'occupe de votre sécurité... Puisque dans le même numéro, le médecin responsable du service médical explique qu'il fait tout ce qu'il faut pour la sécurité du personnel. Le numéro 5 est plus nuancé, plus technique aussi : « Un effort particulier en tôlerie : protégeons nos yeux. » Le numéro 6 conclut logiquement : « Nous avons eu trop d'accidents; nous sommes tous responsables... » Puisque nous vous avions prévenus ! La seconde campagne a pour thème le comité d'entreprise. Elle amorce la campagne des élections. Premier article : la critique (numéro 5) : « Le moins qu'on puisse dire, c'est que les orientations du C.E. sont surprenantes... »; deuxième article, le modèle proposé (numéro 6) : le P.-D.G. de Peugeot-Vesoul, M. Schutz, président du C.E., explique ce que doit être un comité d'entreprise à contre-pied de l'ancienne gestion; troisième article (numéro 8) : les élections passées, interview exclusive du nouveau secrétaire du comité d'entreprise qui, entre-temps, a changé de majorité... par hasard.

Un numéro spécial n'a pour objet que la nouvelle classification. M. Feuvrier, directeur central du personnel, y répond aux questions de *J.I.P.* qui ne fait aucune allusion au passé du général. Le général Charles, Valère Feuvrier se félicite de l'accord passé entre l'Union des Industries métallurgiques et minières et la C.G.C., la C.F.T., la C.F.T.C. et F.O. Il a oublié la C.G.T. et la C.F.D.T., qui représentent la majorité des ouvriers et qui ont refusé de signer l'accord. Curieuse information à sens unique.

Enfin, une rubrique sera consacrée aux problèmes spécifiquement féminins, à l'occasion du passage à Vesoul de la déléguée régionale à la condition féminine, la bien nommée Mme Tricot. La représentante Peugeot, qui assistait à la réunion, a dû répondre aux interrogations des cent cinquante femmes présentes que : « Peugeot, c'est important et ce qui peut être fait chez nous est sérieusement étudié, voire envié. Du reste, rien ne vaut d'être confronté aux difficultés des autres pour mesurer combien sont valables les possibilités offertes aux femmes dans une entreprise comme la nôtre... »

Comment *J.I.P.* réagit-il quand Peugeot absorbe Citroën ?

Il explique à sa manière les choses :

« Certains avaient estimé que le gouvernement aurait dû nationaliser Citroën et le faire absorber par la Régie Renault. C'eût été à coup sûr pénaliser Peugeot (...), soit sur le plan national, où il aurait été concurrencé par un énorme groupe financé par l'Etat, soit au plan de l'exportation, où la lutte est déjà extrêmement sévère. Ce choix a donc été judicieux (...). L'émulation et la stimulation dans la libre concurrence seront donc un encouragement à la recherche d'une meilleure qualité dans nos fabrications. La libre concurrence est un des principes de base de la démocratie et les Français ont su prouver leur attachement à la liberté... »

Au sens monolithique du terme, le journal d'entreprise ne peut cependant suffire comme support de communication. D'autres organes doivent lui suppléer, le compléter, différents selon l'objectif recherché et complémentaires les uns les autres. Leurs aspects peuvent être fortement différenciés : revues luxueuses, dossiers, opuscules, études, tracts, lettres de la direction, communiqués, etc. En général, le ton est celui de l'information scientifique ou, tout au contraire, celui du « vous à moi ». Il est de toute façon personnalisé car il s'adresse à des catégories de personnes, cette fois-ci définies : cadres, E.T.A.M., travailleurs immigrés, etc. Ainsi, la note sur « les syndicats indépendants » déposée sur les bureaux des cadres Peugeot par la direction et que nous avons déjà évoquée. Ainsi, celle remise le 26 mai 1976 par la direction de l'usine Peugeot de Saint-Etienne à ses ingénieurs, cadres, agents de maîtrise, et chefs de section, courte note de deux pages. Elle commençait par ces mots : « Lors de la séance du comité d'établissement du 26 mai, la question suivante (posée par les représentants du personnel) était à l'ordre du jour : appréciation de la direction sur la politique de concertation qu'elle a proposée depuis septembre 1975. La direction a jugé utile de vous faire connaître sa réponse... ». Le texte qui suivait, était à la première personne du singulier et le terme « Direction » recouvrait donc, nostalgie monarchique, le nom de M. Emery.

Son argumentation était simple; elle visait en priorité la C.G.T. : « J'ai rencontré des gens raisonnables, uniquement préoccupés de la défense des intérêts du personnel et indépendants de toute influence extérieure (qui n'ont pas) montré leur volonté de se servir de la diffamation, du dénigrement, pour essayer de semer l'inquiétude, le mécontentement parmi le personnel afin de l'exploiter, le moment venu ! (...) je me permets de rendre hommage à leur bon sens et à leur goût des responsabilités. »

La même méthode avait été suivie, en 1972, par Paul Berliet qui avait fait part de ses préoccupations dans le domaine social pour tenter d'expliquer son refus systématique de toutes négociations avec les organisations syndicales de son entreprise. Sa conclusion, en toute logique, renforçait la hiérarchie, et favorisait le « syndicat C.F.T. » :

« En bref, ne pouvant que constater qu'en l'état actuel des choses, toute négociation n'était pour certaines organisations qu'occasion supplémentaire de conflits toutes informations et commentaires sur la situation économique de la Société ne servaient jamais qu'à la publication de chiffres volontairement falsifiés sur nos résultats réels, à mobiliser le personnel contre la Direction et affaiblir l'autorité de la hiérarchie (avis dominant des 73 cadres consultés en 1971), nous avons estimé que cette expérience avait suffisamment duré, qui nous valait une agitation permanente, une réputation privilégiée régionale et même nationale quant au nombre de grèves, et un affaiblissement de l'entreprise.

« Ceci ne veut pas dire, bien au contraire, que la Direction n'a pas de politique sociale (...). Dans ce contexte nouveau, l'entreprise devra accentuer son effort sur ce qui ne dépend que d'elle; c'est le cas notamment du climat de travail dont l'évolution favorable dépend de tous et notamment de la hiérarchie. La Direction s'emploiera dans ce but à restaurer son autorité et à lui donner les moyens — dans toute la mesure de ses possibilités — de satisfaire les véritables attentes du personnel. Bien sûr, dans cet esprit, des discussions pourront avoir lieu à l'échelon concerné, pour régler des problèmes sectoriels avec les représentants syndicaux qui ne cherchent qu'à défendre les intérêts du personnel et qui représentent, la Direction en est persuadée, la très grande majorité du personnel. »

A coups de notes, les directions peuvent donc faire passer des messages porteurs de leur opinion, de leur idéologie, d'une façon privilégiée. En 1973, Peugeot avait étendu jusqu'aux contremaîtres et aux chefs d'équipe la diffusion d'un texte sur l'affaire Lip, pour en dénier la valeur. Puis, à chaque mouvement de grève, systématiquement, elle devait faire tirer un tract qu'elle affichait pour minimiser l'importance du nombre des ouvriers qui avaient suivi le mot d'ordre. Peugeot, pourtant, va encore plus loin dans ces méthodes d'information.

Cette année encore, est apparue une « Association pour la promotion du Travail », siégeant à Exincourt et ayant des responsables dans l'usine de Sochaux. L'un d'eux est chef d'atelier, il s'appelle Bisinger. L'autre est chef d'équipe et il se nomme Wlodarzik. Huit pages ronéotypées constituent le bulletin de l'Association; au sommaire, entre une page de petites annonces, une autre de critique pseudo-littéraire, on découvre une courte étude sur l'économie dite « socialiste », courte car elle ne fait que vingt-cinq lignes et donc péremptoire et définitive : « L'Etat socialiste moderne est un immense hôpital... »

La formation dispensée par l'usine ou pour l'usine, voilà donc encore un lieu privilégié du « message idéologique ». Dans la mesure du possible, le patronat tente d'utiliser les cadres comme relais idéologiques auprès des travailleurs placés sous leur responsabilité, pour expliquer et justifier l'exploitation. Il consacre des heures et des heures de formation pour arriver à cette fin, des pages et des pages de notes que l'on pourrait résumer en une phrase : le cadre doit apporter son soutien actif, loyal et désintéressé aux efforts de l'entreprise. Mais cela conduit loin. A titre d'exemple, la Société générale des Ciments d'Origny, dans une lettre du 21 mars 1975, demande aux cadres « qu'ils fassent de leur mieux pour contrecarrer » la C.G.T. et « rétablir la vérité afin que notre personnel ne soit pas abusé »; s'ils refusent, ou si leur appréciation est différente, ils doivent être exclus. C'est ainsi, autre exemple, que la S.A. Génie civil de Lens, dans une lettre du 6 juin 1975, adressée à l'encadrement, menace : « Que ceux qui ne seraient pas convaincus et décidés aient le courage de prendre leurs responsabilités, quittent le navire s'ils le désirent, mais cessent de jouer la carte du parasitisme et la carte du pire. »

L'image du cadre telle qu'elle est définie par les différentes sociétés, apparaît particulièrement bien dans les critères de notation, éléments déterminants pour les salaires et pour l'avancement. Nous ne citerons ici que l'en-tête des rubriques retenues : « santé, assiduité, maîtrise de soi, sens des responsabilités, esprit de décision, intelligence, esprit de progrès, jugement, connaissance de la fonction, sens de l'organisation, autorité, esprit d'équipe, formation du personnel, efficience, mentalité ». Pour ce dernier critère de notation, ajoutons le commentaire de la firme Simca-Chrysler dont on remarquera le ton « militaire » et le vocabulaire tiré des « citations à l'ordre de l'armée » :

« Montre pour l'entreprise un loyalisme et un dévouement parfait. Fait taire ses préférences et son intérêt, dès que l'intérêt supérieur de l'entreprise est en jeu. »

Début mai 1976, une trentaine de personnes se sont réunies à Saint-Pierre-les-Nemours, au Centre de Formation de la Régie nationale des usines Renault, pour y suivre un stage de trois jours. Le premier jour fut employé à décrire les récents conflits qui avaient perturbé la vie des usines de la Régie et à analyser la personnalité du gréviste 1976. Le second jour, les participants furent répartis en quatre groupes devant travailler sur trois thèmes : comportement en cas de conflit et technique de négociation; classifications et rémunérations; rapports entre doctrines syndicales et théories politiques. La synthèse des différentes études fut élaborée le troisième jour et le P.-D.G. de Renault, M. Vernier-Palliez, « balayant en une large synthèse les aspects essentiels », répondit « à toute une série de questions déjà débattues au cours de ces journées, " officialisant " en quelque sorte les solutions ». Les animateurs de ce stage se déclarèrent satisfaits.

Possédant des éléments d'analyse complets sur les conflits, remis par un bureau spécialisé du service informatique de la Régie Renault, M. Houdard, membre de la D.C.P.R.S., après avoir analysé les grèves des presses du Mans, puis celle des caristes de Billancourt, décortiqua la forme d'action choisie par les deux mille cinq cents ouvriers du Mans qui, pendant sept semaines (avril et mai 1975) réduisirent la production de 50 % sans se déclarer en grève, pour réclamer une augmentation de salaire uniforme de 250 F. Il devait conclure : « Désormais, la Direction, soutenue par la volonté déterminée de mettre un frein à ces " glissades ", connaissant bien ses droits, utilisera tous les moyens légaux à sa disposition : convocations extraordinaires du Comité d'établissement; droit à l'information du personnel, en direct, par lettre à domicile; constat d'huissier dans les ateliers; appel au juge des référés. »

Ces moyens sont déjà utilisés à l'heure où nous écrivons ces lignes. La direction de la Régie vient d'intenter un procès en dommages et intérêts contre le seul syndicat C.G.T. de son entreprise du Mans, et lui réclame deux milliards d'anciens francs. Elle reconnaît « attacher à cette bataille, au plan juridique, une valeur capitale... ». Cette tentative pour créer une jurisprudence antigrève et frapper le syndicat à la caisse, illustre parfaitement l'ensemble des nouvelles directives du C.N.P.F...

Passant de la grève aux grévistes, M. Houdard devait, là encore, profiter des informations du groupe de recherches du Central informatique. Il détermina trois types de grévistes : ceux qui agissent en connaissance de cause en contradiction avec leur « comportement habituellement raisonnable d'individu isolé »; ceux qui agissent comme « otage » et qui manifestent « par passivité, indifférence, ou peur de ce que mes camarades vont dire de moi »; ceux qui agissent consciemment et dont le mécontentement, d'abord localisé, « rejoint bientôt le long cortège des revendications de salaire, de retraite, de durée du travail ». Mais il se garda de tirer des conclusions, l'un des thèmes de la seconde journée devant le faire. Ce fut M. Peigney qui rapporta au nom du groupe de réflexion, sur le « comportement en cas de conflit ». Son analyse est là aussi révélatrice d'une tendance nouvelle dans les méthodes employées par la direction de la Régie Renault, et reprend les conclusions tirées de l'observation des grèves. La démarche est nettement définie : « identification du conflit, mode de début, analyse des revendications, population en cause, comportement de la maîtrise, informations à diffuser, liberté du travail, constat d'huissier, réunions extraordinaires du C.E., indispensable et constante liaison du négociateur " sur le tas " avec la D.C.P.R.S. ». M. Houdart, de nouveau, présenta les conclusions des groupes de travail concernant les rapports entre les doctrines syndicales et les théories politiques. Il consacra la moitié de son long exposé au XXIIe congrès du Parti communiste français et à la suppression du terme « dictature du prolétariat », en insistant fréquemment sur l'autogestion, la gestion démocratique, l'amélioration des conditions de travail et l'horaire à la carte.

A vrai dire, si nous nous sommes tant attardés sur le compte rendu de ce récent séminaire, c'est parce qu'il est révélateur des méthodes suivies par le patronat pour diffuser sa doctrine et qu'il nous présente parfaitement les éléments fondamentaux de celle-ci et les moyens d'y parvenir.

Mais allons un peu plus loin dans le détail. En 1973, la direction de la firme Creusot-Loire a tiré parti, à son niveau, d'un groupe de travail de ses ingénieurs et cadres, concernant « la participation ». La méthode adoptée n'est pas sans intérêt, parce qu'elle confirme d'abord que Creusot-Loire croit à la participation. Il faut ajouter le fait que chaque réunion du groupe de travail a donné lieu à la diffusion d'un flash d'information édité par l'usine et adressé à l'ensemble des cadres de Creusot-Loire, et fut suivie d'un rapport général remis aux cadres de toutes les entreprises du groupe. Ajoutons encore que le nouveau P.-D.G. de Creusot-Loire est, à l'heure actuelle, le baron Edouard-Jean Empain. Il ne cache pas qu'il déteste perdre de l'argent. « Je ne suis pas, avoua-t-il à Georges Valence pour *L'Express* en février 1976, un patron honteux ou un de ces managers qui cherchent à masquer leur pouvoir, à l'englober dans des philosophies nébuleuses. Moi, je crois à la famille, au travail, à la propriété. » Et le résultat de la commission des cadres, tel qu'il était rédigé par la direction, lui convint parfaitement. On allait faire des bénéfices en apprenant aux cadres à « choisir entre deux investissements », à « décider si l'on prend, ou non, une commande apparemment peu ou pas rentable », à « décider si l'on fabrique un élément ou si on le sous-traite ». On allait faire des bénéfices en apprenant aux cadres à bien saisir « les objectifs de l'entreprise » (faire du bénéfice) et les « objectifs des membres de son personnel » (tout faire pour faire du bénéfice). On allait faire des bénéfices en considérant que « la tâche la plus importante d'une entreprise est d'établir un système d'objectifs clairement définis, acceptables par la plupart des membres du personnel, puis de les faire connaître, en montrant que la réalisation de ces objectifs va dans le sens des objectifs de chacun ». On allait faire des bénéfices en « mobilisant toute l'entreprise (...) ».

« Le secret de cette mobilisation de toute l'entreprise, c'est la participation. Toutefois, présenter la participation comme un moyen — une recette — pour atteindre les objectifs économiques de l'entreprise serait en dénaturer le sens. La participation est d'abord en elle-même un objectif... »

Le baron Empain referma le rapport laissé par son prédécesseur. Il en savait assez. Un soupçon l'effleura; il lut les dernières lignes, le paragraphe VII, la conclusion : « Il est nécessaire d'insister sur l'importance fondamentale de la présente directive. L'application des innovations qu'elle comporte présentera certainement de sérieuses difficultés, compte tenu des habitudes anciennes aux divers niveaux de la hiérarchie. Compte tenu, toutefois, du bénéfice que peut attendre la société d'un accroissement d'efficacité de ses cadres, des satisfactions que ceux-ci peuvent retirer... », etc.; le mot bénéfice était bien inscrit en toutes lettres.

C'est donc l'âme sereine qu'il accueillit les deux jeunes ingénieurs qui devaient partir à son usine du Creusot, parfaitement motivés, au nom de la participation, pour « liquider la C.G.T. ». C'est ce qu'ils indiquèrent avec véhémence et dès leur arrivée aux cadres supérieurs de l'usine.

Si le baron Empain parle de « bénéfices » c'est parce qu'il n'aime pas utiliser le mot « profit ». Il juge le terme choquant, et la tradition familiale lui a permis de choisir son vocabulaire. « Bénéfice », cela fait sain et familial. « Profit », cela fait trop capitalisme. Il faut laisser l'emploi du mot aux gens de gauche et du syndicalisme.

Or, à étudier toute cette littérature patronale, comment ne pas être frappé par la dissimulation permanente du véritable mobile. Le système qui est défendu à chaque page, est le système capitaliste. Cela n'est jamais dit clairement. Au niveau du journal d'entreprise, la méthode la plus simple est de procéder par contradiction. On décrit donc en terme d'apocalypse le « socialisme », antithèse du capitalisme. Au niveau des notes pour les cadres, on dissimule la notion sous forme de cours d'économie. L'exploitation de l'ouvrier est justifiée par la recherche de meilleurs moyens de gestion dans l'entreprise. En un mot, « plus le gâteau est gros, plus les parts sont grosses ». Enfin, au niveau des séminaires ou des cours de formation, on traite le capitalisme en des termes qui camouflent son caractère de classe et d'exploitation des travailleurs. Cela commence le plus simplement du monde en parlant non de « société capitaliste », mais de « société industrielle ». Les termes « propriété privée des moyens de productions » et « profit capitaliste » sont habilement utilisés. Ils apparaissent comme des éléments fondamentaux non seulement de la société libérale, mais qui est plus, de la nature humaine.

L'entreprise est présentée comme un Etat dans l'Etat; l'inflation, le chômage, l'aggravation des conditions de travail ont toujours une raison qui lui est extérieure. Elle doit s'en protéger et donc, pour cela, maintenir un taux de profit acceptable qui assurera à tous l'aisance; la méthode est facile et utile : dans le monde où tout est bien, si l'entreprise ne fait pas les bénéfices escomptés, la faute en est imputable aux travailleurs qui n'ont pas su comprendre et s'intégrer. Et si chacun s'entend pour dire que « ça ne va pas » et qu'il faut rechercher des solutions, la solution à la mode n'a pas varié depuis qu'en 1848, un philosophe parla de « luttes de classes » elle s'appelle toujours participation et concertation. Depuis plus d'un siècle donc ! et des gens gagnent énormément d'argent à démontrer le bien-fondé de cette réaction.

Il y a, en effet, nous l'avons dit, des centaines d'organismes de formation qui vivent de l'argent patronal. Certains ne servent sans doute que de relais. D'autres, et c'est quand même l'immense majorité, dispensent des cours au contenu idéologique bien précis et invariable. Nous avons parlé de l'Institut supérieur du Travail, parrainé par Georges Albertini et dirigé par Guy Lemonnier dit Claude Harmel. A qui fait-il appel pour professer ses cours, et quel est leur contenu ? Ces deux questions méritent qu'on s'y arrête.

Offert aux directeurs et aux cadres supérieurs des entreprises les stages organisés par l'I.S.T. concernent particulièrement les « relations avec les organisations syndicales ». Ils se déroulent au siège de l'Institut, mais il n'est pas exclu que, dans les cas urgents, ses animateurs se déplacent en province, au siège même de l'entreprise pour prodiguer leurs conseils. En septembre 1976, Claude Harmel a ainsi passé une semaine à l'usine Peugeot de Mulhouse.

La première session est consacrée au mouvement syndical en France et à l'étranger. La seconde, aux méthodes de l'action syndicale. L'I.S.T. dit ne faire appel, pour traiter ces problèmes, qu'à « des professeurs (...) entièrement indépendants des organisations syndicales, mais (qui) ont tous participé à l'action syndicale ».

Ces professeurs s'appellent Jean-Paul Antona, Bernard Dabosville, Achille Dauphin-Meunier, Claude Harmel, Georges Lefranc et Alain Madelin. Il est fait parfois appel à des collaborateurs extérieurs. Le stage se déroulant sur cinq jours, un « dirigeant patronal » vient le troisième jour, un « dirigeant F.O. » le quatrième. Il pourrait bien, dans ce cas, s'agir de M. Gabriel Ventejol, président du Bureau du Conseil économique et social, ancien secrétaire confédéral.

Jean-Paul Antona est conseiller juridique de la Fédération nationale du Bâtiment, l'un des organismes affiliés au C.N.P.F.

Bernard Dabosville est délégué général du Groupe des Industries métallurgiques de la région parisienne, affilié au C.N.P.F. Achille Dauphin-Meunier, économiste, ancien collaborateur du ministre de l'Economie du Front populaire, Charles Spinasse (l'ami de l'ancien premier ministre Jacques Chirac), fut directeur pendant la guerre de la *Revue d'Economie contemporaine* et fondateur de l'hebdomadaire *Le Fait,* en octobre 1940. Il devint après guerre membre de l'Union des Intellectuels indépendants qui regroupa les opposants à l'épuration et les nostalgiques du régime de Vichy.

De Claude Harmel, nous avons déjà tracé le portrait. Georges Lefranc, ancien élève de l'Ecole normale supérieure, spécialiste reconnu du syndicalisme français, est aussi spécialiste des Instituts de Formation puisqu'en septembre 1940, il soumit à René Belin, ministre du Travail du gouvernement de Vichy, un projet d' « Institut de Formation des Cadres sociaux », qui ne vit, il est vrai, jamais le jour. Il collabora alors au journal de Charles Spinasse *Le Rouge et le Bleu,* dont le rédacteur en chef était Georges Albertini. Quant à Alain Madelin, avocat, il se présenta contre Guy Ducoloné, candidat communiste aux dernières élections législatives, sous l'étiquette U.R.P.

Il n'est pas besoin d'ajouter un commentaire à ces « curriculum vitae » impressionnants. Le passé oriente le présent et nos « spécialistes syndicaux » ne sont en effet pas des enfants de chœur. Le programme des stages est clairement défini :

« La première session, dit le fascicule envoyé aux chefs d'entreprises intéressés par les cours de l'I.S.T., est consacrée à l'analyse approfondie des organisations syndicales françaises dans leur structure, leur orientation idéologique, leur politique générale, leurs méthodes d'action... »

« La seconde session comprend l'étude des structures syndicales, de la psychologie des salariés et de la formation des militants, l'examen des méthodes d'action des syndicats (...) et des considérations théoriques et pratiques pour aider à l'élaboration et à la mise en œuvre d'un système de relations avec les organisations syndicales. »

Au vu des sujets et des professeurs, le résultat ne fait pas de doute. Quand on a milité dans des organisations contemporaines puis nostalgiques du régime de Vichy, l'opinion qu'on a des syndicats est forcément orientée... On se souvient avec émotion du temps de « la Charte du Travail », du temps où les syndicats étaient bannis, ce qui favorisait évidemment la collaboration de classes. Quand on a fait partie d'organisations qu'il faut bien dire de droite, on est peu enclin à considérer d'un œil serein les syndicats comme la C.G.T. ou la C.F.D.T. Enfin, quand on est responsable d'une fédération patronale, le modèle qu'on présente est paré de toutes les vertus.

Il en est ainsi donc de l'I.S.T. et le phénomène tend malheureusement à prendre une envergure nationale. On dirait qu'à plaisir, les instituts de formation font appel à des hommes nostalgiques du passé. Tenez : le C.I.E.P.E.S.; le « Centre d'Information, d'Etude et de Promotion économique et sociale ». Son directeur est Louis Mauger, Louis Mauger fut l'un des dirigeants de la « Coordination nationale », petite formation qui, en 1958, rassembla divers partis et mouvements d'extrême-droite sous la présidence du général Lionel Chassin et déclenchera une série d'aggressions et d'attentats contre la C.G.T. et les organisations démocratiques. Le C.I.E.P.E.S. est naturellement devenu le centre de formation préféré de la C.F.T...

D'autres exemples ! Ce n'est pas la peine.

Les hommes sont les mêmes, les thèmes choisis sont semblables. Cela frise la conjuration.

Les stages durent trois, quatre, neuf jours. Ils parlent syndicat, hiérarchie, relations, culture. Ils justifient la participation, l'autorité. Ils vantent l'entreprise « communauté de production ». Ils « motivent » et les participants et leur rôle futur dans la « société capitaliste ».

M. Preseau a fait un cours pour le C.I.E.P.E.S., le 9 septembre 1971, sur « l'homme au travail ». Il y dit : « Les gens de maison qui se dévouent pour leurs maîtres, parce que ceux-ci les ont considérés, sont des serviteurs fidèles. Pourquoi dans nos entreprises modernes, ne pourrait-on pas avoir le même dévouement ? »

M. Dransart donne, pour un autre organisme, le 11 juin 1971, un cours sur l'autorité et le style de commandement. Il y fait une remarquable comparaison entre le patron, équivalent du père, et l'ouvrier, équivalent de l'enfant.

Cette formation n'est pas sans influence. Nora Trehel, secrétaire du syndicat C.G.T. chez Simca-Chrysler, a pu suivre les cours de psychologie donnés par son entreprise. Leur plan est identique au cours de M. Dransart. Ce n'est là sans doute que coïncidence fortuite. Cela prouve toutefois que les thèmes véhiculés par les organismes de formation sont repris par le patronat et développés pour devenir de véritables modèles de société. Expliquons-nous :

Au niveau des ouvriers, le thème le plus développé est celui de l'intégration du travailleur à l'entreprise et de l'identification des intérêts du travailleur à ceux de l'entreprise. Le niveau de vie du prolétariat augmentera à condition qu'il participe activement à la vie de l'entreprise par la conclusion de « contrats de progrès » et par le refus de recourir à la grève.

Au niveau de l'encadrement, le thème le plus développé est celui de la participation des cadres considérés comme ayant le pouvoir réel dans l'entreprise. Les cadres gèrent des entreprises capitalistes, ils doivent donc défendre l'entreprise capitaliste.

Au niveau de la société, c'est le thème de l'unanimité qui l'emporte : l'individu est intégré à l'entreprise, l'entreprise au système économique, le système est lié au régime.

Ces trois thèmes, rabâchés, sont devenus les bases idéologiques du système libéral. Ils ne peuvent se développer qu'en faisant abstraction de l'action permanente des syndicats, et d'abord de la C.G.T., qui veulent replacer les rapports patronat-ouvrier dans leur véritable perspective, celle du profit et donc de la lutte des classes.

C'est alors que le patronat et le gouvernement jouent leur dernier atout, celui du réformisme, et, pour ce qui nous concerne, c'est-à-dire sur le terrain de l'entreprise, en soutenant les syndicats réformistes ou « indépendants ».

Chapitre 8

LA FONCTION

Le 9 avril 1976, Auguste Blanc, secrétaire général de la C.F.T., prenait la parole devant les militants parisiens de son organisation, salle de la Mutualité. Le point fort de son discours fut consacré à la réforme de l'entreprise et à cette troisième voie raisonnable qui « ferait la synthèse des avantages des sociétés capitalistes et collectivistes ». Puis Auguste Blanc ajouta : « Les préoccupations de la C.F.T., quelles sont-elles ? Ce sont celles de *TOUS* les travailleurs et des citoyens que nous sommes, plus un certain nombre d'autres. » Il parla donc des problèmes de l'emploi, de celui des salaires, des conditions de travail dans les entreprises. Il jugea extrêmement positive l'action de la C.F.T. dans les entreprises où elle est majoritaire et, en parlant de démocratie syndicale, fit remarquer fermement « la C.F.T. est un syndicat pas comme les autres ! C'est non seulement notre raison d'exister, mais nous en sommes fiers ».

Auguste Blanc a raison. La C.F.T. n'est vraiment pas un syndicat comme les autres, puisque ce n'est pas un syndicat. Tant par sa structure que par ses actions, elle se différencie à l'extrême des véritables organisations syndicales. C'est cette raison, sans doute, qui conduit le pouvoir et le patronat à la considérer d'un œil bienveillant et à ne pas lui ménager leurs soutiens. Et quoi qu'elle en dise, elle se mêle directement de politique. Il convient donc de nous attarder un peu sur la manière qu'a la C.F.T. de gérer ses affaires et celles des autres.

Parlons donc d'abord de démocratie syndicale.

La liberté, c'est d'abord la possibilité pour les travailleurs d'organiser comme ils l'entendent leur syndicat et d'y adhérer librement, sans les soutiens, les conseils ou l'immixtion de M. Poniatowski, du C.N.P.F. ou du directeur de leur entreprise. C'est à eux de choisir leur syndicat, d'en élire les responsables, d'en déterminer les revendications. La tradition du mouvement syndical français est telle, que la violation de ces principes entraîne rapidement la sclérose des organisations qui s'en éloignent. Pour preuve : les avatars des « syndicats indépendants » depuis soixante-quinze ans.

Constantin Simakis fut réélu secrétaire général de la C.F.T., à l'unanimité, par le Congrès d'octobre 1974, à Vichy. Un an plus tard, il était accusé de détournement de fonds, de « manque de combativité et de dynamisme », et d'avoir géré de manière « familiale et artisanale » son syndicat. Il passa aux oubliettes. Cruelle déchéance pour cet apôtre du « syndicalisme indépendant » qui avait agi d'une manière identique quelques années plus tôt, nous l'avons vu, avec Sulpice Dewez. La même amertume gagna les deux hommes qui nous donnèrent une piètre image de la démocratie syndicale. A seize ans de distance, les mêmes forces avaient agi, totalement extérieures au syndicalisme. Simakis commença par accuser Jacques Chirac et Marie-France Garaud d'ingérence dans la C.F.T. Il pimenta le tout d'une poignée de « S.A.C. ». Ajoutons un élément dont il a eu connaissance :

En janvier 1975, les adhérents C.F.T. du Commissariat à l'Energie atomique commentaient, rue Borromée, au siège officiel du Syndicat C.F.T.-Citroën, prêté pour la circonstance, la situation générale de leur organisation. Ils soulignaient que : « M. Chinaud a déclaré récemment sur un poste radio-périphérique que " la C.F.T. avait de graves problèmes d'organisation ". En conséquence, une équipe dirigée par A. Blanc de chez Citroën prendra la direction du syndicat, après un congrès extraordinaire qui se tiendra prochainement. » L'heureux événement devait survenir neuf mois plus tard et M. Chinaud, secrétaire général des Républicains indépendants était donc remarquablement informé. Mais que venait-il faire là-dedans ?

La nomination, prévue donc, d'Auguste Blanc au poste de secrétaire général, fut précédée d'un abondant échange de lettres entre les anciens et futurs responsables, qui firent l'objet d'une diffusion semi-publique. Les « secrétaires confédéraux » se donnèrent mutuellement du « Monsieur » puis les adhérents se virent appeler « chers amis ». Le coup d'envoi fut marqué par une lettre d'Yvon Cohen, secrétaire de la « Fédération nationale indépendante des Moyens de Transports, Manutention et Connexes », à Nicolas Fiorentino, président du Syndicat national de l'Automobile et directeur des relations sociales chez Simca-Chrysler qui l'a reçue à son domicile personnel le 23 janvier, dans l'après-midi :

« Monsieur,

« Avant de me décider à vous écrire cette lettre, j'ai longuement hésité, mais devant les attaques continuelles dont je suis l'objet, j'ai préféré éclaircir la situation.

« Depuis de nombreux mois, et plus particulièrement depuis quelques semaines, M. Houssard Raymond, appointé par vous, M. Del Zoppo Robert, ancien permanent C.F.T. et M. Griveau Charles, secrétaire général de la fédération C.F.T. des Métaux et permanent, payé par vous, m'ont fait une campagne de dénigrement systématique chez les commerçants du quartier en attaquant ma religion, et en me traitant de " sale juif ".

« Cette forme de destruction des valeurs spirituelles et morales ne cadre pas avec les statuts de la C.F.T. Ces actions de caractère raciste, nuisent à ma personnalité et à l'image de marque de la C.F.T.

« J'ai pensé qu'à la suite de cette campagne antijuive, j'étais indésirable au Bureau confédéral de la C.F.T. Vous-même, vous avez demandé que je ne sois plus Secrétaire confédéral C.F.T. alors que le Congrès fédéral des Transports-C.F.T., le 16 octobre 1974, m'a élu Secrétaire général de la Fédération, à bulletins secrets et à l'unanimité et que le même Congrès m'a désigné à bulletins secrets et à l'unanimité, pour être candidat au Bureau confédéral.

« Peut-être votre position est-elle dictée par un autre motif ?

« Peut-être que Houssard, Del Zoppo et Griveau ont-ils agi sur ordre ?

« Je pense avoir servi la cause des travailleurs de la C.F.T. avec efficacité et surtout avoir servi mon pays fidèlement. Mais cette campagne de fascisme et d'antisémitisme menée par un groupe distinct de la C.F.T. m'a beaucoup affecté et ne reflète pas l'image des travailleurs de France et de la C.F.T.

« Espérant une réponse et une solution à cette affaire, je vous prie de croire, Monsieur, en l'expression de mes sentiments distingués.

Yvon Cohen. »

A n'en pas douter, Nicolas Fiorentino médita sur les « Houssard Raymond, appointé par vous », « Griveau Charles, payé par vous », et fut étonné des écarts de langage de ses collaborateurs, la C.F.T. se déclarant ouverte à tous les travailleurs sans distinction d'opinion ou de tendance et proscrivant toute discussion relative à des questions religieuses (extrait des statuts). La réponse tarda un peu, le temps de réunir l'assentiment de la majorité du Bureau confédéral sur un programme — dispositif simple et précis. Pour plus de prudence, un avocat fut choisi comme arbitre, puis un second, puis un troisième, le poste étant lourd de responsabilités.

Ce fut Auguste Blanc qui prit la direction de la contre-attaque. Le partage des tâches concomitantes lui donnait cette responsabilité. Au gouvernement et au patronat, revenait l'organisation de l'offensive pour des « élections libres » aux Comités d'entreprise, et une recrudescence des atteintes aux libertés syndicales sur les lieux de travail. A Auguste Blanc revenait pour l'instant, la reprise en main de la C.F.T. La lettre d'Yvon Cohen servit de révélateur officiel à ce qui couvait depuis septembre 1974. Puisqu'on n'hésitait pas dans la diffamation, le ton était donné : cela allait continuer au rythme d'une formidable « chevauchée fantastique » entre partisans de Blanc, amis de Chirac, féaux de Simakis et mendiants de Simca-Chrysler ou de Citroën, piétinant allègrement les règles élémentaires de la démocratie syndicale et du syndicalisme tout court : « Les événements vont vite. » Tels furent les premiers mots de la lettre que Blanc fit parvenir, fin avril 1975, aux responsables de la C.F.T. Puis il ajouta :

« Aussi, la lettre d'information du 19 avril que certains d'entre vous ont déjà reçue est maintenant très dépassée.

« Depuis le Congrès de Vichy, un certain nombre de vos responsables de Syndicats, de Fédérations, d'Unions départementales ou d'Unions régionales (et vous-même peut-être), ont pris part à certaines réunions au cours desquelles les participants se sont efforcés, dans l'esprit du Congrès, de faire la synthèse des tendances diverses allant dans le sens d'une nouvelle C.F.T., plus libre et plus efficace.

« Bien que la quasi-totalité d'entre vous ait souhaité adopter une position très dure vis-à-vis de Simakis, nous avions pensé qu'un compromis était préférable, afin de conserver l'unité de notre syndicat.

« L'établissement de ce compromis, ainsi que la rédaction

de nouveaux statuts, a pris de nombreuses semaines, et de multiples réunions ont eu lieu avec Simakis.

« Tout en sauvegardant les intérêts financiers de celui-ci, pour tenir compte des services rendus à la Confédération, nous étions arrivés à des accords très précis sur le fond, la forme restant à définir. Dans ce but, nous étions convenus d'un rendez-vous chez un avocat agréé par les deux parties, afin de respecter des garanties mutuelles.

« Lors de cette ultime réunion qui devait sanctionner notre accord définitif, Simakis est revenu sur ses engagements, ce qui entraîne à nouveau une division au sein de la C.F.T.

« De plus, Simakis a refusé, devant les trois avocats présents à cette réunion, de communiquer aux secrétaires confédéraux, comme il est de droit, le fichier ayant servi à l'envoi des mandats qui seront utilisés pour le décompte des voix statutaires.

« Nous vous laissons juge de ce comportement qui nous paraît excessivement suspect.

« Par ailleurs, nous devons vous informer que Cohen s'est permis, grâce à ce fichier, d'envoyer le 14 avril, à la presque totalité des syndicats, une lettre circulaire, pour le moins tendancieuse, réclamant que les mandats lui soient retournés. A cette fin, il a joint une enveloppe timbrée portant son nom et son adresse.

« De plus, il parcourt la province, sans en avertir les secrétaires d'Unions régionales ou d'Unions départementales malgré les accords pris avec Simakis, afin de récupérer auprès des militants mal ou peu avertis, leurs pouvoirs de vote pour le Congrès.

« En conclusion, nous vous demandons d'être vigilants et de préparer à défendre avec nous, l'avenir de la C.F.T. dans l'indépendance et la démocratie, en venant au Congrès.

« Dans le cas où vous ne le pourriez pas, il vous est toujours possible, si vous considérez avoir été abusé en remettant votre pouvoir à Yvon Cohen ou à un autre, d'en expédier un nouveau au représentant de votre choix, parmi les signataires de cette présente lettre : SEUL, CE DERNIER EST VALABLE.

..... »

Le Congrès extraordinaire réunit, en avril 1975, les adhérents qui avaient envoyé leur « mandat » à Cohen, face à ceux qui l'avaient envoyé à Auguste Blanc. L'ordre du jour était clair : « Modification des statuts, élections des instances confédérales. » Une salle fut louée, pour 2 500 F à l'Hôtel Hilton de Paris. Les statuts devaient être modifiés autour d'une « quiche lorraine », d'une « longe de veau rôtie », et d'une « laitue aux fines herbes ». A 14 h 30, au moment où l'on croquait allègrement les « mignardises », rien n'était décidé, sinon de se revoir en septembre à Versailles. La bataille épistolaire reprit.

Le 30 juin, Auguste Blanc envoyait une nouvelle lettre aux responsables de la C.F.T. Le ton était plus cassant cette fois-ci. Blanc n'hésitait même plus à s'instaurer censeur : « Dans le cas où vous hésiteriez sur l'opportunité de tel ou tel envoi, veuillez m'en faire part téléphoniquement au 783.48.27. » Ce numéro correspondait au 2, rue Borromée, siège du syndicat C.F.T.-Citroën, extérieur à l'entreprise. Il n'est pas inutile d'ouvrir une large parenthèse.

La loi du 27 décembre 1968 et les lois sur les délégués du personnel et les comités d'entreprise ont accordé des moyens légaux aux militants pour exercer leur mandat. Quinze ou vingt heures payées sur travail par mois. Lorsque la responsabilité nécessite un plus grand nombre d'heures d'absence, des accords de détachement à temps complet sont passés entre les entreprises et les syndicats concernés. Le responsable désigné est alors payé par son syndicat et le droit aux vingt heures est accordé à un autre militant syndical élu ou désigné par l'organisation. Tel est le statut de Michel Certano chez Renault. Tel était celui de Gilbert Lauriac chez Citroën. Auguste Blanc ne pouvait bénéficier de ces dispositions. Il n'était ni élu ni désigné comme bénéficiaire de ces avantages dans le cadre des conventions qui régissent le statut de toutes les organisations syndicales d'une même entreprise, et qui les font bénéficier, à égalité, des mêmes avantages. Il était salarié de Citroën jusqu'au 12 décembre 1975, date à laquelle il a « signé son solde pour tout compte », comme il le dit. Auparavant et tous les matins, M. Blanc arrivait au pavillon Herlicq, chez Citroën, et non rue Borromée. Sans doute, dès lors, les responsables qui eurent besoin de conseils, l'obligèrent-ils, en appelant rue Borromée, à parcourir au pas de course les centaines de mètres séparant les deux locaux. A moins qu'une solution plus facile ne fut envisagée et qu'en téléphonant au 783.48.27, on obtienne directement le pavillon Herlicq. Mais tout cela est contraire au Code du travail, et aux lois sur les communications téléphoniques ! Cette longue parenthèse faite — c'est aussi un nouvel exemple de la perversion de la démocratie syndicale à la C.F.T. —, reprenons la lecture de la lettre de M. Blanc :

« ... Si vous avez été victime de pressions de la part de nos opposants, notamment pour une démission éventuelle, nous vous conseillons de le signaler immédiatement par écrit à l'administrateur. Comme ci-dessus, si vous hésitez, pour des motifs divers, à lui relater certains faits, téléphonez à M. Blanc... »

« Vous noterez que la nomination d'un expert-comptable est la conséquence du désordre de l'administration de la Confédération que nous n'avons cesser de dénoncer malgré les affirmations contraires de C. Simakis qui voulait seul assurer la gestion de la C.F.T. Nous considérons ce point comme un acquis de notre position.

« Nous estimons que les événements vont dans le sens que nous souhaiterions : nous en sommes au sprint final : la victoire est au bout... »

Curieuse conception donc de la démocratie syndicale. Le 14 septembre 1975, au Congrès de Versailles, Constantin Simakis prit la porte avec la moitié des adhérents et il se prépara à la suite des événements. C'est Antoine Silber de l'hebdomadaire *Le Point* qui les rapporte :

« Deux jours plus tard — mardi dernier — Constantin Simakis attend au siège de la C.F.T. la cérémonie de passation des pouvoirs. Il est 15 heures. Dans un petit local mal éclairé (il vient de quitter son bureau de secrétaire général), il explique, sans ménager ses ex-amis, que " cela fait plus d'un an que les hommes de Blanc cherchent à noyauter la C.F.T. (...) au dernier congrès de Vichy, il y avait davantage de bulletins provenant des syndicats d'automobiles que d'adhérents ".

« A ce moment, la porte s'ouvre, c'est un ami : " Les équipes de matraqueurs de chez Chrysler arrivent ", dit ce dernier. Simakis ne s'émeut guère... »

L'interview continue. Il parle d'argent et de politique. Il précise que M. Blanc a des accointances avec le S.A.C. Puis Constantin Simakis se tait et se protège car, dit Antoine Silber, « les coups pleuvent ».

De ce témoignage pris sur le vif, retenons deux faits : On se tape allègrement dessus entre membres du Bureau confédéral, on truque les votes lors des congrès.

L'habitude a été prise, à la base, dans les entreprises. Les coups sont quotidiens, nous le savons. Quant au trucage, il concerne le nombre d'adhérents et les votes.

L'Union départementale C.G.T. des Yvelines a attiré à plusieurs reprises l'attention du ministère du Travail sur les conditions particulièrement frauduleuses et partant, illégales, dans lesquelles se déroulent les élections professionnelles dans l'entreprise Chrysler-France. Elle en vint même à saisir le tribunal d'instance de Poissy afin de demander l'annulation d'un certain nombre de scrutins. Les preuves ne lui manquaient pas et la direction de Chrysler fut condamnée à plusieurs reprises : les voici, en désordre, telles que les ont rapportées les militants C.G.T. : « Dans plusieurs bureaux de vote, le nombre des votants C.G.T. ne s'est pas retrouvé sur les procès-verbaux; des pressions ont été exercées sur des ouvriers pour qu'ils votent C.F.T. Dans un certain nombre de secteurs, les électeurs devaient laisser tomber les bulletins rouges (ceux de la C.G.T.) pour montrer qu'ils n'avaient pas voté C.G.T. A d'autres endroits, des travailleurs ont touché ou ont reçu la promesse de toucher de l'argent, ou n'ont pas trouvé de bulletin de vote C.G.T. sur les tables. Des collecteurs et militants C.F.T. qui se trouvaient à côté des isoloirs, montraient ostensiblement les bulletins de vote bleus de leur organisation. Des pannes de courant ont laissé dans l'obscurité les bureaux de vote. Les dépouillements ont eu lieu pendant les heures de travail en présence d'assesseurs qui refusaient de donner leur nom et leur permis de circuler. Des bureaux de vote, incomplets à l'ouverture du scrutin, ont été complétés par des électeurs qui se sont inscrits sous des sigles syndicaux qui n'étaient pas les leurs, C.G.T. ou F.O., ou sans être mandatés par ces syndicats, etc. »

Abdeslam Bouayoun, travailleur marocain entré chez Chrysler en 1969, cite cet autre exemple : « Lors du vote au Comité d'établissement les 10 et 11 octobre 1974, les délégués C.F.T. Sabri et Brahim ont distribué des enveloppes de vote et ont donné cent francs à trois personnes. Ils faisaient signer un petit papier blanc aux travailleurs qui recevaient de l'argent (...). Ils surveillent les gars et leur disent : “ Il ne faut pas mettre la feuille rouge (C.G.T.). ” S'ils savent que quelqu'un a voté C.G.T., personne n'a le droit de parler avec lui. Et ils forcent la maîtrise à distribuer à ces travailleurs, beaucoup de travail pour leur mettre un avertissement... »

Et nous pourrions continuer. Quand on ajoute à cela le fait que la carte C.F.T. est souvent remise systématiquement aux travailleurs immigrés avec leur certificat d'embauche, et leur carte de séjour, on comprend aisément qu'il nous soit permis de douter des vertus démocratiques de cette organisation.

La liberté d'adhésion est, en effet, un élément essentiel de la démocratie syndicale. Il serait, là encore, facile de multiplier les exemples de remises forcées de cartes C.F.T. En avril 1976, à l'usine Citroën de Levallois, des travailleurs ont porté témoignage de cette méthode. M. Alboufarassi devait nous dire : « Il est obligatoire de faire l'achat des cartes de la C.F.T. Si tu ne le fais pas, on te fout à la porte, ou tu as un avertissement. Il y a beaucoup de délégués qui disent : " Il faut faire le syndicat C.F.T. " Mais lorsqu'on a fait ce syndicat, on s'aperçoit qu'il n'y a plus de liberté. Chez Citroën, il n'y a que des esclaves. »

Cette propension au truquage et à la violence a trouvé ses limites dans les ripostes immédiates des grandes organisations syndicales. Il a donc fallu au patronat, trouver d'autres moyens pour imposer aux travailleurs, son encadrement « syndical », ses idées et son action. Il s'est empressé de favoriser la tâche de la C.F.T. en insistant sur le thème de la liberté en général, et celui de la liberté de candidature, dès le premier tour des élections professionnelles, dans les entreprises, en particulier. Il a trouvé pour cette tâche des alliés naturels chez un autre commanditaire de la C.F.T. : la droite et ses représentants.

Sa campagne fut savamment orchestrée, conjointement à celle concernant la représentativité syndicale.

Au cours du premier trimestre 1975, les représentants du patronat au Conseil économique et social, de François Ceyrac à Jacques Ferry, et d'Yvon Chotard à Robert Delarozoy, déposèrent un texte ainsi libellé : « Le Conseil économique et social souhaite que chaque salarié puisse, dans l'entreprise, s'exprimer par le canal de ses représentants au Comité d'entreprise notamment, et, pour ce faire, il souhaite que les candidatures aux élections à cet organe essentiel de l'entreprise soient, dès le premier tour, ouvertes non seulement aux organisations syndicales représentatives mais à tous les salariés. » Ils furent battus à une large majorité, l'ensemble des organisations représentant les salariés s'opposant, dans l'unité, au texte.

Ce n'était du côté patronal, que le coup d'envoi. Le 3 juillet 1975, François Ceyrac renouvela la même exigence dans une interview au journal *Les Echos*. « Estimant qu'il doit y avoir un équilibre entre la participation qui doit s'exercer au sein du Comité d'entreprise et la contestation qui est l'affaire des syndicats, je considère que le comité d'entreprise doit devenir l'expression de tous les salariés qu'ils soient syndiqués ou non. » Ce texte fut déjà jugé plus « combatif ».

Dans le même temps, Roger Chinaud, le prolixe secrétaire général des Républicains indépendants faisait déclarations sur déclarations afin de pourfendre le « monopole syndical » dans les élections professionnelles. Il avait commencé en août 1974 par une interview au *Point*, il continua en mars 1975 dans le numéro 1212 de *L'Economie* : « Pour nous, l'entreprise libre et le syndicat libre sont deux formes complémentaires d'un même ordre social (...) pourquoi ne permettrait-on pas aux salariés de choisir librement leur représentant avec comme seul risque de réduire cette absurde lutte de classes au profit de la solidarité des hommes. » M. Chinaud se joignait au concert pour priver les syndicats les plus représentatifs d'une de leurs principales prérogatives : celle de présenter seuls, dès le premier tour des élections professionnelles, des candidats. La campagne pour la « liberté » n'avait pour objectif que la « paix sociale ». Il ne manquait plus que l'avis des autres formations de la majorité. Il était déjà connu.

Auguste Blanc, frais émoulu secrétaire général, exulta. Voilà qu'il se trouvait en compagnie des Républicains indépendants après les gaullistes de l'U.N.R. Combien de fois n'avait-il monté les marches de l'Hôtel Matignon du temps où Jacques Chaban-Delmas était premier Ministre; combien de fois n'avait-il relu la lettre envoyée aux membres de l'U.D.R. après la mort du Général de Gaulle : « L'effort principal doit porter sur le front syndical... » Combien de fois n'avait-il dressé le bilan des innombrables appuis apportés à la C.F.T. par des députés U.D.R. : Claude Labbé, René Tomasini, Alain Griotteray, d'autres encore. Il se souvenait que chaque semaine, Debizet, le patron du S.A.C., mettait au point avec lui, les démarches nécessaires pour établir les contacts.

Quelle belle union pour la défense de la « liberté », et quelle conception celle-ci. M. Blanc n'était pas gêné de voisiner avec le gotha des ministères et de l'industrie.

Passe encore qu'il nous paraisse curieux que François Ceyrac, Emilien Amaury, Edouard Empain, François Michelin, François

Peugeot et Paul Berliet se posent en champions de la liberté. C'est une image qui prête au sourire quand on connaît leur action et leurs relations. Laissons leur toutefois, non cette prérogative, mais ce droit. Il convient cependant d'examiner ce qu'ils entendent par liberté. Pour nous, la chose est claire :

La C.G.T. dans son programme, *Des libertés pour les Travailleurs* souligne que « la liberté n'est pas née du cerveau des hommes du pouvoir » mais plutôt du « développement des sciences et des techniques, des progrès extraordinaires des forces productrices, des transformations rapides des conditions de travail et de la montée des luttes sociales » (...) et que « cette marche en avant rend urgente la nécessité d'opérer les transformations permettant l'intervention réelle et décisive des travailleurs sur le fonctionnement de la société, des institutions, de l'économie, comme de leur entreprise ». Cette conception de la liberté n'est guère, pourront dire certains, « philosophique ». C'est en cela qu'elle s'oppose aux innombrables défenseurs d'une « liberté » qu'ils ne définissent pas. Pour la C.G.T., encore une fois, la liberté concerne les mots emploi, salaire, retraite, famille, sécurité, santé, culture, éducation, loisirs, opinion, expression, justice, condition de travail, droits syndicaux, grève, etc.

C'est la liberté de celui qui gagne quotidiennement sa vie. Pour nous, la chose est donc claire. Pour les adversaires, elle l'est moins.

La bataille menée par la C.F.T., le patronat et le gouvernement pour s'imposer par tous les moyens dans les comités d'entreprise est, sur ce point, révélatrice. Elle touche un point particulièrement sensible aux grandes centrales syndicales.

L'institution des comités d'entreprise date de la fin de la Deuxième Guerre mondiale. Le gouvernement provisoire de la République française commença par balayer les lois de l'occupant nazi et de ses collaborateurs pour construire ce qu'il pensait être une nouvelle société.

Ouvrons à nouveau une parenthèse...

Qu'on s'imagine une image d'Epinal aux couleurs douces. Devant un soleil couchant, le maréchal Pétain, paternel, a la main sur l'épaule d'un ouvrier et l'autre sur celle d'un patron. Tel est l'esprit du bréviaire du patronat, la *Charte du Travail*. Sous la protection des baïonnettes hitlériennes, le régime collaborateur de Vichy avait dissout la C.G.T. et la C.F.T.C. en 1940. La *Charte du Travail* était imposée aux travailleurs. Son but était de détruire la notion même de syndicat en lui substituant des comités sociaux, nationaux, régionaux et locaux. Jacques Julliard a parfaitement exposé, lors d'un colloque sur le gouvernement de Vichy, organisé par la Fondation nationale des Sciences politiques (le fameux « Science-Po » par où sont passés tous nos ministres ou presque) le but de la *Charte du Travail :* « A l'ensemble de la Charte, on aurait pu substituer cette simple phrase : " A partir du 26 octobre 1941, la lutte des classes est abrogée en France. " La peur du " péril rouge ", la conviction que les luttes sociales sont à l'origine des malheurs de la France, voilà ce qui prime tout le reste chez les rédacteurs. (...) Il convient donc de bannir, dans l'organisation des rapports sociaux tout ce qui pourrait rappeler l'affrontement direct de la lutte des classes dont le symbole abhorré est le Front Populaire... » et Jacques Julliard ajoute : « La volonté d'établir une société hiérarchique et autoritaire se manifeste par le souci de préserver en toute hypothèse l'autorité du chef d'entreprise. Ainsi, les attributions des comités sociaux d'entreprise ou d'établissement " excluent toute immixtion dans la conduite et la gestion des entreprises " (...) »

C'était le bon temps ! Pas pour tout le patronat, mais pour sa majorité. La notion de liberté était à ce moment-là bien claire. Et ceux qui n'avaient pas digéré le Front Populaire et « les hordes d'ouvriers envahissant le pavé » (c'est eux qui le disent) applaudissaient au projet. La *Charte du Travail* allait parfaire l'illusion de la pratique démocratique au sein des entreprises sous les auspices du Maréchal. Ce n'est pas sans satisfaction du devoir accompli que les patrons la voyaient s'installer. La Charte codifiait ce qu'ils espéraient et ce pourquoi ils combattaient, depuis 1936.

Finies les grèves sauvages et les occupations d'usine. Terminées les revendications incessantes. Bannis les contrôles syndicaux. Ce fut un lâche soulagement. Il y avait certes, l'ombre et les griffes de l'occupant nazi derrière tout ça. Mais la *Charte du Travail* lui convenait, à lui aussi, puisqu'elle était sur bien des points le reflet des décisions qu'il avait prises dans son pays. Et d'aucuns n'étaient pas sans rappeler les contacts pris avant guerre entre des envoyés spéciaux du gouvernement hitlérien et certains leaders du syndicalisme réformiste, sous le parrainage du « Comité France-Allemagne ». De quelques coups de plume, les rédacteurs de la *Charte du Travail* effaçaient des années d'efforts du mouvement ouvrier.

On comprend, dans ces conditions, que l'année 1944 et la victoire, firent, pour une grande partie des patrons, l'effet d'une douche froide. D'autant plus que ces syndicats qu'ils avaient voulu faire disparaître, sortaient du combat auréolés de victoires et, ce qui était plus dangereux encore, unis.

Le gouvernement provisoire de la République française le sentit bien qui, sous la signature d'Alexandre Parodi, son ministre du Travail, publia le 28 mai 1945, un texte révélateur :

« Le gouvernement provisoire de la République française ne saurait ignorer que la Confédération général du Travail et la Confédération française des Travailleurs chrétiens reconstituées clandestinement dans la Résistance après leur dissolution par le soi-disant gouvernement de Vichy, ont joué collectivement un rôle de premier rang dans la lutte du peuple français pour sa libération. Il ne saurait oublier non plus la lutte que ces deux confédérations ont menée contre la prétendue *Charte du Travail* qui, imposant la constitution de syndicats uniques et soumettant à des règles étroites le fonctionnement de ces syndicats, visait à détruire la liberté syndicale. Aujourd'hui, la liberté syndicale a été rétablie. Il convient donc de rechercher quelles sont les organisations qui assument la représentation effective des salariés et qui, au surplus, sont dignes, en raison de leur passé, de leur esprit de discipline et de leur capacité technique, de participer à la réorganisation économique et sociale de la Nation. »

Les syndicats ouvriers furent attachés à cette réorganisation. Le bilan des améliorations apportées à la vie des travailleurs grâce au rôle donné aux syndicats par l'intermédiaire d'organismes représentatifs dans les entreprises, fut jugé positif. L'un des directeurs des usines Renault, Fernand Picard devait, en 1976, le reconnaître : « Les années 1945 et 1946 avaient été des années de paix sociale à la régie. Les nouvelles institutions (comité central d'entreprise, délégués d'atelier, conseil d'administration) s'étaient mises en place dans le calme, et les quelques conflits du travail étaient restés localisés au niveau des ateliers, et s'étaient apaisés rapidement. » Les conditions de vie du personnel avaient été améliorées et pour une large part, grâce au poids représenté par les syndicats dans l'entreprise. M. Picard parla en vrac des « lieux d'aisance, douches, lavabos, vestiaires, ventilation, chauffage, création de cantines confortables, d'une crèche, de maisons de repos, de centres de vacances ».

Mais le patronat n'allait pas tarder à commencer ses manœuvres pour récupérer une partie des prérogatives qui lui échappaient. Dès 1944, il avait laissé entendre qu'il s'opposerait à de nouvelles conquêtes ouvrières. Le mouvement ouvrier était cependant trop fort pour qu'il puisse tenter quelque chose. C'est en 1947 que les patrons portèrent les premiers coups et ce furent des coups de maître. Ecoutons à nouveau M. Picard : « Le 25 avril 1947, la grève éclatait à l'atelier de taillage des engrenages, sous l'influence d'un syndicat dissident — " le Syndicat démocratique " — contre l'avis de la C.G.T. »...

Un syndicat dissident...

Son animateur était un ouvrier nommé Bois. Il allait devenir le responsable du « Syndicat indépendant Renault ». Tel était, en cette seconde année d'après la Libération, le premier élément de la riposte patronale qui allait en comprendre beaucoup d'autres : diviser. Diviser pour régner. Et pour cela, le patronat possédait deux moyens. L'un légal, l'autre moins.

Le premier, obtenir la possibilité de présenter, dès le premier tour des élections dans l'entreprise, des candidats « libres » qui seraient ses hommes de paille puis de main. Le second, susciter, fomenter, appuyer des scissions dans les syndicats pour favoriser l'émiettement des organisations syndicales et diminuer leur indépendance. Tel était le but de la grève Renault. Il n'est ensuite qu'à se pencher sur les éphémérides :

1947 : Naissance de Force ouvrière, qui se sépare de la C.G.T.

1947 : Naissance de « Travail et Liberté » qui va donner naissance aux « syndicats indépendants ».

1947 : Eviction des ministres communistes du gouvernement et début de la guerre froide.

Plus les libertés syndicales étaient mises en cause, plus la liberté politique tout court était battue en brèche. Mais les comités d'entreprise tenaient toujours bon, résistant parce qu'ils étaient l'émanation de la majorité des travailleurs et qu'ils demeuraient des points d'appui essentiels pour leur défense.

Depuis, le temps est passé et nous le savons, la lutte s'est faite plus âpre. Mai 1968 a été une nouvelle victoire syndicale, un recul patronal et gouvernemental qui a été accepté de mauvaise grâce par le pouvoir. La vieille tactique de division des syndicats ne portait plus ses fruits. Tout au contraire, elle les rapprochait. L'unité d'action s'était renforcée. Il restait donc à recommencer les attaques au sein même des usines, là où le syndicalisme avait acquis droit de cité. L'effort porta à nouveau sur les comités d'entreprise. Jacques Chaban-Delmas, du temps où il était Premier ministre, le rappela souvent. L'exemple de Citroën est révélateur des moyens employés et significatif quant au résultat.

En 1968, une note tombe par hasard dans les mains des militants C.G.T. de cette entreprise. Elle émane de la direction et invite les chefs de service et de secteur à apporter leur concours aux « candidats libres », dont le chef de file est Auguste Blanc. Cette note est confidentielle et numérotée, pour éviter les « fuites ». Un texte de quatre pages expose les motifs de la démarche et la méthode à suivre. Lorsque nous avons, en 1974, dénoncé son existence, ni la direction, ni la C.F.T. n'ont apporté le moindre démenti. C'est dire son importance, car il est des silences probants.

La Direction Citroën conseille d'abord l'abstention au premier tour pour que des « candidats libres » puissent se présenter, le quorum n'étant pas atteint, au second. Elle conseille aussi de porter tous les efforts sur la critique des restaurants gérés par le Comité d'entreprise à majorité C.G.T. Ses arguments sont simples : la cuisine n'est pas bonne, les cuisiniers sont des incapables, l'argent va dans les caisses du Parti communiste.

Ce terrain a été préparé de longue date. Alors que les prix des fournitures montaient, la subvention accordée par la direction au Comité d'entreprise stagnait puis baissait, ce qui hypothéquait la totalité des actions du C.E. y compris dans le domaine social et culturel. Au bout du compte, un milliard d'anciens francs de déficit et l'asphyxie. M. Blanc eut la partie belle. Il ne gagna pas la première année. Mais il fut victorieux plus tard, la direction ayant une nouvelle fois prodigué ses conseils et serré les cordons de la bourse. L'ardoise fut effacée par miracle. M. Blanc parle de gestion saine qui épongea le passif, et critique celle, désastreuse à ses yeux, de la C.G.T. Il oublie de préciser que les subventions ont, d'un seul coup, doublé. On ne mange pourtant pas mieux chez Citroën. Quant aux autres activités du C.E., elles se sont réduites. Il n'y a pas de petites économies : la défense du capital a ses obligations. Mais le C.E. est devenu une base d'appui remarquable pour défendre l'entreprise, ses produits et ses patrons. Pas ses ouvriers. Tout ce que fait le C.E. est porté au compte de la C.F.T., au point qu'on ne sait plus qui est qui. L'opération a donc été bien menée et ses résultats sont largement positifs pour la direction. Cela s'est fait chez Chrysler. Cela a échoué chez Roussel-Uclaf. Des tentatives similaires ont lieu chez Peugeot et chez Renault. Nous sommes maintenant avertis.

Nous savons aussi que la C.F.T. apparaît rarement sans son cortège d'hommes de main. Ce n'est malheureusement pas là sa seule prérogative.

L'attitude revendicative a toujours été un critère déterminant, non pour juger de la représentativité d'un syndicat mais pour pouvoir lui donner le nom de véritable formation syndicale constituée, défendant les intérêts des travailleurs dont elle a la charge. Les organisations qui se parent du titre « d'indépendantes » doivent, dans ce domaine, être également jugées. M. Blanc a apporté d'intéressantes précisions, dans son discours à la Mutualité, sur la C.F.T. Il a consacré de longues minutes de son intervention au pouvoir d'achat des salariés et aux problèmes de l'emploi. Qu'en est-il en réalité ?

De tout temps, les syndicats et leurs confédérations ont en premier lieu, mené la lutte pour le relèvement des salaires. Dans une société où le profit capitaliste est le but principal de ceux qui possèdent les moyens de production, les travailleurs doivent défendre et améliorer leur pouvoir d'achat. Le patronat ne l'ignore pas qui, au « non » systématique, a substitué la discussion dans la concertation pour donner l'illusion de la négociation, dans le but de mieux déterminer une augmentation « raisonnable » des salaires. Les syndicats-maisons ont suivi la même évolution. Pour le premier d'entre eux, créé en 1899 au Creusot, dans l'empire des Schneider, il n'était pas question d'exprimer une quelconque revendication dans le domaine des salaires. C'est tout juste si l'on acceptait de se faire payer le casse-croûte par le patron, après avoir brisé une grève... Un auteur, spécialiste « ès-syndicat jaune », devait, à sa manière, justifier, au début du siècle, cette attitude : « L'intérêt montrera vite aux travailleurs qu'ils risqueraient, avec leurs revendications exagérées, de tuer la poule aux œufs d'or, en réclamant des salaires trop élevés. Ils risqueraient non seulement de tarir les bénéfices dont ils reçoivent une quote-part, mais même d'amener la ruine de l'entreprise... »

Sous la pression des événements, l'attitude des « syndicats indépendants » a cependant varié. Ils ont, à leur tour, déposé un programme revendicatif. Les luttes sociales ont pris, en effet, depuis mai 1968, une telle importance qu'ils se doivent d'apparaître revendicatifs sous peine de perdre toute crédibilité, d'être démasqués aux yeux des ouvriers qu'ils veulent contrôler. Mais dans le même temps, les exigences des grandes sociétés capitalistes qui dominent le pays se sont accentuées. Elles ont besoin de tranquillité sociale pour affermir leur emprise, augmenter leurs profits, et partir à la conquête de nouveaux marchés.

Le programme revendicatif des « syndicats indépendants » doit donc tenir compte de ces deux facteurs tout à fait inconciliables : d'un côté, paraître revendiquer des augmentations pour satisfaire les ouvriers et s'inscrire dans leur mouvement. De l'autre, atténuer au maximum les revendications pour satisfaire les employeurs.

Lorsque Auguste Blanc prend la tête de la C.F.T., il remet, une nouvelle fois, le programme au point. Si le Secrétaire général a été changé, c'est aussi pour que le programme change ou plutôt s'adapte. Il proclame : « La rémunération annuelle devra évoluer en augmentation générale, augmentation individuelle et promotionnelle, augmentation liée à l'expansion de l'entreprise (participation, actionnariat et intéressement). » Et il ajoute, « la C.F.T. exige que les Pouvoirs publics ouvrent une table ronde nationale avec toutes les organisations syndicales, les associations familiales, les associations de consommateurs dans le but de déterminer une base d'indice plus juste et plus réelle et acceptée par toutes les parties ». Quel salarié peut redire à cela. C'est le langage d'un syndicat réel. La critique doit donc être ailleurs.

La C.F.T. affirme que c'est à « chaque syndicat de base, et au sein de l'entreprise, de déterminer lui-même sa politique revendicative en fonction du niveau de rémunération des salariés et des conditions de travail ». C'est faire abstraction du fait que le syndicat à la mode C.F.T. est une émanation du patron, et que chaque fois que la C.F.T. a été présente dans des discussions salariales et qu'elle a imposé son point de vue, les accords conclus l'ont été au rabais.

Ne donnons que quelques exemples.

Chez Citroën et Chrysler, la C.F.T., qui domine, s'est félicitée de tous les accords salariaux de la métallurgie parisienne, non signés par la C.G.T. et la C.F.D.T. Elle a particulièrement insisté aussi sur le fait que les O.S. ont disparu. C'est un tour de passe-passe. Ils sont devenus des « agents de fabrication ». Cela fait mieux.

Chez Renault et chez Chausson, c'est la C.G.T. qui domine.

Elle a discuté, ferme. Comparons le salaire moyen d'un O.S. 2, en 1976, de ces quatre entreprises : Renault, 2 004 F, Chausson, 1 898 F, Chrysler, 1 721 F, Citroën, 1 682 F.

Or, onze mille emplois ont été supprimés chez Citroën en deux ans. Quatorze véhicules y sont produits par salarié en 1975, contre douze et demi en 1973. On bat des records de licenciements et de productivité, mais le salaire est au bas de l'échelle. La comparaison, plus poussée chez Chrysler, est encore plus éloquente. En avril 1976, l'O.S. gagnait moins de 295 F par mois que le travailleur de chez Renault ayant le même poste de travail. La différence était pour le P 1 de 333 F, le P 2 de 375 F, le P 3 de 300 F.

Mais la ponction sur le salaire chez Chrysler ne s'arrête pas là. Il est connu que les amendes sur salaire sont interdites. Il s'agit là d'un usage en vigueur au siècle dernier, particulièrement dégradant pour ses auteurs et que la lutte des travailleurs avait réussi à faire disparaître. Or, la direction l'a rétabli, il y a plusieurs années avec le soutien actif et vigilant de la C.F.T. Cela repose sur un système particulièrement contraignant. D'abord, un règlement intérieur illégal, non déclaré, établit un dispositif d'avertissements et de licenciements qui est en contradiction avec la loi de juillet 1973. Ensuite, c'est proportionnellement au nombre de ces avertissements que les amendes sur salaires tombent. Un ouvrier peut en recevoir plusieurs. La retenue mensuelle obtenue par des abattements sur la prime trimestrielle peut dépasser 600 F. Au total, une estimation minimale évalue à plus d'un milliard d'anciens francs la ponction patronale réalisée par ce moyen. La direction n'a jamais démenti ce chiffre.

Voilà quelques aspects s'agissant des salaires. Tout ce qui s'est fait chez Chrysler comme chez Citroën a été discuté entre les patrons et la C.F.T. Des accords ont été conclus. Le Comité d'entreprise, à majorité C.F.T., a donné son aval sur tout. Seule, la C.G.T., minoritaire, a lutté contre cette politique et ces accords. C'est encore elle qui poursuit cette bataille avec les travailleurs et devant les tribunaux. La direction de Chrysler a d'ailleurs déjà été condamnée, à plusieurs reprises, en 1976, à rembourser des sommes indûment retenues.

Ainsi, la contradiction entre les paroles et les actes commence à devenir flagrante. Continuons.

Nous avons signalé la campagne permanente menée dans les journaux patronaux sur les conditions de travail et la sécurité. La C.F.T. emboîte gaillardement le pas, comme toujours à ce genre d'action qui fait partie de son programme revendicatif. Elle explique : « Parmi les éléments qui constituent les conditions de travail, il en est un d'une importance capitale : c'est la sécurité du salarié dans son travail, tant sur le plan accident que sur le plan maladie professionnelle et sur le plan hygiène. » Il faut donc « faire des campagnes périodiques auprès des travailleurs », « constituer des équipes de secouristes, etc. » car « il n'est de véritables solutions que préventives ». Un point, c'est tout ! Rien sur la responsabilité de l'employeur. Rien sur les moyens que celui-ci doit mettre au service de la sécurité.

Nous touchons là une question sensible : il faut que le rendement soit maximal et que le travailleur tienne la cadence. Dans ce contexte, il n'est pas étonnant qu'au cours de l'année 1975, chez Chrysler, mille quatre cent quatre-vingts accidents du travail aient nécessité un transfert à l'hôpital, soit six accidents par jour. Et nous ne comptons pas ceux directement traités par le service médical Chrysler. Dans ce cas, nous touchons au dramatique. Le docteur Claude Pigement, ancien médecin du travail dans la firme, a révélé que la règle répétée, au médecin de permanence par la direction, est de « ne pas gêner la production ». Il est hors de question de parler d'indépendance de la médecine. Passe encore que le médecin-chef fasse partie du « Comité de M. Laporte », le directeur administratif. Cette position lui donne déjà le droit de remettre en cause les prérogatives des autres médecins. Mais les moyens dont dispose le service médical Chrysler et qui sont importants, ne sont effectivement mis qu'au service du patron.

La cadence des visites est de huit à l'heure au lieu de quatre au maximum suivant les normes reconnues. Le système est réglé pour refouler le plus possible le travailleur malade ou accidenté sur la machine. « Les consignes, dit le docteur Pigement, sont établies pour empêcher le blessé d'avoir ses papiers légaux et l'accès à l'infirmerie. » Le 16 mai 1974, Gounza Jalira, travaillant à la chaîne n° 20 (Bâtiment B 3) tombe d'une voiture dans laquelle il travaillait et se blesse au genou gauche ainsi qu'au bras. Il demande à son régleur un bon pour aller à l'infirmerie. On ne le lui donne pas. Il le demande à son chef, qui le lui refuse. Son contremaître le refuse aussi. Devant tant d'incompréhension, souffrant du genou et du bras, il s'adresse aux délégués C.F.T. Ahmed Ben Mohamed, Abdallah Lansem, Chérif Maane, qui refusent d'intervenir. Ayant de plus en plus mal, il se rend sans bon à l'infirmerie : Un médecin s'y trouve et deux infirmières. Ils ne le consultent pas, car Gounza n'a pas de bon et, de plus... il est l'heure de déjeuner. Cela est affligeant. Pris dans l'engrenage d'un système qui broie les hommes, le médecin n'a pu avoir le courage de résister.

Le docteur Pigement a été licencié pour s'être dressé contre de telles méthodes. Il n'est pas le seul dans ce cas, à considérer comme intolérables les pressions dont il fut l'objet et à vouloir, à tout prix, honorer le serment d'Hypocrate.

La C.F.T. n'a pas protesté. Elle ne proteste jamais contre les licenciements. Elle les entérine, quand elle ne les réclame pas.

Continuons chez Chrysler :

M. Larbi Biha a été embauché chez Chrysler-France à Poissy, le 27 décembre 1972. Victime d'un accident du travail en 1965, ce travailleur ne pouvait effectuer un travail debout, d'après constat médical. Il est malgré tout affecté à une chaîne. Il tombe malade. Sur avis du service médical, il est affecté à un poste de travail assis. Tout se passe sans problème jusqu'à la fin juin 1974. C'est l'époque où se déclenche la crise de l'automobile. La direction Chrysler, après avoir envisagé 684 licenciements, recule apparemment et fait annoncer par la C.F.T. 684 « reclassements ».

Aussitôt, M. Biha est muté à un poste debout sur chaîne et doit pousser des moteurs sortis des machines. Il est ainsi muté au moins dix fois. Début octobre 1974, le médecin de l'entreprise intervient pour qu'il retrouve un travail assis. Il est alors affecté à un poste où les conditions de travail sont telles qu'il doit porter un masque (poussières et produits dangereux et toxiques). A ce moment, M. Biha se rend à plusieurs reprises au siège de l'Union locale C.G.T. de Poissy pour être défendu. Un premier avertissement tombe. M. Biha s'adresse alors aux délégués C.F.T., Ahmed Ben Mohammed et Chérif Maane. Il s'entend répondre, ahuri : « C'est toi qui ne veux pas travailler et puis tu as eu un accident et ce n'était pas dans notre entreprise, alors on n'a pas besoin de toi ici. » M. Biha sera licencié malgré une longue bataille menée par la C.G.T.

Tous les détails que nous venons de citer figurent dans les registres du Tribunal d'Instance de Poissy.

La C.F.T. n'a fait qu'un geste. Ou plutôt, elle a accéléré le processus. M. Biha, malade, a été licencié. C'est ce qu'on appelle un « départ provoqué ». D'autres ouvriers ont été mis en « long congé ». Au total, deux mille salariés ont quitté l'usine. Discrètement. Sans une grève même symbolique de protestation décidée par la C.F.T. Rien de plus normal. Seule la C.G.T. a mené la lutte.

M. Blanc dit : « Dans des entreprises où nous étions majoritaires, nous avons expliqué aux patrons qu'il valait mieux pour eux discuter avec nous et satisfaire nos revendications sur des problèmes étudiés, chiffrés et raisonnables, plutôt que de nous obliger à lancer la grève... » C'est ce qui s'est passé chez Simca : la discussion a abouti au départ de deux mille personnes !

Constantin Simakis, dans une interview accordée à l'hebdomadaire *Entreprise,* le 25 juillet 1974, avait déjà abordé le problème de la grève. Question : « Il est très rare que la C.F.T. décide de déclencher une grève ? »; réponse : « Absolument pas. Nous avons été les initiateurs de mouvements revendicatifs et d'arrêts de travail. Chez Rhône-Poulenc notamment. Mais, à la différence des dirigeants de la C.G.T., nous ne lançons pas des grèves pour le plaisir. La grève, c'est l'arme ultime des travailleurs. Il ne faut l'utiliser que lorsque le reste de la panoplie s'est avéré inefficace. Je ne suis pas contre la grève. Mais contre la grève systématique. »

Tout paraît pour le mieux. Nous allons examiner les déclarations d'intention et les actes afin d'y voir clair. Quelques faits. D'ordre juridique d'abord. Un article de la *Vie Ouvrière,* journal de la C.G.T., de juin 1973, éclairait cette déclaration d'un jour différent. Il était signé par Maurice Cohen, rédacteur en chef de la *Revue pratique de droit social* :

« Le tribunal d'instance de Villeurbanne avait jugé que le Syndicat C.F.T. de la Société Berliet n'était pas représentatif pour plusieurs raisons, l'une d'entre elles étant que la C.F.T. reprenait les arguments patronaux sur la nocivité de la grève. En " stigmatisant l'usage du droit de grève, disait le tribunal, un syndicat chargé de défendre les intérêts des salariés ne remplit pas sa mission et ne peut être considéré comme ayant l'indépendance nécessaire pour être représentatif (...) "

« La C.F.T. s'est pourvue en cassation contre le jugement de Villeurbanne. Parmi ses arguments pour justifier sa représentativité, elle déclare que " si la grève est un droit, un syndicat est néanmoins libre d'en critiquer l'exercice dans certaines circonstances en vertu tant du principe de la liberté du travail que de la liberté d'opinion et que le juge qui, comme en l'espèce, se livre à l'apologie de la grève et dénie la représentativité à un syndicat pour le motif déterminant qu'il en a critiqué l'exercice, non seulement applique un critère personnel non prévu par la loi, mais également sort de ses attributions et commet un excès de pouvoir... "

« Comme on le voit, le fait de dire qu'un juge commet un excès de pouvoir dénote pour le moins une certaine mauvaise humeur de la C.F.T. touchée où le bât blesse, c'est-à-dire sur la question de son manque d'indépendance à l'égard du patronat. Même si elle devait perdre son procès, elle ne voulait pas que la cour de cassation retienne le critère de son attitude à l'égard du droit de grève, car ce critère peut être utilisé dans toutes les entreprises où la C.F.T. est créée, même là où elle peut acquérir, grâce au patronat, un semblant d'influence. (...) Par un arrêt du 23 février 1973, la chambre sociale de la cour de cassation a rejeté le pourvoi de la C.F.T... »

Les actes maintenant : En remontant dans le temps, arrêtons-nous, avec le sourire, sur un article de *l'Indépendance syndicale,* d'octobre 1970, qui nous présente une grève chez Simca... Jean-Jacques Aupy interroge Nicolas Fiorentino :

« Tout d'abord, présentons l'homme : M. Nicolas Fiorentino, secrétaire général des syndicats indépendants Simca et président du Syndicat national de l'automobile en France, est de prime abord un homme dynamique et représentatif de la C.F.T., qui se veut à l'avant-garde du progrès social.

« Il s'est volontiers plié aux disciplines de l'interview et a répondu franchement à certaines de nos " questions pièges ".

« La première de celles-ci étant bien entendu : " *Pour la première fois depuis vingt-trois ans une grève a été déclenchée chez Simca-Chrysler. C'est un fait nouveau. Quels en étaient les motifs ?* "

« Du tac au tac, M. Fiorentino nous explique la position de son syndicat :

« Premièrement, manifester notre mécontentement aux pouvoirs publics qui tardent à reconnaître le caractère représentatif de la C.F.T.

« Deuxièmement pour prouver à l'opinion publique notre représentativité dans l'entreprise à la suite des annulations des élections précédentes par le tribunal d'instance de Poissy.

« Troisièmement, obtenir satisfaction des revendications émises par le Syndicat indépendant.

« *Ces revendications sont de quel ordre ?*

« Augmentation des salaires : diminution de l'horaire de travail; garantie des avantages acquis; notamment en ce qui concerne la retraite; opposition formelle à tout licenciement.

« *Certains s'étonnent de l'ordre de grève lancé par votre organisation qui est très souvent qualifiée de syndicat maison ?*

« Je laisse à ses auteurs, en particulier la C.G.T. et la C.F.D.T. la responsabilité de ce qualificatif. Par contre, je persiste à affirmer que le syndicalisme indépendant est d'une part apolitique et d'autre part préfère le dialogue, la concertation, plutôt que de s'enfermer dans une opposition stérile.

« *L'ordre de grève lancé la semaine dernière par votre syndicat a été largement suivi.*

« Notre interlocuteur ne cache pas sa satisfaction. »

Passé la grève, on n'entendra plus parler des revendications. Reste alors le véritable but de celle-ci : faire valoir la représentativité de la C.F.T. Dans l'usine, c'est une affaire réglée. M. Galtier était là. Les velléités de grève ne pouvaient en aucune façon effrayer le patron.

De toute façon, la C.F.T. n'aime pas la grève. Auguste Blanc n'a trouvé à ses côtés, le 7 octobre 1976, pour s'opposer à la grève nationale, que François Ceyrac et André Bergeron. Un rapprochement révélateur. Les uns comme les autres, il est vrai, ne manquent pas d'arguments. Les archives de la C.F.T., soumises, depuis la scission de septembre 1975, à bien des pérégrinations, regorgent de tracts tirés à grands frais (chez Chrysler, des doubles feuilles bleues de papier glacé), qui condamnent les grèves pour des prétextes qui ne sont guère nombreux et qui paraissent reproduire, avec quelques nuances, un programme conçu sous l'occupation nazie : « Travail, Famille, Patrie. »

Il serait facile de multiplier les exemples. Citons simplement quelques arguments employés pour démontrer que la grève est toujours inopportune :

Travail : « La conjoncture n'est pas bonne », « les clients ne se pressent pas », « la production est désorganisée », « des ventes sont perdues », « les résultats seront trompeurs », « l'entreprise devra réduire les investissements qu'elle allait consacrer à la modernisation... »

Famille : « Allez-vous être une fois de plus, obligés de demander à votre femme, à vos enfants, de réduire les dépenses du ménage, de renoncer à leurs vacances au mois d'août ? » « Rappelez-vous le temps qu'il vous a fallu pour rattraper le manque à gagner après les conflits des années passées... », « La fin de l'année approche : en raison du nouveau système de calcul de la paie, les heures perdues en octobre diminueront le montant des paies de fin novembre, et, ainsi, quelles tristes fêtes de Noël en perspective... »

Patrie : « Les clients ne reviennent plus, les possibilités d'emploi diminuent, les immatriculations étrangères en France ont doublé, nos exportations ont diminué... » « Allez-vous à nouveau vous sacrifier sur les autels de la C.G.T. et de la C.F.D.T. pour fournir du travail aux constructeurs allemands, suédois et anglais ? »

Il y a, là-dessous, de la nostalgie nationaliste. Rien d'étonnant quand on sait qu'Auguste Blanc déclare : « Il faut rénover la C.F.T. pour en faire un pôle de regroupement de tous les nationaux français face à la décadence des structures de la société », et qu'il ajoute : « Quand le gouvernement se décidera-t-il à mettre un terme à la chienlit, ou faudra-t-il que le peuple se charge lui-même de donner le grand coup de balai libérateur ! » Nous voici revenus au bon temps du 6 février 1934, à l'époque où les ligues fascistes, encouragées par la victoire de Hitler en Allemagne, tentaient de renverser la République en France. Il faut tenir compte de cette expérience. M. Blanc est, qu'on nous permette l'expression « un dur, un vrai ». Il a repris haut la main, son organisation et l'on sait déjà qu'il saura éviter toute incartade. Que disent les statuts de la C.F.T. : on peut lire, au chapitre « Implication de l'adhésion » : « Obligation, avant toute action importante, et notamment la cessation concertée du travail, d'informer le bureau confédéral qui décidera, le cas échéant, du soutien local, départemental, régional ou national à apporter au mouvement. » Le bureau confédéral se réunit une fois par mois. Autant dire que, dans la pratique, le droit de grève, qui découle de la constitution, est incompatible avec l'adhésion à la C.F.T.

Ajoutons que A. Blanc n'a pas, là encore, le don de l'originalité. Dans les statuts du syndicat « jaune » du Creusot (1900), on lit : « Le Syndicat " jaune " du Creusot entend respecter les droits du patron et concourir à la prospérité des usines; mais il entend aussi conserver intact son droit — et son devoir — de défendre les intérêts professionnels de ses membres. » Et l'article 41 des statuts proclame à cette intention : « Le droit de grève, qui sera voté à bulletin secret, prendra effet seulement dix jours après le vote. » C'est ce que précise M. Burtin, président et l'un des fondateurs de ce « syndicat ». — Soixante-quinze ans après, M. Blanc reprend la même conception, mais il y ajoute un grain de modernisme.

« Il se pourrait que nous allions jusqu'à la grève », dit-il lors des licenciements de Citroën dans l'hiver 1974-1975. Il n'y aura pas de grève, malgré les licenciements. Et pourtant, il arrive que A. Blanc annonce bruyamment que la C.F.T. est en grève quelque part et en fasse un communiqué spécial dans son journal. C'est tellement inhabituel. De quoi s'agissait-il ? Les 19 et 22 juillet 1976, les travailleurs d'Ato-Chimie, de la région marseillaise, ont cessé le travail une ou deux heures, selon les postes, pour l'amélioration de leurs salaires et de leurs conditions de travail. Lorsqu'on leur parle de la C.F.T., tous marquent un instant leur étonnement. Puis ils se souviennent de la disparition de la section syndicale F.O. et de l'apparition de quelques « indépendants », qu'ils regardent de loin, avec le sourire. Trois « indépendants » qui s'essoufflent à faire de la surenchère, à se raccrocher aux actions, pour qu'à Paris, dans le journal, on puisse sortir un communiqué...

La grève peut encore servir à autre chose pour la C.F.T. Ce fut le cas chez Peugeot-Mulhouse au printemps 1972.

Une partie des travailleurs de l'entreprise entre en action pour obtenir une augmentation de salaire de 150 F par mois. La direction refuse la négociation. Ses réponses prennent un ton de violence qui entraîne les ouvriers à se mettre en grève. La C.F.T., surprise, s'associe à l'Intersyndicale (C.G.T.-C.F.D.T.-F.O.). Mais le 10 mars, Coudray, le responsable C.F.T. de

Mulhouse reçoit une lettre fort amicale du secrétaire C.F.T. de Peugeot-Sochaux, Agostini :

« Mon cher Coudray,

« J'ai suivi d'ici, avec un certain retard, les vicissitudes de la période que vous venez de traverser et j'ai bien pensé à toi, tu as dû en voir !

« Ceci dit, je pense que tu peux encore tirer un avantage de l'expérience que je crois malheureuse que tu viens de faire.

« Voici de *toi* à *moi* ce que je te suggère :

« Choisir le moment opportun pour dire dans un tract que la C.F.T. s'était engagée de bonne foi dans une action intersyndicale pour défendre des revendications légitimes des travailleurs.

« Or, en réalité, on s'est rendu compte que sous le couvert de la défense de ces revendications, la C.G.T. a eu pour but d'embarquer tout le monde dans des manœuvres politiques (ou révolutionnaires) en fait néfastes à l'intérêt des travailleurs.

« La preuve a été faite que les méthodes comme les buts poursuivis en réalité divergent et que nous ne pouvons plus longtemps marcher ensemble.

« La C.F.T. est un syndicat professionnel,
est apolitique,
vous défend réellement.

« Seul, notre syndicat peut renouveler le syndicalisme par ses méthodes réalistes au service des vrais intérêts des travailleurs.

« Donne-moi de tes nouvelles.

« Bien cordialement à toi.

L'expérience était donc jugée malheureuse. Pourtant l'engagement était net et clair. La C.F.T. avait même poussé à la roue, avant les autres centrales syndicales. Le 10 janvier, elle avait fait distribuer aux portes de l'usine un tract sans ambiguïté : « AUGMENTATION des SALAIRES. — Le problème des salaires est celui de tous les travailleurs et de toutes les organisations syndicales SANS EXCLUSIVE. C'est tous ensemble que nous devons défendre avec acharnement cette question. C'est pourquoi la C.F.T. Peugeot-Mulhouse demande à ses adhérents et à l'ensemble des travailleurs de soutenir toute action — même très dure — qui serait engagée pour l'augmentation des salaires.

RESTEZ VIGILANTS ET ATTENTIFS AUX CONSIGNES QUI VOUS SERONT ÉVENTUELLEMENT DONNÉES. »

La grève déclenchée, elle « appellera à occuper l'usine », à « organiser des piquets de grève » pour empêcher les ouvriers d'entrer. Pourquoi alors la lettre d'Agostini à Coudray ? Marcel Michaut parle :

« Le général Feuvrier a été très mécontent de cette grève. Il a téléphoné à Armand Claude, le secrétaire général de la Fédération des métaux C.F.T. à l'époque, en exigeant que cela cesse au plus vite. Armand Claude a alors téléphoné à Agostini qui a écrit à Coudray. »

On assista alors à un changement d'attitude curieux chez les hommes de la C.F.T.

Certains affirmaient qu'ils voulaient « foutre le b... dans l'usine ». Alors que la fatigue se faisait sentir parmi les grévistes et qu'il fallait terminer le mouvement au mieux, la C.F.T. ne sembla pas sentir cette lassitude, elle poussa à la continuation. Cela parut curieux à la C.G.T. et à la C.F.D.T. Il y avait là des relents de provocation. Peugeot avait l'habitude d'utiliser la C.F.T. d'une autre manière. Le 20, un commando de l'usine de Bart attaqua un piquet de grève, au nom de la « liberté du travail ». Raymond Fürhmann, délégué C.G.T. et Guy Bucher, furent frappés violemment à la tête. Le syndicat C.G.T. posa deux questions à la direction : « Comment se fait-il que le commando ait pu pénétrer dans l'entreprise et opérer avec autant de facilité ? », et « qui a indiqué à ces gens les têtes C.G.T., parce qu'elles sont pratiquement les seules à avoir reçu des coups de matraque ? » Aucune réponse ne fut donnée. Plainte fut déposée auprès du Procureur de la République. La gendarmerie ouvrit une enquête. Des hommes qu'elle interrogea et qui avaient été reconnus sur les lieux de l'agression, tous étaient membres de la C.F.T., tous travaillaient chez Peugeot dans une autre usine, mais l'un à ce moment-là était malade, l'autre à la pêche, le troisième en déplacement. Seul, l'un des secrétaires du syndicat C.F.T. de Sochaux, Jean-Jacques Schmidt, reconnut avoir rencontré Gilbert Coudray à Mulhouse, dans un lieu extérieur à l'entreprise.

La C.F.T. ne parla plus de grève. Mais quelques heures après l'attaque, la direction Peugeot annonça le licenciement de trois délégués C.G.T., trois délégués C.F.D.T., un délégué F.O. et onze syndiqués C.G.T. et C.F.D.T. La C.F.T. resta silencieuse et ne se plaignit pas de ne pas être dans la « charrette ». Tous les yeux étaient désormais ouverts. L'histoire de la provocation patronale venait de s'enrichir d'un nouvel épisode dont la grève n'avait été qu'un prétexte.

Il est vrai qu'à écouter les incessantes proclamations des syndicalistes indépendants ou réformistes, quatre-vingt-dix-neuf pour cent des grèves ont des raisons politiques et qu'il convient donc de ne pas y participer sous peine de faire des travailleurs des « jouets des partis ». La formule a beaucoup d'avantages. Elle a aussi des inconvénients. M. Bergeron a vu le 7 octobre 1976 lui filer sous les doigts quelques-uns de ses syndicats qui ont rejoint, dans la lutte, la C.G.T. et la C.F.D.T. Les troupes de M. Blanc, elles-mêmes, ont dû céder, pour rester crédibles, à quelques mouvements locaux, qui seront d'ailleurs montés en épingle par la C.F.T. Enfin, le respect des règles de l'apolitisme voudrait qu'on se garde de tout contact avec le personnel politique, et surtout, de tout jugement sur une forme politique de société. Malheureusement pour elle, la C.F.T., dans ce domaine, contredit ses principes.

En décembre 1973, le « Comité confédéral national » de la C.F.T., réuni dans les salons du Blanc-Logis à Rouen (maire : Lecanuet, ministre du Plan et de l'Aménagement du Territoire), exposait, en guise de conclusion, sa « doctrine économique et sociale » :

« La C.F.T. affirme que seule la société libérale répond aux aspirations de l'homme car elle lui permet progrès, justice, solidarité et liberté. Mais que l'on ne se méprenne pas : cela ne signifie pas pour autant que des réformes fondamentales ne doivent pas être appliquées aux règles actuelles; c'est là aussi un autre avantage du système qui, n'étant pas rigide, permet, à l'inverse de la société totalitaire, d'évoluer. C'est pourquoi la C.F.T. accepte la société libérale et la défend, tout en œuvrant pour aboutir aux changements nécessaires qui s'imposent et qui sont, pour l'essentiel, la participation et la reconnaissance de la place du travail dans la société. »

En foi de quoi, Auguste Blanc, après avoir porté la banderole de la C.F.T. le 16 mai 1974 au rassemblement de Giscard d'Estaing à la porte de Versailles, applaudit bruyamment l'élection du Président de la République qu'il appelait de tous ses vœux. Quand la C.G.T. dit son soutien au Programme commun de la Gauche, sa volonté de voir s'instaurer le socialisme, elle fait de la politique et elle ne s'en cache pas. Quand la C.F.T. combat pour la société libérale de M. Giscard d'Estaing, elle ne fait pas de politique et elle se cache. Serait-ce une maladie honteuse ?

Au début de 1973, une note C.F.T.-Berliet tombe : « *La C.F.T. présente un candidat contre Edgar Faure.* M. Raymond Houssard, quarante-huit ans, cadre de l'industrie automobile dans la région parisienne, militant C.F.T., se présente contre M. Edgar Faure dans la circonscription de Pontarlier, lors des prochaines élections législatives. Candidat libre, sans étiquette, M. Houssard, s'il est élu, pourra ainsi défendre la représentativité de la C.F.T. »

M. Houssard est un des « permanents » de la C.F.T., appointé comme cadre par Chrysler. Ses options de « candidat libre » lui permettront d'être classé « divers droite » et de recueillir 1 496 suffrages.

Alfred Fabry s'est chargé, pour Berliet, de mener sa campagne, en liaison avec Bijiaoui chez Peugeot. Nous savons qui sont les deux hommes, l'un est un pâle représentant de la C.F.T., l'autre a suivi l'arrivée des milices à la firme de Sochaux. C'est dans l'usine Peugeot (poste 35-37) que Raymond Houssard fera tirer les tracts nécessaires à sa campagne électorale. C'est de l'usine Berliet que viendront les hommes qui colleront et distribueront. Marcel Michaut nous en parle :

« Il y avait Millot, Fabry, Gonda, Ambrosino et moi. Berliet a donné le feu vert pour que cinq gars puissent partir quinze jours en dehors de leurs congés payés.

« Simca-Chrysler, de son côté, a envoyé aussi des gars, plus que Berliet, et a fourni les voitures. Houssard a d'ailleurs eu un accident avec la sienne, et le concessionnaire Chrysler local l'a remplacée immédiatement. Présenté contre Edgar Faure, Raymond Houssard l'a rencontré plusieurs fois. Tout cela, pour moi, était du cinéma et, pourquoi pas, dans le but de présenter Edgar Faure un peu plus à gauche... » Quelle indépendance !

Aurons-nous jamais la confirmation d'une telle affirmation ? Toujours est-il que les leaders de l'apolitisme se sont engagés politiquement, espérant conquérir, avec un député « divers droite », la représentativité. Houssard, de toute façon — mais est-ce la raison rentable — y gagna du galon. Devant son comité confédéral national des 13 et 14 décembre 1975, Auguste Blanc lui tressa une couronne de lauriers :

« Je n'ai pas l'habitude de faire des compliments, à notre niveau ce n'est plus nécessaire et la liste de ceux qui les mériteraient serait fort longue; aussi, pour ne pas en oublier, je me contenterai de n'en citer qu'un seul, militant de toujours, infatigable, il a payé dans sa chair son sacrifice et je sais autant que vous tous ce que nous lui devons. Passionné de syndicalisme, c'est un battant, ses connaissances, son expérience me seront précieuses. Vous avez reconnu, j'en suis sûr, Houssard que j'ai décidé de prendre à mes côtés comme conseiller personnel; j'espère qu'il acceptera d'être pour moi plus qu'un conseiller... un ami sur lequel on peut compter en dehors de toute considération politique, tactique ou sentimentale. »

Voilà donc Raymond Houssard promu conseiller personnel, sans être membre du bureau confédéral ou du comité exécutif de la C.F.T., aux côtés de Me Jean Pirche, ancien du G.S.U.F., avocat de son état, donc non salarié, coopté au bureau confédéral.

Il devient ainsi pratique courante de nommer, sans en référer aux organes statutaires, des conseillers de tous poils et de tous crins.

L'affaire Houssard n'est pas un simple accident dans le catalogue de l'apolitisme. La C.F.T. prend pour habitude de présenter ses poulains, longtemps à l'avance. Nous savons, depuis le 18 décembre 1975, que son candidat aux prochaines élections législatives à Bobigny sera Michel Tellier. Il nous a suffi de lire les tracts du Syndicat indépendant de la Servair.

Résumons-nous. A l'inverse des résultats positifs, pour les travailleurs, qu'amène l'action d'une organisation syndicale authentique et en particulier celle de la C.G.T., la présence de la C.F.T. dans une entreprise se traduit inévitablement par une forte baisse du pouvoir d'achat des salaires, une aggravation constante des conditions de travail, une accentuation de la précarité de l'emploi, une généralisation systématique des atteintes aux libertés, aux droits de l'individu et de l'organisation syndicale.

Tels sont les buts qu'assignent patronat et pouvoir à leur « outil » de contrainte qu'est — entre autres — la C.F.T.

Ainsi s'expliquent mieux les excellentes relations qu'elle entretient avec ceux qui décident de notre vie quotidienne.

Alors qu'il était ministre de la Recherche scientifique, Bernard Lafay remit à Constantin Simakis la médaille d'argent de la Ville de Paris, « distinction réservée à l'élite des citoyens de la capitale ». Ce 1er mars 1971 se termina une coupe de champagne à la main. MM. Philippe Mallaud et André Bord, alors secrétaires d'Etat, s'étaient fait représenter par leur chef de cabinet. MM. Fontanet, Vivien et Fanton, ministres, s'étaient fait excuser. Alain Griotteray, lui, était là. Et M. Simakis ne put s'empêcher de décerner au député du Val-de-Marne un saisissant hommage :

« La C.F.T. ne serait pas enfin ce qu'elle est si elle n'avait le soutien agissant de nombreux parlementaires et au premier rang d'entre eux, notre ami Alain Griotteray... »

Rien d'étonnant à cela. Alain Griotteray est ce qu'on appelle un homme d'Albertini. C'est aussi, sous le nom d'Alain Brayance, un spécialiste de l'anticommunisme. C'est enfin, par l'intermédiaire de la S.E.T.E.P., le patron de l'hebdomadaire *Minute*... et accessoirement des aspirateurs Tornado... Et M. Griotteray donne le ton. En septembre 1971, c'est Jacques Médecin, député-maire de Nice et actuel ministre du Tourisme, qui « forme des vœux ardents pour la réussite de l'entreprise de la C.F.T., non pas en tant qu'homme politique, mais en ma qualité d'administrateur, car, à ce titre, il est souhaitable que ce genre de syndicalisme tende à se développer ».

Où l'apolitisme ne va-t-il pas se cacher !... En 1972, c'est Jean Poudevigne, député du Gard, qui rappelle au ministre du Travail « que les ouvriers qui partagent mes options et me soutiennent dans les campagnes électorales sont pour la plupart adhérents de la C.F.T. ». En 1972, encore, c'est Edouard Charret (fort compromis dans un certain nombre de scandales), René Caille et Pierre-Bernard Cousté, tous députés du Rhône qui s'intéressent à la C.F.T., etc.

Etape par étape, ces députés, secrétaires d'Etat et ministres multiplient des questions orales, des questions écrites et des dépôts de lois poussant à la reconnaissance de la C.F.T. comme organisation syndicale représentative. Ils utilisent toutes les filières possibles au nom de l'apolitisme.

La méthode a changé pour atteindre son apogée sous la présidence de Valéry Giscard d'Estaing, et les députés U.D.R. ont perdu l'exclusivité de leurs prérogatives en matière syndicale au profit des Républicains Indépendants. Finis les prises de positions publiques et les soutiens au grand jour. A l'image de la démocratie qui règne au sein de la C.F.T., l'action se fait dans les couloirs et les antichambres ministériels. L'alerte M. Blanc gravit à grandes enjambées les perrons des hôtels particuliers et, conseils reçus, part sillonner les routes françaises pour une ultime revue des troupes. Les entretiens qui lui sont ménagés font plus appel au directeur d'entreprise qu'à la masse des salariés. M. Blanc n'est pas l'homme des bains de foule. Il compte patiemment ses victoires et ses relations. Il sait très bien qu'un « Syndicat indépendant » ne se fait pas dans la rue, mais dans la maison. Et bien souvent, car c'est la mode, au cours d'un petit déjeuner.

SANS FIN...

Auguste Blanc, le Gouvernement et le Patronat n'ont pas apprécié l'exceptionnelle ampleur de la grève du 7 octobre 1976. Cela leur a rappelé les mouvements de Mai 1968, et le goût amer de la défaite. Leurs déclarations sans nuance ont été, pour nous, un nouvel avertissement et la certitude que les menaces pèsent encore lourdement sur le front des libertés.

La lutte des travailleurs du *Parisien libéré* se poursuit maintenant depuis près de deux ans. Emilien Amaury continue à défier les lois sociales et à refuser toutes les propositions constructives avancées par les syndicats pour mettre fin au conflit. Les chiens — qui prennent de plus en plus valeur symbolique de la « société libérale » — gardent jour et nuit ses usines. Des forces de police considérables protègent sans cesse ses transporteurs et ses dépôts. Plus de neuf cents procès sont intentés aux ouvriers du *Parisien libéré* qui ont osé défendre leur gagne-pain.

A la S.N.I.A.S., à Marignane, la direction favorise outrancièrement certaines formations syndicales rassemblées sous l'égide d'une « Entente ». Elle organise des commandos qui attaquent, le mot n'est pas trop fort, les militants C.G.T. et C.F.D.T., les membres des partis de l'Union de la Gauche, communistes en tête.

La répression s'aggrave. Elle touche maintenant les cours et les palais de Justice. Les sanctions tombent, tels des couperets, sur les juges et magistrats coupables d'exercer leur métier loyalement. Antoine Ceccaldi s'est vu menacé de mutation pour son trop grand zèle. L'union du « bleu » et de la toge a fait reculer le pouvoir.

Chaque heure apporte son lot de menaces, d'atteintes aux libertés, d'agressions contre les travailleurs.

Au moment d'écrire le mot « fin », au bas de la dernière page de ce livre, il paraît évident qu'il restera inachevé.

Les menaces contre Albert Rivat et les siens se concrétisent. A la veille des congés 1976, sa voiture prend feu. Sa fille, soumise par la direction de son entreprise (appartenant à Peugeot), à d'intolérables pressions et persécutions, en arrive à tenter de se donner la mort. Cette même direction s'évertue à monter une provocation à l'encontre de son père.

***

La France ne peut être, n'est pas « paisible », pour reprendre le terme d'un président plus avide de « bons mots » que de « justice ».

La crise capitaliste est trop profonde pour que les antagonismes n'apparaissent pas au grand jour. Les licenciés et les chômeurs n'habitent pas des châteaux en Corrèze ou des propriétés en Loir-et-Cher. Le « Plan Barre » accentue plus encore les différences. Le Président de la République se trompe lorsqu'il écrit : « La réalité française n'est pas celle d'un pays divisé en deux classes sociales opposées, mais d'une société déjà avancée sur la voie de l'unification. » Et s'il ne se trompait pas, il n'aurait même pas le mérite de l'originalité. *Démocratie française* n'est bien souvent que le pâle reflet du livre de son père, Edmond Giscard d'Estaing : *Capitalisme*. A quarante-cinq ans de distance, le ton, les idées, les démonstrations sont identiques.

La copie est devenue une habitude de la « Société libérale ». Lorsque Valéry Giscard d'Estaing écrit qu'il admet : « La participation des représentants des travailleurs à la vie de l'entreprise, dès lors qu'elle n'entraîne pas l'exercice des responsabilités », il ne fait que plagier son père qui exprima le même souhait en 1931 : « Intéresser le salarié à toute amélioration apportée au travail qu'il effectue, c'est s'approcher peu à peu des formules les plus perfectionnées qui, dans chaque cas particulier, s'efforcent de mesurer la rémunération de la main-d'œuvre à l'utilisation meilleure qui en peut être faite » (...) « l'exercice des responsabilités étant réservé aux propriétaires de l'entreprise ».

Sur ce point déjà, la comparaison prouve que les hommes du grand capital n'ont pas changé dans leur pensée profonde. Seul, le vernis s'est écaillé. Le col cassé n'est plus de mode aujourd'hui.

***

La centralisation des pouvoirs s'est renforcée. L'autoritarisme du régime apparaît de plus en plus éclatant. Au nom d'une « neutralité au regard du débat politique », Valéry Giscard d'Estaing impose sa vision du monde à la majorité française. La justice est mise au pas, l'armée est mise au pas. « L'introduction de la lutte politique dans les secteurs clés de l'Etat doit être combattue », écrit-il. Il adresse des avertissements vigoureux aux organisations de masse, aux fonctionnaires, aux journalistes qui se rendent coupables de « violence sociale ». M. Valéry Giscard d'Estaing se conduit non en Président de la République, mais en Roi d'une monarchie totalitaire. Fidèle à ses pairs, il ne faillit pas à sa classe. Le patronat et ses truands peuvent continuer à régner sans partage sur la « France paisible », au nom de « l'ordre paisible ». Le mot « participation », la formule « société libérale », la phrase « la France constituée d'un groupe central qui se développe, et de deux ailes », ne sont-ils pas les bases de la mystification érigée en principe de Gouvernement ?

***

Les initiatives contre les travailleurs, encore isolées après le grand choc de 1968, sont devenues progressivement un système dans les mains du pouvoir et du C.N.P.F. Cela a pris, sous la présidence de M. Giscard d'Estaing, une ampleur inconnue depuis la Seconde Guerre mondiale. Il est plus facile de compter les entreprises où il n'y a pas d'atteintes aux libertés, que les autres. L'action du patronat, aidé des pouvoirs publics, pour tenter de détruire les organisations syndicales dans telle ou telle entreprise et imposer des systèmes néo-fascistes, se poursuit. Elle a subi des revers comme chez Berliet, chez Peugeot, chez Ford. Elle n'a pas empêché que chez Chrysler, la C.G.T. soit en progrès et parvienne même à développer son organisation et son implantation.

Le patronat, sans cesse, repart à l'assaut. Il y a une logique à cela. Plus la lutte des travailleurs prend de l'extension, plus s'affirment la crédibilité et la force de l'Union de la Gauche auprès des Français, et plus les forces qui dirigent le pays ont tendance à vouloir maintenir leur pouvoir, au prix de la violation des lois sociales et de l'utilisation de la violence.

Le nombre des ministres et des personnalités compromis dans les actions contre la liberté ne doit pas être sous-estimé. MM. Chirac, Poniatowski, Durafour, Bourges, Galley, Guichard,

Lecanuet ont fermé les yeux trop souvent pour que l'on puisse croire à leur innocence. M. Chirac, ayant reçu des mains de la C.G.T. en juin 1974 les premières révélations sur la C.F.T., a gardé le silence. Il était lui-même un organisateur du complot. Que vaut, dans ces conditions, son projet de « travaillisme à la française ». Va-t-il s'inspirer de la philosophie de la C.F.T. et des méthodes des milices patronales ? L'attitude de M. Durafour est contradictoire. En septembre 1975, recevant une délégation de la C.G.T. venue lui parler des méthodes de la C.F.T. chez Chrysler, il proclama : « Je suis d'accord avec vous, ce sont des crapules... » Mais il s'abstint bien d'ouvrir une enquête.

Michel Poniatowski s'est ingénié à imposer la C.F.T. dans les Comités économiques et sociaux régionaux. Il a réussi en quelques endroits. Son choix est clair. Il a préféré la C.F.T. aux autres organisations syndicales.

Nous pourrions continuer.

Le Gouvernement n'est pas seul à agir. Le C.N.P.F. est lui aussi compromis. Il s'est efforcé de le faire oublier pendant tout un temps. Ce fut d'abord le silence obstiné devant nos révélations. Le C.N.P.F. n'était visiblement pas concerné. Puis un coup de tonnerre éclata dans ce ciel nuageux. Un journaliste d'*Ouest-France,* Jean Pinvidic, eut le malheur de relater en détail une réunion de dirigeants d'entreprises du Sud-Finistère, à laquelle il avait été invité. Jean Pinvidic avait bien fait son travail. Il était allé à l'essentiel. Il avait remarqué la venue d'un personnage important du C.N.P.F., M. Leroy-Thiebault et avait attaché une certaine importance à ses propos : M. Leroy-Thiebault répondait pertinemment et prudemment aux patrons bretons. Puis la discussion s'échauffa, les questions se précisèrent, les réponses devinrent incisives.

« M. Leroy-Thiebault commença par " déplorer que nous n'ayons (les patrons) pas plus de syndiqués non politisés à F.O., à la C.F.T.C., à la C.F.T., à la C.G.C. "

« Puis, dit Jean Pindivic, quelqu'un ayant exprimé le sentiment que la loi institue " une dictature des minorités ", M. Leroy-Thiebault répondit : " Nous serions très heureux de négocier avec la C.F.T. à l'échelon confédéral, mais c'est un problème de gouvernement. " On lui demande alors s'il ne serait pas bon d'adresser un vœu en ce sens aux parlementaires.

« M. Leroy-Thiebault : “ Il faut que dans les entreprises, vous mettiez en place des syndicats qui ne soient pas politisés... Je connais des entreprises qui ont installé des syndicats C.F.T. et il n'y en a pas d'autres... pour maintenir les syndicats autonomes seuls dans la place, ces entreprises font une sélection à l'embauche ”...

« Il était l'heure du buffet froid. Le président Dor conclut : “ Si nous devons être mangés, nous ne nous laisserons pas manger tendrement. ” »

C'était le pavé dans la mare. M. Leroy-Thiebault, prudent au début, avait trouvé un terrain propice pour révéler les préoccupations cachées du patronat. Il avait oublié la présence d'un journaliste dans la salle. Cela lui valut des réflexions peu amènes à son retour au siège du C.N.P.F., rue Pierre-Ier de Serbie. M. Ceyrac qui avait lu *Ouest-France,* lui conseilla de faire des rectificatifs, ce qu'il fit aussitôt. Les démentis confirmèrent. On essaya d'étouffer l'affaire. Il était trop tard. M. Leroy-Thiebault avait révélé ce que font les grands de l'industrie : Rhône-Poulenc, Berliet, Citroën, Ford, Chrysler, Michelin, Peugeot...

M. Ceyrac était gêné. Le président du C.N.P.F. ne pouvait pas ne pas être informé. Plus encore, membre du conseil de surveillance du groupe Peugeot, il était même parfaitement au courant. Il connaissait les méthodes employées par la firme de Sochaux; ancien président de la Fédération patronale de la métallurgie, il connaissait les efforts de Claude Ventre et de M. Dabosville pour soutenir la C.F.T., les syndicats-maisons et les milices. Il savait à qui Emmanuel Lepoyvre distribuait les fonds secrets du patronat. Il approuvait les efforts de ses fédérations professionnelles pour imposer la C.F.T. dans les négociations des conventions collectives et des accords d'entreprise. Il admirait la rigoureuse gestion du baron Empain, le P.-D.G. de Creusot-Loire, qu'il avait tenu à faire rentrer, malgré sa nationalité belge, au C.N.P.F.

***

Il est devenu évident que les hommes du Gouvernement agissent de concert avec ceux du C.N.P.F. S'ils n'en sont pas simplement les porte-parole.

Mais la participation ne peut se faire sans ouvriers. Malgré tous les efforts consentis, le pouvoir éprouve les plus grandes difficultés à intéresser les travailleurs à son projet. Avec le développement de l'unité d'action, le syndicalisme réformiste est un point d'appui de moins en moins sûr pour lui. Il ne lui suffit plus pour imposer sa politique de régression sociale. Il se tourne donc vers le « syndicalisme maison », et la violence. La C.F.T. est sur les rangs. De scission en transformation, le pouvoir voudrait imposer son « modèle syndical », reflet de son véritable modèle de société. Le danger n'est pas à sous-estimer dans un contexte de crise et au regard des forces qui agissent. Les truands préfèrent les bas-fonds et le désordre pour mener à bien leur tâche. Le combat à mener contre ce danger doit être celui de tous les démocrates, car il est une menace pour tous.

Pour sa part, la C.G.T. le mène résolument contre toutes les formes d'atteintes aux libertés, par l'action des travailleurs à l'entreprise comme au plan national. Cette lutte est inséparable de l'action revendicative. Des initiatives innombrables sont ainsi prises, y compris l'ouverture d'actions judiciaires qui soutiennent l'action de masse, pour obtenir la condamnation des employeurs délinquants, des hommes de la C.F.T. et des milices. La C.G.T. est résolue à poursuivre ce moyen d'action.

Dans son programme, elle réclame de nouvelles dispositions légales pour frapper les coupables des agissements évoqués dans ce livre. De lourdes peines doivent être prévues contre les employeurs qui violent la législation sociale, les droits syndicaux, qui organisent des milices et des systèmes contraignants.

Des victoires importantes ont déjà été obtenues contre Chrysler, Peugeot, Citroën et Berliet. M. Bregeon, directeur de cette dernière firme, dont nous avons beaucoup parlé, a été l'un des premiers à être condamné à une amende pour entrave à l'exercice du droit syndical dans l'entreprise. Le jugement du 9 juillet 1976, rendu par le tribunal de grande instance de Lyon est, pour nous, important. Le fait qu'il n'y eut aucune action en appel est significatif.

***

Frappés par l'inflation, le chômage, la dureté des conditions de travail et d'existence, les travailleurs luttent pour une vie meilleure. Ils luttent également pour la liberté. S'ils considèrent cette revendication comme essentielle, c'est qu'ils ont appris au long de leur histoire combien la liberté était toujours inséparable du progrès social. La liberté est un besoin vital pour les travailleurs de notre pays, comme l'air qu'ils respirent. Fiers de leurs traditions démocratiques, ils veulent pouvoir vivre, travailler, s'organiser, se défendre, en hommes libres.

Le mouvement syndical se doit de lutter dans ce sens, pour imposer, face au patronat et au pouvoir, la fin du règne des truands et l'avenir de la liberté.

Paris, novembre 1976.

BIBLIOGRAPHIE SUCCINCTE

(à l'exclusion des ouvrages, études et documents publiés par la C.G.T.)

Gérard ADAM : « La représentativité des organisations syndicales; enquêtes sur les élections professionnelles », *Revue française de sciences politiques*, n° 18, avril 1968.

Andrée ANDIREUX, Jean LIGNON : *Le Militant syndicaliste d'aujourd'hui*, Denoël-Gonthier, 1973.

Claude ANGELI, Nicolas BRIMO : *Une Milice patronale : Peugeot*, François Maspéro, 1975.

Philippe BAUCHARD : *Les Syndicats en quête d'une révolution*, Buchet Chastel, 1972.

André BERGERON : *Confédération Force ouvrière*, E.P.I., 1973.

Daniel BOUVET : *L'Usine de la peur*, Stock, 1975.

Jean BRON : *Histoire du mouvement ouvrier français*, tome 3, Les Editions Ouvrières, 1974.

M. BUY : *Le Travail temporaire et l'intégration des salariés dans l'entreprise*, Faculté de droit et de sciences politiques d'Aix-Marseille, 1974.

Guy CAIRE : *Les Syndicats ouvriers*, Presses universitaires de France, 1971.

Guy CAIRE : *Nouveaux Marchands d'hommes ?, Etude du travail intérimaire*, Les Editions Ouvrières, 1973.

Patrice CHAIROFF : *Dossier B... comme barbouzes*, Alain Moreau, 1975.

Michel COLLINET : *L'Ouvrier français, esprit du syndicalisme*, Les Editions ouvrières, 1951.

P. DUBOIS : « L'information des ouvriers pendant le temps de travail », *Revue française des affaires sociales*, n° 25, juillet-septembre 1971.

Henry W. EHRMANN : *La Politique du patronat français, 1936-1955*, Armand Colin, 1959.

S. ERBES-SEGUIN : *Démocratie dans les syndicats*, Mouton, 1971.

Fondation nationale des Sciences politiques, *Léon Blum et le Gouvernement de Vichy, 1936-1937*, Armand Colin, 1967.

Fondation nationale des Sciences politiques, *Le Gouvernement de Vichy, 1940-1942*, Armand Colin, 1972.

« La Formation Continue : chance ou alibi », *Projets*, n° 82, février 1974.

S. LANNERE : *Les Délégués syndicaux et les sections syndicales d'entreprise,* J. Delmas, éditeur, 1974.

Pierre LE BRUN : *Questions actuelles du syndicalisme,* Editions du Seuil, 1965.

Georges LEFRANC : *Le Syndicalisme en France,* Presses universitaires de France, 1966.

Georges LEFRANC : *Le Mouvement syndical de la libération aux événements de mai-juin 1968,* Payot, 1969.

Hubert LESIRE-OGREL : *Le Syndicat dans l'entreprise,* Editions du Seuil, 1967.

Serge MALLET : *La Nouvelle classe ouvrière, 1969.*

André MALTERRE : *La Confédération générale des Cadres; la révolte des mal-aimés,* E.P.I., 1972.

R. MOURIAUX : *Evolution du syndicalisme ouvrier en France (1947-1971),* F.E.B., 1972.

Maurice NORROY : *André Citroën, le précurseur,* Editions M. Norroy, 1973.

« L'organisation et la gestion de la formation dans l'entreprise », *Hommes et techniques,* n°s 370-371, août-septembre 1975.

Fernand PICARD : *L'Epopée Renault,* Albin Michel, 1976.

Lucien RIOUX : *Clefs pour le syndicalisme,* Seghers, 1972.

Pierre ROSANVALLON : *L'Age de l'autogestion,* Editions du Seuil, 1976.

Jean SAUNIER : *La Synarchie,* Grasset, 1972.

Paul SYLVESTRE, Paul WAGRET : *Le Syndicalisme contemporain,* Armand Colin, 1970.

Pierre VIANSSON-PONTÉ : *Lettre ouverte aux hommes politiques,* Albin Michel, 1976.

INDEX ALPHABÉTIQUE

TABLE DES MATIERES

Achevé d'imprimer le 10 février 1977
sur les presses de la Société Nouvelle
des Imprimeries Delmas à Artigues-près-Bordeaux.

N° d'édition : 1763 - Dépôt légal : 1er trim. 1977.
N° d'impression : 30322.